생존

변하는 시대에 살아남기

생존

변하는 시대에 살아남기

권중달 지음

■ 들어가면서

역사학은 미래학의 본질이다

"과연 우리는 살아가는 방법을 역사를 통해 배울 수 있을까?"
 일반적으로 역사를 공부한 사람이라면 누구나 한번쯤 이러한 질문을 던진다. 그러나 보통은 역사란 지나간 과거의 사건을 말하는 것으로 역사 공부라고 하면 과거 사실에 대한 지식만을 생각하고 단순하게 사건을 아는 것 자체로 한계를 그어 생각한다.
 이렇게 역사 공부를 과거 사건의 배우는 지식으로 생각하는 사람들에게 다시 질문을 던진다.
 "그렇다면 과거 사건의 지식은 현재 무슨 의미를 지니기에 공부해야 하는 것일까?"
 역사 공부가 단순히 과거에 있었던 일에 대한 궁금증에 국한된다면 역사공부를 위해 그렇게 많은 시간과 노력을 소비할 필요가 없다. 지식의 역사란 이야깃거리에 불과하여 읽어도 좋고 안 읽어도 상관없는 것이 된다. 분명히 역사의 관심은 반감할 것이다. 오늘날의 많은 사람들이 이러한 생각을 가지고 있기에 역사책은 필수적이 아닌 선택적이 되었는지도 모른다.

만약 과거의 역사 속에서 교훈을 찾아야 한다면 그것은 어떠할까? 사실 교훈사로서 역사를 공부하는 것은 적당하지 않다. 이미 현재 역사가들은 더 이상 교훈사敎訓史를 수용하지 않는다. 역사에서 교훈을 찾는 것은 그것은 역사책이 아닌 경서經書가 되기 때문이다. 그 대표적인 예로 구약성서를 들 수 있는데, 구약성서는 이스라엘의 역사에서 교훈을 찾고자 만들어진 책이다. 이쯤 되면 이는 역사는 뜻을 읽는 자료로 전락하면서 역사의 독립성은 크게 훼손될 수 있다.

역사 공부를 얘기하기 전에 처음으로 돌아가서 본질적인 질문으로 바꿔보자.

"현재의 인간은 과거의 인간과 다른가? 다르다면 얼마나 무엇이 다른가?"

시대가 변하고 문명이 바뀌니 현재와 과거는 다르다. 오늘날에는 아침은 도쿄에서 저녁은 파리에서 먹을 수 있을 정도로 교통이 발달했다. 또한 우리 집 거실에 앉아서 미국에 살고 있는 가족과 영상으로 통화할 수도 있다. 컴퓨터에 갇혀 있던 인터넷이 휴대전화로 텔레비전으로 옮겨오면서 문명은 하루하루 급속히 더욱 발달해 가고 있다. 이렇게 문명이 다르니 현재의 인간과 과거의 인간은 분명히 다르다.

하지만 인간의 본질 그 자체가 다르다고 자신 있게 말할 수 있는가? 아무도 "그렇다"라고 자신 있게 대답하지 못한다. 인간의 본질, 즉 배고프면 밥을 먹고, 졸리면 잠을 자고, 사람들과 어울려

서로 관계를 맺으며 살아가는 것은 변하지 않기에 과거든 현재든 사람은 본질적으로 다르지 않다. 다르다면, 예를 들어 전쟁에서 과거에 칼과 활을 사용했다면 현재는 총과 미사일을 사용하는 차이처럼, 단지 대처하는 도구가 다를 뿐이다. 전쟁이라는 본질, 나의 것을 지키거나 남의 것을 빼앗으려는 그 목적은 과거나 현재나 변하지 않았다. 이것이 바로 인간이 지닌 본성이다.

인간의 본질이 같다면 인간이 살아오면서 겪은 사건, 즉 역사 속에는 인간의 행동양식이 그대로 녹아 있을 것이다. 이 행동양식은 인간의 본질이기에 오랜 시간이 흘렀어도 크게 변하지 않는다. 그렇다면 우리는 어쩌면, 시간과 공간까지 완전히 같지는 않지만, 과거 인간의 경험 속에서 앞으로 일어날 어떤 상황들을 미리 짐작할 수도 있을 터이다.

이러한 짐작은 우리의 삶에 매우 중요하다. 과거의 사건을 통해 앞으로 진전될 수만 가지의 방향을 단지 몇 가지로 압축하여 짐작할 수 있다면 우리는 그만큼 시행착오를 줄일 수 있는 것이다. 과거의 실패를 통해 미래의 실패를 예방할 수 있고, 과거의 위기 극복방법을 통해 현재의 고난을 해결하는 지혜를 얻을 수 있다.

이것은 앞서 말한 역사에서 교훈을 얻는 것과는 다르다. 감계鑑戒를 알아채는 것이다. 그러한 점에서 역사는 과거의 사건을 기록한 것이지만 현재와 미래를 예측할 수 있는 것이다. 이것이 바로 참된 역사 공부의 본질이 아닐까? 물론 역사 연구가 100퍼센트 미래를 예측한다고 확신하긴 어렵다. 미래는 현재 사건을 대처하는 방식에 따라 달라지기에 그 경우의 수는 무궁무진하다. 하지만 앞서 말했듯이 역사에는 많은 사람들의 행동과 반응을 기록하여 두었기 때문에, 수만 가지의 대처법을 단 몇 가지, 아니 수십 가지로 줄일 수 있는 것이다. 그렇게 된다면 미래에 대한 예측은 허무맹랑하지만은 않을 것이다. 역사학과 달리 요즘 인기 있는 미래학은 바로 역사에서 시작되었다는 것을 알아야 한다.

∴

1,362년간의 인간의 행동양식을 294권으로 묶어낸《자치통감》은 방대한 역사책이다. 그렇기에 많은 인간군상을 보는데《자치통감》만큼 좋은 것이 많지 않다. 우리말로 번역된 것이 모두 31책, 약 2만 쪽에 가깝다. 바쁜 현대 생활 속에서 일시에 독파할 계획을 세우기는 쉽지 않다. 또한《자치통감》을 반드시 읽어야 하는 것인지 판단하기도 쉽지 않을 것이다. 그래서 바쁜 현대인들에게 이 책을 통해《자치통감》에 대해 개괄적이나마 소개하려고 한다.

이 책을 관통하는 주제는 '변하는 시대에 살아남기'로,《자치통감》에서 다룬 전국시대부터 오대 말까지를 ① 전국시대와 진나라시대, ② 전한시대, ③ 후한시대, ④ 삼국시대, ⑤ 위진남북조시대, ⑥ 수당시대, ⑦ 오대 및 송나라시대로 나누어 각 시대별로 별도의 주제를 지닌 인간 군상들에 대해 썼다.

역사란 생존을 위한 행동의 기록이다. 생존을 위해 사투를 벌인 사람들의 행동양식을 통해 성공도 실패도 그려볼 수 있다. 그러나 이들의 삶을 통해 우리의 삶을 정확히 예측할 순 없다. 누차 언급했듯이 이들의 삶 역시 수만 가지 경우의 수 가운데 하나일 뿐이기 때문이다. 하지만 이들의 성공과 실패를 단순히 바라보지 않고 그 이유를 찾아낸다면, 그 이유를 통해 예측 가능한 경우의 수는 늘어날 수도 있다.

이 책에서 소개되는 생존방법들은 어쩌면 한번쯤 들어본 것일 수도 있다. 많은 사람들의 입에 회자되었다는 것은 그만큼 그 내용이 의미 있다는 반증일지도 모른다. 그리하여 이 책을 통해 구체적으로 역사에서 확인한다면 그들의 생존방법이 우리에게 더욱더 감계를 느끼게 할 것이다. 그리고 이 책을 시작으로 《자치통감》에 들어있는 2만 개가 넘는 사건을 통해 보다 깊이 있는 생존법을 알아가길 바래본다.

∴

내가 《자치통감》을 완역하여 세상에 내놓은 지 벌써 2년이라는 시간이 흘렀다. 그 사이에 《자치통감 산책》, 《자치통감사론 강의》(상)(하), 《위진남북조시대를 위한 변명》, 《황제뽑기》 등 《자치통감》을 알리기 위해 집필을 놓지 않았다. 내가 이렇게 《자치통감》의 전도사를 자처하는 이유가 바로 《자치통감》만큼 좋은 역사책이 없다고 믿기 때문이다.

나의 노력에 보상이라도 해 주듯이 《자치통감》은 각종 매스컴을 통해 세상에 널리 알려졌고, 그와 아울러 《자치통감》을 사랑하는 독자들도 많이 늘어났다. 그리고 몇몇 열성적인 독자들이 블로그, 웹문서, 카페, 게시판 심지어는 트위터를 통해 내 책을 읽은 감상을 적거나 소개하며 좋은 의견을 주고 있다. 이 기회를 빌려

감사하다는 말을 전하고 싶다.

그들과 나의 노력이 서로를 소통시켜주는 가교가 되었고, 남은 평생의 할 일을 알려준 귀중한 선물이 되었다. 앞으로도 지속적인 관심과 충고를 기대한다.

2013년 4월에
권중달 적음

목차

들어가면서
역사학은 미래학의 본질이다 4

제1강
과감하라, 더욱 과감하라 : 무령왕의 호복 정책 13

제2강
약한 것에 얽매이지 마라 : 배수의 진을 친 한신 49

제3강
무지하면 필패다 : 부족한 무력을 덕치로 보충하라 91

제4강
시류를 거슬러라 : 유비가 택할 수밖에 없는 인의 135

제5강
방심이라는 유령 : 비극적인 비수 전투를 이끈 부견 **169**

제6강
우물쭈물할 수 없다 : 현무문의 비극과 이세민의 쿠데타 **213**

제7강
역사에서 길을 찾다 : 술잔으로 군권을 녹인 조광윤 **257**

나오면서
먼저 시간의 흐름을 파악하라 **291**

제1강

과감하라, 더욱 과감하라

무령왕의 호복 정책

조무령왕(趙武靈王, ? ~ 기원전 295년)
전국시대 조나라의 국군(國君). 이름은 옹(雍)이고, 숙후(肅侯)의 아들이다. 19년 호복(胡服)을 입고 말 타기와 활쏘기를 시행해 유목 부족을 방어했다. 나중에 중산(中山)을 공격해 멸망시키고, 임호(林胡)와 누번(樓煩)을 격파하는 등 국세를 크게 신장시켰다. 군사개혁을 시도했고, 변방을 개척해 나갔다. 27년 둘째 아들 하(何. 趙惠文王)에게 왕위를 물려주고 스스로 주부(主父)라 불렀다. 따로 맏아들 장(章)을 대안양군(代安陽君)에 봉했다. 이에 장이 불만을 품었다. 혜문왕 4년 장이 병사를 일으켜 왕위를 다투다 실패하고 달아나 주보가 있는 사구궁(沙丘宮)에 머물렀는데, 이태(李兌)가 궁설을 석 달 동안 포위했다. 장이 먼저 죽은 뒤 그도 굶어죽고 말았다.

생존방법으로서의 진보

인간이란 그가 누리는 문화와 문명의 차이는 있지만 기본적으로 살고자 하는 욕구를 가지고 있기 때문에 살아남은 사람이 결국은 승리한 사람이라고 할 수 있다. 《자치통감》 가운데 전국시대에서 진秦나라의 통일까지를 하나로 묶어본다면 이 시대에 끝까지 살아남을 수 있는 생존방법은 무엇이었을까? 여러 가지를 들 수 있겠지만, 우선 진취적인 태도를 갖는다는 것이 중요하다.

   인간의 역사는 진보의 연속이다. 물론 인류가 정말 진보했는가 라는 물음을 던지는 사람도 있다. 진보란 가치의 문제이기 때문에 과거보다 후대가 더 가치 있게 되었느냐는 질문에 자신 있게 그렇다고 대답하기 어렵다. 그러나 일반적으로 말한다면 물질은 더욱 풍부해지고 도구는 더욱 발달해 온 것이 사실이다. 그에 따라 생각도 많이 변해 왔다. 또 교통의 발달에 따라서 멀리 떨어진 곳에서의 새로운 문명과 문화를 수용하기도 했다. 그러한 점에서 현재보다 더 나은 기술이나 제도, 방법을 찾아내거나, 그것을 수용하는 것을 진보라고 일단 말하는 것이다.

그런데 새로운 기술을 찾거나 수용하는 것은 쉬운 일이 아니다. 더욱이 현재를 살아가는 데에 별다른 어려움을 느끼지 않는다면 새로운 것에 대한 거부가 심하기 마련이다. 그러나 변하는 역사 속에서 현재라는 것은 결국 시간의 흐름과 함께 스러질 운명에 처해 있다. 때문에 새로운 것을 거부한다고 해도 결코 그대로 머무를 수 없다. 우리는 원하든 원하지 않든 변화와 항상 마주하게 된다.

어쩔 수 없이 변화와 마주할 것이라면 적극적으로 새로운 것을 추구하자는 사람들이 있다. 이것을 진보라고 말한다면, 변하는 세상에 대해 못마땅하게 생각하며 현재의 상태를 계속 유지하는 것으로 만족하고자 하는 사람도 있다. 이를 보수라고 말할 수 있다. 이처럼 진보와 보수는 그 주장이 다르다고 하지만 어느 시대건 둘 중 하나만 존재했던 시절은 없었다. 항상 이 둘은 공존해 왔다.

그런데 진보에는 모험이 따르고 그것이 성공할 것인지 아닌지를 가늠할 수 없는 상태에서 나타난다. 진취적이라고 해서 무조건 좋다고 할 수 없는 것이 급진적인 변화와 모험을 하다가 실패한다면 현재의 안정된 기반을 파괴할 수도 있기 때문이다. 그러나 진보적인 생각을 갖지 못한다면 스스로 더 나은 미래를 보장받을 수 없는 것도 사실이다.

정도의 차이는 있지만 인류는 급진적인 변화에서 실패를 경험하고, 극단적인 보수에서 퇴락을 경험하게 된다. 그러나 전체적으로는 비록 보수의 반대를 무릅쓰고라도 진보적, 진취적인 생각을 가지고 새로운 문물이나 제도 등을 수용해야 된다고 생각해 왔다. 그것을 문명의 발전, 혹은 문화의 향상이라는 말로 표현한다.

그러므로 현대의 문명이란 고래古來로부터 인간이 끊임없이 새로운 것을 발명, 발견하고 또 이를 수용하면서 이룩한 것이다. 물론 새로운 것을 극단적으로 거부하는 종족이 아직도 지구상에는 남아 있다. 그러나 그들이 자신들의 전통을 잘 지키고 있다는 점에서는 성공이라고 할 수도 있겠지만 여전히 고난과 질곡을 벗어나지 못하는 경우를 우리는 종종 볼 수 있다.

삶의 가치를 물질적 풍요보다는 전통을 지키는 것에 가치관을 두고 있는 경우도 있다. 예컨대 여전히 석기문명의 방식으로 생활하는 아프리카의 원주민이 있고, 가까운 대만만 하더라도 현대 문명을 거부하는 사람들[山地族]이 있다. 이들은 극단적으로 보수적인 태도를 취하는 사람들이다.

그러나 인간은 대부분 보다 편리하고 안전하며 풍요로운 생활을 원하고 있기 때문에 발전을 가치 있는 것으로 생각하고 있다. 그래서 비록 새로운 것을 수용하는 과정에서 다소 불편함이나 어려움이 있다고 해도 이를 감내한다. 반면에 어려움을 내세워 새로운 것의 수용을 강하게 거부하는 보수가 있다. 이 경우에 새로운 것을 수용하려는 진보의 힘이 부족하거나 논리적으로 보수를 설득하지 못하면 새로운 것은 수용되지 못한다. 그러므로 진보는 보수의 반대를 잠재울 만한 가시적인 비전을 제시할 필요가 있고, 또한 이를 추진할 힘과 설득력이 있어야 성공이 가능하다.

경쟁의 시대인 전국시대

역사서 《자치통감》은 삼진三晉이 나타난 시점부터 기술하기 시작하는데 이를 전국戰國시대의 시작으로 보고 있다. 삼진이란 춘추시대 5패五覇의 하나였던 진晉나라가 한韓, 위魏, 조趙 세 나라로 나뉜 것을 말한다. 전국시대는 삼진이라 불리는 이들 세 중부지역에 있던 나라와 서부의 진秦과 동부의 제齊, 북동부의 연燕, 그리고 남부의 초楚, 즉 보통 전국7웅七雄이라고 부르는 이들 나라들이 각축하는 시대였다.

당시 중국은 형식적으로는 주周나라의 봉건제도 아래에 놓여 있었다. 주왕周王인 천자는 제후諸侯에게 봉토封土를 주고, 제후는 자기가 받은 봉토 가운데 일부를 대부大夫에게 채읍采邑으로 주면서 서로서로 주종관계를 맺고 있었다. 그래서 천하 사람들은 여전히 주군主君으로 생각하는 주나라의 왕[周王]을 정점으로 이루지는 체제 아래에 놓여 있었다.

즉 천자는 주왕周王이었으니 중국 천하의 질서는 주나라의 질서인 셈이었다. 주나라는 왕, 제후, 대부라는 신분질서 위에 존재했고, 주나라가 존재하기 위해서는 이 신분질서는 절대로 지켜야만 했다. 그러므로 봉건제도에서 이러한 질서를 뛰어 넘는 하극상은 근본적으로 중국의 질서를 위태롭게 흔드는 아주 큰 죄였다.

이러한 질서 체계 아래서 당시 진晉나라의 대부였던 한건韓虔, 위사魏斯, 조적趙籍 세 사람이 서로 진나라를 나누어 가진 후 천자인 주나라 위열왕威烈王에게 제후로 책봉해 줄 것을 요구했다. 대부 세 사람이 제후의 땅을 나누어 가진 것이니 이는 분명한 하극상이었다. 그것도 모자라 이들은 자신들의 신분을 한 등급 올려 제후로 삼아달라고 했다.

사실 제후의 신분을 얻는 것은 천자인 주왕의 명령으로만 가능한 일이다. 이제껏 힘으로 하극상을 벌여 놓고, 한술 더 떠 천자에게 이를 인정하고 제후를 시켜 달라고 강요한 적은 없었다.

그런데 이때 주나라 위열왕은 이들의 요구대로 모두 제후로 책봉했다. 하극상에 대해 죄를 주기는커녕 상을 준 꼴이었다. 이 사건은 보기에 따라서 주나라 왕이 자기의 고유권한을 행사한 것이니 대수로울 것 없다 할 수도 있겠으나, 앞의 시대에는 없던 사건이므로 이는 시대가 변했음을 구체적으로 보여 준 증거였다.

보통 전국시대 이전의 춘추시대를 혼란의 시대라고 말하지만 그때도 대부를 제후로 삼은 일은 없었다. 설령 대부가 제후보다 힘이 강하다고 할지라도 신분질서 자체를 깨뜨리지 않았다. 춘추시대에 공자孔子가 혐오했던 양화陽貨나 계손季孫씨가 권력을 독점하여 질서를 어지럽히기는 했지만 하극상을 저질러서 윗 신분으로 옮겨가는 일을 넘보지는 못했던 예에서 알 수 있다.

따라서 삼진의 등장이라는 이 사건은 단순히 하나의 사건으로 끝나는 것이 아니었다. 이는 바로 하극상은 죄가 아니며, 힘만 있다면 얼마든지 신분 상승이 가능하다는 것을 모든 사람들에게 알려 준 것이며, 새로운 시대가 왔다는 징표였다. 본격적인 힘으로 경쟁하는 시대가 열렸다고 볼 수 있다.

이렇게 기존질서가 무너지는 시대가 되자 과거의 방식으로 세상을 살아가는 데는 한계가 있었다. 그래서 사람들은 새로운 시대를 지배하기 위해 힘을 갖는 것이 가장 중요하다고 생각했다. 과거의 신분 따위는 그다지 중요하지 않게 되면서, 종주국이자 천자의 나라였던 주나라는 그 명맥만 유지할 뿐 유명무실하게 되었다.

새로운 시대를 맞은 모든 사람과 모든 나라들은 각자 자기의 위치에서 새로운 방법을 찾아서 생존하고자 했다. 힘을 쌓기 위해서는 이제 새로운 탈출구를 모색하지 않으면 안 되었던 것이다.

속여라! 그리고 계속 속여라!

이렇게 힘이 지배하는 시대가 되자, 의식도 변화하게 되었다. 과거에는 결과보다 과정이 중요했던 것에 반해 이제는 과정보다는 결과가 중요해졌다. 그러자 '속이는' 행위는 더 이상 비겁한 것이 아닌 현명함을 가리키는 말이 되었고, '정정당당'함이란 이제 의로운 것이 아닌 우둔함을 가리키는 말이 되었다. 신분질서가 바뀌면서 가치관까지 바뀐 것이다.

춘추시대를 살았던 공자는 극기복례克己復禮를 외쳤다. 주나라의 질서체계인 예禮가 무너져 가고 있는 현실을 보면서, 자기를 이기고 예의 질서를 회복해야 한다고 주창한 것이다. 그래서 그는 예가 아니면 보지도 말고, 듣지도 말며, 말하지도 말고, 움직이지도 말라고 했다.

이처럼 공자는 위기의식을 느끼며 예의 회복을 강조했지만 춘추시대 전체를 놓고 보면 그래도 예를 어기는 사람은 여전히 지탄을 받고 있었다. 그래서 드물기는 하지만 전쟁 중에도 예를 어겼다는 비난을 받지 않으려고 상대에 대해 끝까지 예의를 차리는 사람이 있었다. 예컨대 많은 사람들의 입에서 회자되는 송나라와 초나라의 전쟁이 그러하다.

초나라의 군사들이 송나라를 공격하면서 강을 사이에 두고 대치하던 중이었다. 초나라 군사들이 송나라 쪽으로 강을 건너오기 시작하자, 송나라의 참모들은 송왕에게 "주군이시여, 지금 초나라 군사가 강을 건너고 있습니다. 이틈을 타서 재빨리 공격한다면 손쉽게 승리할 수 있습니다."라고 했다. 그러나 송왕은 "아무리 적이라고는 하나 상대방이 어려운 일에 처하여 있을 때를 노려 공격하는 것은 예의에 어긋나는 일이다."라고 하면서 공격하지 않았다. 싸워서 이기는 것보다 예의를 어겼다는 비난을 받는 것이 더 이롭지 않다고 생각했기 때문이었다.

잠시 후 초나라 군사가 강을 모두 건너오자, 송나라 참모들은 다시 "초나라 군사들이 모두 강을 건너 우리 송나라 땅에 들어왔습니다. 이제 공격해야 합니다."라고 건의했으나, 송왕은 "저들이 진지를 정렬하지 않았으니, 아직 공격해서는 안 된다."라며 참모들의 건의를 물리쳤다. 그리고 초나라 군사들이 모두 정렬하고 진지를 구축하고 나서야 서로 싸우기 시작했다. 결과적으로 이 전투에서 송나라 군사들은 크게 패했고 송왕도 크게 부상을 당했다.

예의 춘추시대가 끝나고 전국시대로 들어서면서 예 따위는 개나 줘버리라는 생각이 팽배해졌다. 전국시대로 들어서면서 속임수로 시작하여 속임수로 끝나는 사건이 많았다. 그 예로 손빈孫臏과 방연龐涓의 전투가 유명하다. 손빈과 방연은 한 스승 밑에서 공부한 친구였는데, 방연이 친구 손빈을 시기하여 속임수를 써서 그의 손과 발을 잘랐다. 이에 질세라 손빈도 속임수를 사용하여 방연의 군대를 유인했다.

손빈은 "오늘부터 매일 아궁이의 숫자를 반씩 줄여나가라. 이를 보고 방연은 우리 군대의 병사가 도망하는 줄 알 것이다."라고 명령을 내린 후 자신의 군대 아궁이 수를 매일 반씩 줄였다. 도망하는 병사가 많아 밥 짓는 아궁이가 줄고 있다고 믿도록 꾸민 것이다. 이 꾀에 넘어간 방연은 손빈의 군대를 공격했고, 손빈은 전력이 모자라는 양 도망치기 시작했다. 방연은 손빈의 군대에 문제가 생겼다고 여기고는 급히 그의 군사를 뒤쫓았다. 그러나 손빈은 소나무 아래에서 방연을 기다렸다가 화살을 쏘아 그를 죽였다. 결과적으로 더 크게 속인 사람이 영웅이 된 것이다.

이는 오늘날에도 크게 다르지 않다. 전국시대 이후로 잘 속이는 사람이 추앙받는 시대가 계속 이어지고 있다. 아무리 도덕과 윤리를 내세운다고 해도 잘 속이는 사람이 똑똑한 사람이라고 인정하는 시대인 것이다. 상업 광고에서는 약점을 감춘 채 장점만 내세운다. 독점 기업은 마치 자선 사업을 하는 듯한 이미지 광고를 내보낸다. 정치가는 국가와 민족을 입에 달고 살면서 자기 이익에 몰두해 있다. 다만 들키지 않으면 그만이라고 생각한다.

이러한 손자병법적 사고가 모두를 속고 속이는 혼란스러운 우리 시대를 지배하고 있다. 목적만 달성하면 되었지 과정은 따지지 않는다. 그래서 개인의 삶이나 국가의 생존에서 목표지상주의, 성과지상주의가 만연하다. 눈 뜨고도 코 베어가는 시대를 살고 있는 우리가 이 어지러운 세상에서 무사히 살아남으려면 어떻게 해야 할까? 그 해답을 혼란의 시대를 연 전국시대에서 속임수에 대비해 살아남은 조趙나라 무령왕武靈王에게서 찾아보고자 한다.

조나라의 주군 조옹

전국7웅 가운데 하나인 조趙나라는 주나라 위열왕이 조적趙籍을 제후로 임명하면서 제후국이 되었다. 그때부터 숙후肅侯라는 '후侯'의 작호를 사용하다가 근 80년이 지난 조옹趙雍시대에 와서 왕호王號를 사용했고, 조옹은 죽은 후의 시호가 무령武靈으로 정해졌기 때문에 무령왕(기원전 340년~기원전 295년)으로 불리게 되었다.

당시 중원에서 '왕王'이라는 호칭은 오직 천자로 불리던 주나라만이 사용할 수 있었으나, 점차 제후국들이 '후侯'라는 호칭에 만족하지 않고 제멋대로 '왕'이라는 호칭을 사용하기 시작했다. '왕'에는 천자가 되어 천하를 호령하겠다는 뜻이 담겨 있다. 따라서 '왕'이 있는 나라들이 많아졌다는 것은 천하통일을 하고자 하는 나라가 많아졌다는 것을 의미하며, 따라서 천하통일을 위한 전쟁은 빈번해 질 수 밖에 없었다.

전쟁이 일어나면 승리와 패배라는 결과가 나타난다. 그리고 그 승패를 가르는 것이 바로 힘이었다. 물론 국제적으로 연합하여 동맹을 맺기도 했지만, 이는 전쟁을 피하기 위한 수단이 아닌 전쟁을 이기기 위한 하나의 방편이었다. 후에 천하를 통일하는 진秦나라의 혜왕 역시 천하통일을 위한 기초를 닦고 있었다. 이렇게 진나라가 세력을 키워가고 있으니 그 옆에 자리 잡고 있는 조나라는 커다란 위협을 감지하고 있었다.

이뿐만 아니라, 시대의 조류를 타고서 종횡가縱橫家로 이름을 떨쳤던 소진蘇秦과 장의張儀가 국제적으로 활동하기 시작하면서 합종책合縱策과 연형책連衡策이 시대를 주도하고 있었다. 합종책은 강한 진秦나라가 동부지역으로 뻗어 나오는 것을 동부의 여섯 나라가 연합하여 막자는 논리이다. 그리고 연형책은 합종책과는 반대로 여섯 나라들이 각기 살아남으려면 강한 진나라와 외교관계를 맺어야 한다는 논리였다. 물론 이러한 국제 조약이 천하를 통일해야 한다는 근본 조류를 막을 수는 없었다.

여기서 합종과 연형이라는 것 역시 일시적으로 사람을 속이는 속임수에 지나지 않았다. 이미 시대의 조류는 천하통일이라는 커다란 흐름을 타고 있는데, 합종과 연형으로 분열된 상태를 고착시키겠다는 것은 시대의 조류에 역행하겠다는 말이기 때문이다.

결국 시대의 흐름을 제대로 파악한다면 공자의 제자이자 전국시대를 살았던 맹자의 말처럼 "천하는 하나가 될 것"이고, 그렇다면 하나를 뺀 나머지 여섯 나라는 멸망할 것이 뻔한 일이었다. 따라서 망하는 여섯 나라에 속하지 않기 위해 부단히도 힘을 키워야 했다.

당시 동부의 패자霸者라고 할 수 있는 제齊나라에서는 천하에 이름을 남긴 맹상군孟嘗君이 등장했다. 그가 초楚나라에 가자 초나라에서는 그에게 상아침대를 선물로 보내기도 했다. 강한 자에게 뇌물을 주어서라도 자기 나라가 안전하기를 바라는 풍조를 보인 것이었다.

이렇듯 중원의 국제사회는 크게 요동치고 있었다. 내가 먹느냐 먹히느냐가 한순간에 갈리는 위태로운 시대에 조나라에서 무령왕이 등장한 것이다. 무령왕이 등극하고 4년 뒤인 주 현왕 46년(기원전 323년)에는 종횡가로 이름을 날리던 진秦나라의 장의가 동부지역의 패자인 제나라와 남부지역의 패자인 초나라의 재상과 설상齧

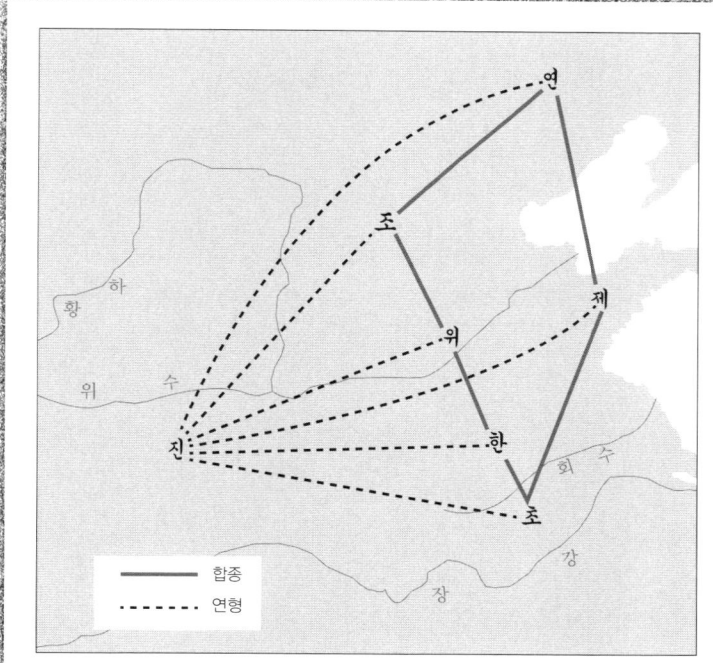

<합종책과 연형책>

합종책과 연형책은 전국시대의 최강국인 진(秦)과 연(燕)·제(齊)·초(楚)·한(韓)·위(魏)·조(趙)의 6국 사이의 외교 전술을 말한다. 합종책은 진에 대항해 6국이 남북으로 연합했던 정책을 말한다. 그러나 연형책은 6국이 각기 강한 진과 외교관계를 맺고 있어야 진에게 멸망하지 않는다는 논리이다. 그래서 진과 동서(가로)로 관계를 맺는다는 뜻에서 연형책이라 하였다. 결국 진은 6국이 연형책을 쓰게 한 뒤에 6국을 차례로 멸망시켜 중국을 통일하였다.

桑, 강소성 패현에서 만나서 회합을 가졌다.

다시 주나라 신정왕 3년(기원전 318년)에는 진나라가 동쪽으로 진출할 수 없도록 초, 조, 위, 한, 연 등 다섯 나라의 연합군이 진나라로 들어가는 입구인 함곡관을 공격하다가 도리어 패배하여 도망하는 일도 있었다.

조나라는 바로 진나라의 동쪽에 위치하면서 북쪽으로는 흉노와 맞대고 있어 언제 누구에게 공격을 받을지 모를 일이었다. 당시 진나라와 이웃하는 한韓나라와 동북쪽에 있는 연燕나라에서는 이미 왕이라는 호칭을 사용하고 있었다. 일반적으로 호칭을 바꾸면 국제적으로 주목을 받게 되고, 그로 인해 경계의 대상이 되기도 했다.

반면 조나라 주군인 조옹은 "알맹이도 없이 껍질만 왕인 것이 도대체 무슨 소용이란 말인가!"라면서 당시의 국제 성향과는 달리 오히려 호칭을 후侯보다 한 등급 낮은 군君으로 바꿨다. 우선 살아남기 위해 한껏 자기 몸을 낮추는 전략을 세운 것이었다. 조옹은 세상 돌아가는 이치를 알고 있는 똑똑한 사람이었다.

당시 시류와는 달리 짐짓 역행하는 태도를 취한 조옹은, 이후 그 역시 칭왕하여 무령왕이 되었지만, 어렵고 복잡한 국제 관계에서 눈에 띄게 행동하는 것이 이로울 것이 없다고 판단했다. 이것이 강한 진나라 옆에서 조나라가 생존할 수 있는 방법 가운데 하나였다. 사방에 잡아먹고자 하는 세력들이 존재하는데 조심해서 나쁠 것은 없을 터였다.

농경지대와 유목지대의 복장

당시 중국의 중원지역은 농경사회였다. 농업은 많은 사람이 모여서 힘을 합쳐야 하는 집단 노동이 중심이 되는데, 이것은 신석기시대 이후 생산경제 시대로 들어가면서 기후와 환경에 따라서 중원지역에서 이루어진 자연스런 현상이다.

이에 비해 초원지대가 많은 중국의 북방 지역은 강수량이 적어 농사보다는 유목생활이 적합했다. 유목생활의 목축업이야 말로 집단 활동보다는 개별 활동이 많고 가축을 돌보기 위한 기마술騎馬術이 필요했다. 이처럼 각기 자연환경이 달랐기 때문에 살아가는 방법 역시 달랐고, 이는 생산 활동의 차이를 만들어냈다.

그리고 이러한 차이는 복장에도 고스란히 영향을 미쳤다. 그리하여 중국의 농경지대에서는 두루마기나 치마 같은 긴 복장이 발달한 반면, 유목지대에서는 짧은 바지차림의 기마에 편리한 복장이 발달했다. 이렇게 자연환경에 적응하여 생산 활동에서 만들어진 복장은 각기 그들의 지켜야할 가치와 전통이 되고 자존심이 되었다.

그러나 전투가 일상화 된 전국시대에는 전쟁 능력이 곧 국력을 가늠하는 잣대가 되었기에, 더 이상 전통적으로 내려오는 생활방식을 고집할 수 없었다. 가만히 있다가는 모든 것을 빼앗기기 때문에 먼저 빼앗아야 하는, 원하건 원하지 않건 살아남기 위해 전투를 해야 했다. 그리고 전투는 전통을 토대로 이루어진 생산 활동에서 나온 형태를 그대로 보이고 있었다. 그래서 농업지대에서는 집단 활동의 결과로 보병전이, 유목지대에서는 개별 활동의 결과로 기마전이 주종목이었다.

　모두 알고 있는 사실이지만 기마전은 보병전에 비해 월등한 전투력을 지닌다. 따라서 중원지역에서 쟁패爭覇를 벌이려고 한다면 말할 것도 없이 유목지대에서 발달한 우수한 전투력의 기마전을 수용할 필요가 있었다. 이것을 재일 먼저 착안한 사람은 후에 무령왕으로 불리는 조나라 주군인 조옹이다.

　그는 기마전술을 수용하기 위해서 우선 말을 타기에 편리한 흉노족이 입는 호복胡服을 수용해야 한다고 생각했다. 조나라는 중원지역의 북쪽에 있기 때문에 유목지대에서 발달한 기마에 편리한 호복을 수용하기에 용이한 위치에 있었다.

　드디어 무령왕은 이 어려운 일을 실행하기로 마음먹었다. 당시 분위기에서 오랑캐로 여기는 흉노의 복장을 받아들이는 것은 중원지역에 사는 백성들의 자존심이 허락하지 않는 일이었다. 하지만 무령왕은 보다 우수한 전력을 갖추는 것이 자신들의 전통보다 중요하다고 판단했다.

　무령왕은 조나라의 국력을 신장하고자 북쪽의 호족들과 많은 전투를 벌였다. 호족들의 군사 숫자는 적었지만 말을 타고 빠르게 움직이는 그들의 전투력은 아주 뛰어났다. 농경민족으로서는 상상하지 못한 모습이었다. 하지만 다행히도 조나라의 군사력이 호족들에 비해 월등했기에 그 영역을 넓힐 수 있었고, 더불어 그들의 전투 모습도 배울 수 있었다.

　앞에서도 말했지만 당시 중원지역에 사는 농경족들의 복장은 치마와 소매가 넓어서 행동도 자유롭지 못하고 특히 전투중에는 불편하기 그지없었다. 그에 비해 흉노족의 옷은 바지와 소매가 짧아서 활동하기가 아주 쉬웠고 효율적인 전투의 수행도 가능했다.

　좋은 것을 보면 이를 수용하는 것이 발전적이고 진취적인 자세다. 무령왕은 "현명한 사람은 어리석은 사람의 웃는 모습조차 자세히 살펴본다. 비록 지금 세상이 호복을 입는 나를 비웃더라도 나는 잃어버린 중산中山 땅을 반드시 소유하여 마지막에 세상을 향해 웃겠다."라고 말했다. 상국相國 비의肥義와 더불어 호족들의 복장을 입고 말 타며 활 쏘는 것을 백성에게 가르칠 것을 계획하고 이를 실행하려 했다.

　앞을 내다 볼 줄 아는 사람은 현명한 사람이다. 수단과 방법을 가리지 않고 상대방을 이기기 위해 싸우는 중원지역에서 무령왕 조옹은 적에게 우위를 점유할 수 있는 전술은 기마전이라고 생각한 것이다. 무령왕의 진보적인 견해였고, 진보적인 실천이었다. 이러한 무령왕의 기마전 수용으로 차후에 중원지역에도 기마전이 벌어지게 된다.

가로막힌 호복의 수용 정책

왕이 스스로 호복을 입겠다고 했지만 조나라 백성들은 모두 그것을 원하지 않았다. 왜냐하면 호복을 야만인들의 복장이라 생각하여 자존심이 상한다고 생각했기 때문이다. 원래 중원지역에서 농경생활을 하는 사람들은 말 타고 짐승을 잡아먹고 사는 사람들을 야만인이라고 불렀다. 중원지역을 중심으로 그 사방 동서남북에 사는 사람들은 모두 문명하지 못한 사람들이라고 얕잡아 보고 있었던 터였다.

중원지역에 사는 사람들은 자신들을 기준으로 동쪽에 사는 사람들을 동이東夷라고 불렀다. 이는 큰 활[大弓]을 가지고 다니며 사냥하는 사람이란 말로 이를 통해 농경족인 자신들과 구별했다. 그 외에 서쪽의 서융西戎이 살았는데, 융戎은 역시 무기를 들고 사냥하는 사람을 지칭하는 말이고, 북쪽의 북적北狄은 짐승[犭]을 불[火]에 구워먹는다고 하여 붙인 이름이며, 남쪽의 남만南蠻은 벌레들이 득실거리는 속에서 산다는 뜻이다. 모두 농경지역에 사는 입장에서 문명하지 못한 관습이라고 치부한 것이다.

무령왕은 조나라의 왕이지만 호복착용을 힘만으로 강요할 수는 없었다. 백성들에게 자랑스러운 전통적인 중국복장을 버리고 미개하다 얕잡아보던 호복을 입으라니, 반발이 일어날 것은 자명한 일이다. 이것은 가치관의 문제이기에 힘으로 억누른다고 해도 그럴 수밖에 없었다. 자긍심에 손상을 입히는 행동이기 때문이다.

게다가 왕과 더불어 백성들을 설득해야 할 지도층에서도 호복 입기를 마뜩치 않게 생각하고 있었다. 그 대표적인 인물이 바로 조성趙成이다. 조성은 국성國姓인 조趙씨 가문에서도 항렬이 높았고, 또 무령왕 조옹의 숙부였다. 아무리 무령왕이 왕위를 가졌다고 해도 집안의 숙부를 마음대로 강제하기는 어려운 처지였다.

조성에 관해 조금 더 설명한다면 조성은 무령왕의 할아버지인 성후成侯의 둘째 아들로 즉 공자公子, 제후왕의 아들였다. 그리고 무령왕의 아버지인 숙후肅侯가 조나라의 주군이었을 때에 그는 동생 조성에게 국상國相, 재상이라는 중책을 맡겼었다. 정벌전쟁에 전념하기 위해 숙후는 동생 조성에게 정무를 맡겼던 것이다. 이것만

보더라도 무령왕의 아버지 시절부터 조성은 조나라의 막강한 실세였다는 것을 알 수 있다.

그 후 숙후가 죽고 무령왕이 그 뒤를 이었다. 무령왕은 어린 나이에 등극했기 때문에 조나라의 정치는 여전히 조성과 상국인 비의가 담당하고 있었던 만큼, 조성은 오랫동안 조나라에서 실력자였다. 무령왕이 백성들에게 호복을 입게 하려고 한 시점이 비록 그가 등극한 지 19년이 지난 시점이었지만 조성의 권위는 여전히 무시할 수 없는 상태였다.

그런데 바로 이러한 조성이 호복 입기를 반대했으니 무령왕의 진취적인 행동이나 결정은 조성 같은 보수 세력에게 막혀버린 것이다. 무령왕이 모든 신료들에게 직접 호복을 입고 조회에 나오라 하자 조성은 조회에 나오지 않았다. 조성은 왕에게 대놓고 거역할 수는 없었기에 아프다는 핑계를 대고 나오지 않은 것이다. 이로써 조성은 호복에 반대한다는 뜻을 분명히 밝힌 것이다.

무령왕은 자기의 생각과 정책이 아무리 조나라의 장래를 위하는 것이라고 해도 숙부 조성을 넘지 않고는 성공하기 어렵다는 것을 알았다. 그리하여 무령왕은 조성에게 사자使者를 보내 그를 설득했다. 사자는 조성에게 무령왕의 말을 전했다. "집에서는 부모의 말을 듣고, 나라에서는 임금의 말을 들어야 합니다. 지금 과인이 복장을 바꾸자고 하는데 하물며 숙부님께서 과인의 말을 따르지 않는다면 숙부님께서 반대해 일을 그르쳤다는 말이 백성들 사이에서 나올까 걱정입니다." 말 자체는 겸손하기 이를 데 없다. 숙부가 호복을 입지 말라고 하면 결국에는 자신도 호복을 포기할 것이고, 그렇게 되면 숙부 때문에 왕의 권위가 떨어질 것을 염려했다. 이는 숙부인 조성의 영향력이 크다는 것을 입증하는 말로써 자기가 왕으로서 아무런 일도 할 수 없게 된다는 말이며, 그 책임은 숙부인 조성이 져야한다는 말이기도 하다. 무령왕은 자신에 대한 반역이라는 말을 이처럼 완곡하게 표현해서 전한 것이다.

그리고 다시 설득의 말을 이었다. "나라를 통제하는 데는 변함없는 것이 있는데 백성을 이롭게 하는 것이 그 근본이고, 정치에 종사하는 데는 경륜이 있는데 명령을 실천하는 것을 그 제일 위로 칩니다." 호복을 입는 것이 백성을 이롭게 하는 정책이라는 말이었다. 사실 호복이 전투력 향상에 도움이 된다는 것은 모두가 알고 있다. 다만 어떻게 미개한 야만인의 옷을 입느냐는 관습적 의식이 남아있었을 뿐이었다. 실리를 위해서라면 관습은 깨져도 좋지 않겠느냐는 무령왕의 설득이었다.

그리고 마지막으로 "덕은 천한 사람들의 입장에서 베풀어야 하고, 정치는 귀한 사람들부터 따라야 합니다. 바라건대 오랫동안 조정의 정치를 맡아 많은 백성들의 존경을 받고 있는 숙부께서 먼저 솔선수범하여 호복을 입어 만백성을 이롭게 해주시길 바랍니다."라는 부탁의 말을 전했다.

이 말을 들은 조성 역시 논리로써 자신의 생각을 설명했다. "신이 들기로는 중국은 성현들이 가르친 곳이며, 예악禮樂이 쓰이는 곳이었습니다. 그리하여 먼 곳의 오랑캐들이 우리 중국을 배워 본받으려고 했습니다. 그런데 지금 왕께서 우리의 자존심을 버리고 오랑캐의 복장을 받아들이고자 하시니, 이는 옛날의 도리를 변화시키는 것이고, 인심에 어긋나는 것입니다. 신이 바라건대 왕께서 심사숙고하여 이를 도모하시기 바랍니다." 왕의 명령을 따르라는 말에 공자가 가르친 예의를 바꿀 수 없다는 논리로 맞선 것이다. 그리하여 무령왕이 보낸 사자는 빈손으로 돌아왔다.

성공을 이룬 진보정책

무령왕은 자기가 보낸 사자로부터 조성을 설득하는 것이 불가능하다는 보고를 받았다. 하지만 그것으로 자기의 계획을 멈출 수는 없었다. 중도에 멈춘다는 것은 오히려 시작하지 않은 것만 못하기 때문이었다. 이미 진취적인 개혁을 추진하면서 반대를 만나는 것은 각오해야 했던 것이었다.

최고 통치자인 무령왕은 직접 조성에게 찾아가기로 했다. 표면적으로는 아파서 조회에 나오지 못했다는 숙부에게 문병을 가는 형식을 취했지만, 진짜 목적은 호복 문제를 설득하기 위함이었다.

그는 조성에게 말했다. "우리 조나라는 동쪽으로는 제나라와 중산이 있고, 북쪽으로는 연나라와 동호東胡가 있으며, 서쪽으로는 누번樓煩과 진秦나라, 한韓나라와 맞닿아 있습니다." 먼저 조나라를 중심으로 동서남북으로 강국에 둘러쌓여 있는 사정을 말했다.

그리고 이어서 "과거시대에 중산국은 제나라의 강한 군사를 등에 업고 우리 조나라의 땅을 침략하고 폭행하여 우리의 백성을 잡아갔습니다. 또한 수공水攻을 이용하여 우리의 호鄗 지역을 포위해 공격하니, 우리는 호 지역을 내줄 수밖에 없었습니다."라고 말했다. 중산국은 전국시대에 조나라와 연나라 사이에 끼어있는 나라로 한때 사라지기도 했던 조그만 나라였다. 그런데 중산국이 전국시대의 혼란한 국제 정세 흐름에 편승하여 조나라의 동북부에 위치하게 되었고, 그로 인해 조나라는 남북으로 영토가 양분되는 어려움을 겪고 있었다.

무령왕은 보잘 것 없는 작은 나라인 중산국에게 조나라가 영토를 빼앗겨 곤욕을 당한 것이 굴욕적이었다는 것을 거론했다. 무령왕은 계속하여 말했다. "선왕先王께서 이를 부끄럽게 여겼으니, 과인이 복장을 바꾸어 말 타고 활쏘기 좋도록 하여 사방의 경계선에서의 어려움을 대비하고자 합니다. 아울러 중산국에 대한 원한에 보복하고자 합니다."

죽은 아버지 숙후 시절에 국력이 약해 수모를 당했다는 조나라의 자존심을 건드렸다. 자존심 회복을 위한 방편으로 중산국에 대해 보복해야하는데, 그러기 위해서는 호복을 입어 군사력을 증강시켜야 한다는 말이었다. 즉 전통을 지키다가 계속 수모를 당할 것이냐, 아니면 새로운 진취적인 방법을 수용하여 국력을 신장시킬 것이냐를 선택하라는 말이기도 했다.

조나라 사람이라면 어느 누구도 반대할 수 없는 이유였다. 비록 야만인들이 입는 옷이라고는 하나 그 옷을 입어서 전쟁에서 승리할 수 있고 그래서 나라가 부강해지고 전에 당했던 수모를 갚을 수만 있다면 거부할 수 없는 일이었다. 그리고 마지막으로 "숙부께서는 중국의 풍속에 순응하시고 복장을 바꾼다는 명분이 싫어 호 지역에서 일어났던 부끄러운 과거까지도 잊으신 것입니까? 그러나 그것은 과인이 바라는 바가 아닙니다."라고 말했다.

호복을 입을 수 없다는 자존심과 국력이 약해서 국토를 빼앗기는 수모 중 어느 것이 더 큰 수모인지를 생각해 보라는 말이었다. 무령왕은 조성이 반대한 논리보다 더 강한 논리를 개발하여 설득한 것이다.

과연 이 말이 주효하여 다음날 조성은 호복을 입고 조회에 나왔다. 조나라의 가장 웃어른인 조성이 호복을 입자, 무령왕은 비로소 만백성에게 호복을 입으라고 명령을 내렸다. 그리고 말 타고 활 쏘는 사람을 초청하여 군사들을 가르치기 시작했다. 무령왕은 보수 세력을 설득시켜서 조나라가 생존하는 방법을 수용하여 실천한 것이다.

무령왕이 등극한 지 25년 만인 주 난왕 14년(기원전 301년)에 조나라는 드디어 중산국을 공격했다. 당시 중산국의 주군은 '왕王'도 '후侯'도 아닌 '군君'으로 불릴 정도로 약소국이 되어 있었다. 그런 중산국 주군은 무령왕의 공격까지 받자 자기를 후원하던 제나라로 달아났다. 조나라를 남북으로 양분하여 배 속에 있는 가시와 같던 중산국에 대한 보복이 성공했다. 무령왕의 진취적인 정책이 성공을 거둔 것이었다.

이어서 그는 또다시 의표를 찌르는 행동을 한다. 당시에 조나라의 서쪽에 있는 진秦나라가 동쪽으로 진출하려고 기회를 엿보고 있어 조나라는 위협을 받고 있었다. 때문에 무령왕은 항상 서쪽에 있는 진나라를 정벌하려고 했다. 무령왕은 중산국을 없애자 본격적으로 국력을 대외로 신장하려고 생각한 것이다.

당시 진나라는 중원에서 가장 막강한 나라였다. 그래서 항상 그 주변에 있는 나라들은 진나라의 공격을 방어하기에 급급했지, 언감생심 먼저 공격할 생각은 하지 못하고 있었던 때였다. 그런데 무령왕은 진나라 정벌이라는, 지금까지 그 누구도 감히 생각하지도 못한 일을 목표로 삼은 것이다.

무령왕은 진나라를 정벌하기 위해 가장 먼저 진나라의 지형과 진나라 무왕의 성향을 먼저 파악해야 한다고 생각했다. 그리하여 본인이 직접 조나라의 사자로 위장하여 진나라에 잠입하기로 했다. 무령왕의 이러한 계책은 무령왕이 무사히 진나라에 진입하면서 일단 성공하는 듯 했다.

한편 조나라의 사자로 온 무령왕을 만나 본 진나라 무왕은 범상치 않은 그의 모습을 기이하게 여겼다. 그가 단순한 사자는 아니라고 생각한 무왕은 일단 그를 내쫓았다. 그리하여 무령왕이 진나라 도읍을 벗어날 무렵에 가서야 그가 사자가 아닌 조나라 무령왕이었다는 것을 알게 되었다.

그 외에도 무령왕은 중산국을 토벌하기 위해 누구도 시도하지 않았던 중산의 후원국이었던 제나라와 연나라를 설득하는 일을 추진했다.

태자를 바꾼 패착

그 후 무령왕이 등극한 지 27년이 지난 주 난왕 16년(기원전 299년)의 일이었다. 이때 그는 마흔한 살이었는데 동궁東宮에서 큰 조회를 열고 열 살짜리 어린 아들 조하에게 나라를 계승하게 했다. 그리고 무령왕은 주군의 아버지라는 뜻으로 자신을 '주부主父'라고 부르게 하면서 왕위에서 물러나고, 자신의 신하들에게 조나라의 새로운 왕인 아들 조하에게 충성을 맹세하게 했다. 모든 국사를 조하에게 맡기고는 자신은 호복을 입고 서북쪽으로 가서 흉노 땅을 경략했다. 내치를 아들 조하에게 맡기고 자기 스스로는 정벌을 전담하려는 새로운 정치실험을 시작한 것이었다.

이렇게 왕이 살아 있으면서 어린 아들에게 왕위를 물려주는 일 역시 그가 처음으로 시도한 새로운 일이었다. 하지만 어린 아들에게 왕위를 물려주고 자기는 뒤로 물러나는 조치는 결과적으로 패착이었다. 모든 진취적인 행동이 성공하는 것은 아니었다.

결국 왕위를 조하에게 물려 준 것이 문제를 일으켰다. 무령왕에게는 아들이 둘 있었다. 한韓씨 소생인 장남 조장趙章과 오광吳廣의 딸 맹요孟姚에게서 난 아들 조하이다. 사실 조하가 태어나기 전에 이미 장남인 조장이 태자자리에 올라 있었다. 그런데 조하가 태어나자 얼마 후에 무령왕은 자신의 후계자로 조장을 대신하여 차남 조하를 낙점했다. 태자를 바꾼 것이다. 조장이 평소에 사치했다는 이유 때문이었다.

이러한 조치는 조나라의 내분을 일으킬 수도 있었다. 그리고 이런 분쟁의 소지는 그 상황에 맞게 확실히 조치를 취해야 한다. 그것이 일반적인 정치적 기법이다. 즉 무령왕이 조하를 아껴 그에게 왕의 자리를 물려주려고 한다면, 태자에서 물러나게 한 조장은 더 이상 정치적으로 재기할 수 없도록 해야 한다.

하지만 무령왕은 둘째아들 조하로 후계자를 바꿔 정하기는 했지만, 다른 한편으로 태자자리에서 쫓겨난 장남 조장에게 연민의 정을 갖고 있었다. 그래서 그는 조나라를 둘로 나누어 두 아들에게 각각 반씩 물려주려고도 했다. 이것은 현명한 정치적 결단이 아니었다. 이 계획은 나라를 둘로 쪼개는 일이기 때문에 대신들의 적극적인 만류로 실행할 수 없었다. 대신들의 주장에 상당한 이유가 있었기 때문이었다.

그런데 다음에도 무령왕은 철저하지 못했다. 그는 다시 차선책으로 장남 조장을 조나라 북쪽에 위치한 대代 지역의 안양군安陽君으로 책봉하는 안을 내놓았다. 태자자리에 있다가 이복동생 조하에게 왕위를 빼앗긴 조장에게 어느 정도의 대우를 해주려고 한 것이었다.

사실 무령왕이 조장이 사치하다는 이유를 들어 태자자리에서 물러나게 했지만, 당시 제후의 아들로서 사치하지 않은 사람이 얼마나 될까? 이는 조장을 후계자 자리에서 밀어내기 위한 핑계일 뿐임을 그도 잘 알았다. 조장을 내쫓은 진정한 이유는 조하의 생모인 오맹요 때문이었다. 말하자면 사랑하는 애처를 위해 그 소생을 태자로 삼으려 했던 것이다. 이것은 정치적인 결단도 아니고 국가를 위한 것도 아니다. 다만 여느 필부가 취한 행동과 다를 바가 없었다. 조나라를 위해 호복을 입고, 진秦나라에 잠입하고, 중산국을 정벌한 진취적인 모습은 어디에도 남아있지 않았다.

무령왕의 이러한 선택이 순전히 즉흥적인 행동에서 나온 것임은 오맹요를 받아들이는 일화에서 찾아 볼 수 있다. 무령왕이 등극한 지 16년이 지난 주 난왕 5년(기원전 310년)에 무령왕은 사냥을 나간 사냥터에서 하룻밤을 머물게 되었다. 그날 밤 꿈에 북치고 노래하는 묘령의 소녀를 보았다. 다음 날 아침 무령왕은 대신들과 연회를 베풀면서 몇 차례에 걸쳐서 꿈속의 소녀를 언급했고, 실제 현실에서도 그 소녀를 만나고 싶어 했다.

이때 오광이 자신의 딸 오맹요를 꿈속의 소녀라며 무령왕에게 바쳤고, 이로써 그녀는 무령왕의 총애를 받게 되었다. 그 후 부인 한씨가 죽자, 오맹요를 왕후로 세우고 그 이름도 오왜吳娃로 바꾸었다. 그리고 그녀의 소생으로 태자를 바꾼 것이다.

반면 사치하다고 쫓겨난 조장은 사실 큰 뜻을 지니고 있어 전국시대에 적합한 인물이었다. 당시 조나라의 중신인 이태李兌의 말을 빌려 보면 "조장은 건장하고 용감하며 품은 뜻 또한 웅대해 무리를 모아 크게 되고자" 하는 사람이었다. 그러므로 무령왕이 내린 조장의 평가는 옳지 않았다는 것을 알 수 있다.

상황이 이러했지만 무령왕은 오맹요를 너무나도 총애한 나머지 그녀의 아들인 조하가 태어나자 태자 조장을 폐하는 무리수를 선택한 것이다. 사치라는 어이없는 구실로 후계자를 쫓아낸 그의 후계자 선정 기준이라는 것이 이렇게도 단순하고 어리석었다. 여기에서 기존의 진취적이고 이성적인 모습은 찾아보기 힘들었다.

조나라 내부에 잠재한 비극

어쨌든 무령왕은 조장에서 조하로 태자를 바꾸었다. 그런데 무령왕은 조하를 전적으로 신임하지도 못했다. 오왜가 죽자 오히려 장남이면서도 이복동생에게 밀려난 조장에 대해 안타까운 연민의 마음을 품었던 것이다. 앞서 가졌던 지도자로서 확고한 결단력과 추진력을 상실한 허물이 나타난 것이다.

그래서 조장과 함께 전략가 전불례田不禮를 대代 지역으로 보내

다스리게 했다. 전불례는 원래 송宋나라의 대신이었던 사람인데 조나라로 귀화한 사람이었다. 그러한 경력을 가진 전불례에 대해 이태는 마땅치 않게 생각하고 이를 재고할 것을 요구했다. "잔인한 전략가인 전불례와 큰 야망을 지닌 조장을 함께 두는 것은 아주 위험한 조합입니다. 반드시 음모를 꾸며 조나라를 위태롭게 할 것입니다." 하지만 무령왕은 이 말을 듣지 않고 전불례를 조장에게 보내어 장남을 돕게 했다.

무령왕이 이 건의를 듣지 않자 이태는 불안한 마음에 무령왕의 스승인 비의에게 말했다. "조장과 전불례가 함께 있으니 앞으로 큰 파란이 일어날 것입니다. 그대는 큰 세력을 가지고 있는 만큼 그 소용돌이의 중심에 서게 될 것입니다. 스스로 병을 칭하여 정권을 조나라의 가장 웃어른인 조성에게 돌리고 소용돌이를 피해 목숨을 보전해야 합니다."

비의에게 앞으로 예상되는 정치적 소용돌이에서 피할 것을 권고한 것이다. 이러한 말이 오간 것으로 보아 조나라에는 여전히 조성이 보수 세력으로 건재할 뿐더러 내부적으로 권력투쟁이 잠재하고 있음을 짐작할 수 있다. 이태는 조성이 권력을 잡을 수 있도록 해야 한다고 비의에게 권고한 것이다.

이태의 말에 비의가 말했다. "옛날에 무령왕께서 조하를 나에게 부탁하면서 '너는 고치지 말고 조치하고, 바꾸지 말고 생각하며, 한 마음을 굳게 지키면서 죽음으로 세상을 살라.'라고 말씀하셨소. 나는 여전히 무령왕의 이 말씀을 마음속 깊이 새기고 있소. 그런데 이제 와 전불례가 두려워 도망칠 수는 없소. 옛말에 '죽은 자가 다시 살아난다 해도 산 사람은 부끄럽지 않게 해야 한다.'라는 말이 있소. 당신이 나를 생각하는 그 마음은 감사하기 이를 데 없으나, 나는 목숨을 걸고 무령왕의 말씀을 따를 것이오. 감히 죽더라도 조하를 위한 내 충성은 변하지 않을 것이오!"

비의는 무령왕의 뒤를 이은 조하를 위해 끝까지 일할 것을 맹세했지만 전불례를 대비해야 한다는 것까지는 생각하지 못하고 있었다. 이 대답을 들은 이태는 하는 수 없이 "알겠습니다. 그대는 그대의 신념을 지키십시오. 내가 보건데 그대의 명운은 금년으로 끝이 나겠습니다."라고 눈물을 흘리며 말했다. 그리고 이태는 무령왕의 숙부인 조성에게 전불례를 대비할 것을 당부했다.

무령왕은 등극 초기의 진취적인 판단과 결단, 합리적인 태도를 끝까지 유지하지 못했다. 조나라의 내부사정을 생각하지 않고 즉흥적으로 판단했다. 작은 정리情理에 이끌려 후계자를 바꾸었고, 거기서 멈추지 않고 조나라의 세력을 조장과 조하로 나누어 분란의 씨앗을 남겨두는 우를 범한 것이다. 그러하니 이태 혼자서 이를 막으려고 노력한다고 해도 그 힘은 한계를 가질 수밖에 없을 터였다.

조하에게 일어난 걱정스런 일

이태의 경고를 들은 비의 역시 조장과 전불례로부터 조왕 조하를 지키기 위한 대비책을 강구하지 않을 수 없었다. 비의는 조하의 시종인 신기信期에게 말했다. "공자公子. 제후왕의 아들 조장과 전불례는 표면적으로 옳은 말을 하는 것 같지만, 실제로는 흉악하기 이를 데 없습니다. 이는 조장이 태자자리를 빼앗긴 자신의 모습을 가련하게 보여 아버지 무령왕에게 동정을 사려는 것입니다. 절대로 액면 그대로 가련하게 보아서는 안 됩니다."

그리고 그에 대한 대비책을 말했다. "나는 밤낮으로 걱정되어 대비하지 않을 수 없습니다. 오늘부터 왕[혜문왕 조하]을 뵙기 청하는 사람이 있다면 반드시 내가 먼저 만나야겠습니다. 내가 직접 살펴본 연후에 아무런 사고가 없다고 판단되면 왕에게 들여보내겠소."

그러나 일은 오히려 비의가 염려한 대로 진행되었다. 무령왕은 조회에 참석한 조장의 모습에 안타까움을 느꼈다. 조장은 지쳐있는 가련한 모습으로 동생 조하의 신하가 되어 북면하고 머리를 조아리고 있었던 것이다. 이를 본 무령왕은 다시 한 번 조나라를 둘로 나누어 조장을 대 지역의 왕으로 삼아야겠다고 생각했다. 조장의 방책은 성공한 듯 했다. 그리고 이대로 된다면 어쩌면 형제간의 분쟁이 일어나지 않을 수도 있었을 것이다.

그런데 무령왕은 또다시 미적미적하면 어떤 결정도 내리지 못하고, 다른 일을 벌리기 시작했다. 무령왕은 자기 뒤를 이은 조하와 함께 도읍인 한단에서 80킬로미터 정도 떨어진 사구(沙丘)로 순시를 떠난 것이다. 그곳에서 무령왕과 조하는 별도의 궁에서 따로따로 머물고 있었다. 조장은 이 틈을 놓치지 않고 무리를 이끌고 난을 일으켰다. 조장은 거짓으로 조하에게 아버지 무령왕의 명령이라며 궁으로 불러 들어오게 했다. 무령왕과 조하가 같은 곳에 있지 않았기에 가능한 일이었다. 조하의 스승인 비의는 이 사실을 확인하기 위해 먼저 입궁했는데, 비의가 궁에 들어오자마자 조장은 그를 살해했다.

　이 사실을 알게 된 조하의 시종인 신기는 바로 조하와 함께 힘을 합쳐서 조장의 반란세력과 맞서 싸웠다. 또한 조장의 반란을 알게 된 무령왕의 숙부 조성과 이태가 사구에 도착하여 네 읍의 군사를 일으켜서 반란세력을 막고 그 주동자인 조장과 전불례를 처형하고자 했다. 무령왕의 우유부단함이 결국 조나라의 내전을 일으키게 된 것이다.

사구궁에서 갇혀 굶어 죽은 무령왕

조성과 이태를 필두로 한 진압세력이 사구에 도착하니 조장의 반란세력은 당해 낼 수가 없었다. 결국 조장의 반란은 실패하고 조장은 아버지 무령왕이 있는 궁으로 도망했다. 그런데 이번에도 무령왕은 반란을 일으킨 아들 조장을 그대로 받아들였다. 비록 아들이라도 반란을 일으켰으니 체포했어야 한다. 만약 정말로 장남 조장을 돕겠다는 생각이 있다면 조장을 대왕으로 삼는 조치를 취했어야 옳다. 그런데 무령왕은 이도저도 하지 않는 중대한 실수를 범하고 말았다.

　반란을 일으킨 조장의 세력을 추격하던 이태와 조성은 무령왕이 있는 궁궐을 포위할 수밖에 없게 되었다. 결국 반란은 진압되었으나 이 사건으로 한발 뒤에 물러 나 있던 조성과 이태가 조장의 반란을 진압하는 공로를 세우게 되었다. 자연스럽게 새로 왕이 된 조하는 조성을 재상으로 삼아 안평군安平君이라고 불렀으며, 이태를 사구司寇로 삼았다. 무령왕에게 조하를 보호해 달라고 부탁받았던 비의는 이 부탁을 지키지 못하고 목숨을 잃었다. 무령왕의 의도와는 다른 방향으로 일이 진행되었다.

이때 조하는 열 살밖에 안 되는 어린 아이였으므로 그를 보좌할 사람이 필요했다. 그리고 이 일은 당연히 조성과 이태에게 맡겨졌고 이들이 정치를 오로지했다. 결국 무령왕이 조치한 일은 제대로 시행된 것이 없게 되었다. 일을 맡겼던 비의는 죽었고, 권력은 이태와 조성에게 넘어간 것이다.

이러한 속에서 무령왕의 궁궐로 도망 온 조장은 끝내 아버지의 궁에서 죽었다. 이것으로 반란을 진압하려고 군사를 일으킨 이태와 조성의 목표가 달성된 셈이었으니 이들은 당연히 무령왕이 있는 궁궐에 대한 포위를 풀었어야 했다.

그러나 다시 권력을 잡은 조성과 이태는 문제가 그리 간단하지 않음을 깨달았다. 반란의 주동자 조장을 잡기 위해 취한 조치였기는 하지만, 결과적으로 조나라의 최고 권력자인 무령왕을 포위한 꼴이 되어버렸기 때문이다. 그리하여 포위를 풀고 무령왕이 복귀한다면 자신들에게 큰 화가 미칠 수도 있을 것임을 쉽게 짐작할 수 있었다.

조성과 이태는 이 상황에 대해 모의했다. "조나라의 공식적인 왕 조하는 우리가 지금 모시고 있습니다. 조나라의 최고 권력자 무령왕은 현재 우리가 포위하고 있습니다. 만약 무령왕이 풀려난다면 우리의 앞날을 보장할 수 없습니다. 지금이 아니면 무령왕을 없앨 수 있는 기회는 다시 오지 않을 것입니다. 무령왕을 제거하여 조나라의 권력을 우리가 오로지합시다."

정치란 한번 시작하면 그 자체적인 관성을 가지고 움직이게 되어 있다. 그래서 애초에 조장의 반란을 진압하기 위해 시작한 것이었지만 일의 진행됨에 따라서 이를 뛰어 넘지 않으면 안 될 상황까지 되어 버린 것이다. 결국 조장에게 연민의 정을 품고 있는 무령왕을 제거하지 않으면 안 된다는 것을 알게 되었다.

모의를 마치고 무령왕을 제거하기로 합의한 조성과 이태는 무령왕의 궁궐을 끝까지 포위하기로 했다. 다만 이들은 아직도 자기들이 명분으로 삼았던 조장을 잡는다는 명분 아래, 죽은 조장이 살아 있는 것으로 하고 궁궐에 있는 사람들에게 선포했다. "순순히 항복하여 궁 밖으로 나온다면 목숨만은 살려줄 것이다."

이미 조장이 죽었으므로 궁궐 밖으로 나오는 사람들을 제지할 사람은 아무도 없었다. 모두 밖으로 빠져 나왔고 오로지 무령왕만이 밖으로 나갈 수가 없었다. 이태와 조성은 무령왕이 밖으로 나올 경우 자신들이 죽거나 벌을 받을 것을 두려워하여 무령왕이 나오는 것을 막았기 때문이었다.

결국 텅 빈 궁궐에 홀로 갇히게 된 무령왕에게는 먹을 음식이 없게 되었다. 이렇게 혼자 사구에 있는 궁궐에 남아 있게 된 무령왕은 하는 수 없이 간간히 궁 안으로 날라 들어온 참새를 손수 잡아먹으면서 석 달 가량 버티었다. 하지만 이것조차 넉넉하지 않았고 결국 그는 굶어 죽었다.

무령왕의 죽음을 확인한 이태와 조성은 무령왕의 상사喪事를 발표하고 그 시신을 제후들에게 보냈다. 이들이 직접 무령왕을 죽인 것은 아니었지만 자기들의 권력을 잃을까 걱정한 나머지 무령왕을 굶겨 죽인 것이다.

위대한 업적, 실패한 말로

조나라 무령왕의 업적은 그가 죽은 지 50년이 지난 시점에서도 여전히 사람들에게 칭송되었다. 전쟁이 끊이지 않았던 혼란스러운 전국시대에 국력의 신장을 위해 과감하고 적극적으로 새로운 문물을 수용하고 흉노를 구축하는 큰 업적을 이룩했기 때문이다.

그런 위대한 군주가 어찌하여 사구궁에서 굶어 죽는 최후를 맞이하게 된 것일까? 이는 무령왕이 주위의 강한 진나라, 연나라와 훌륭한 외교정책을 펼치며 흉노를 몰아낸 후 더 이상 진보적인 생각과 기상을 버리고 현실에 안주했기 때문이다.

젊어서 진보적인 생각과 진취적인 행동을 하던 사람이 안정을 이루면 그 진보적인 생각 대신에 그곳에 머무르려는 보수적 경향으로 바뀌는 경우가 흔하다. 그러한 예는 우리가 살고 있는 이 시대에도 너무 많이 볼 수 있다.

진보적 생각은 확실히 사람을 움직이게 한다. 자기가 처한 처지를 살펴보고 그 처지로부터 한 발 더 나아가기 위해서 현재의 문제를 파악하고, 한걸음 도약할 수 있도록 도전하게 하는 것이 진보적 생각이다.

따라서 이른바 '주의主義'에 빠지는 것은 보수의 전형이다. 어떤 주의가 설사 어느 시기에 진보적인 생각이었고, 그것이 성공적이었다고 해도 그 주의를 계속 고수하면 그것이 바로 보수가 된다. 진보가 삶의 전략이라고 하지만 그 전략은 계속적으로 개신改新하는 노력이 없다면 보수로 떨어진다. 그러면 결국 실패의 길을 걷게 된다.

그러기 때문에 과거의 성공이 중요한 것은 아니다. 과거의 성공은 그때 당시의 현재를 벗어나서 새로운 세계를 추구하여 이룩한 결과일 뿐이다. 오늘에 내가 딛고 있는 현실에서 한 걸음 더 도약하기 위해서는 새로운 진보적 사고와 노력이 필요하다.

《주역周易》에서 건괘乾卦.䷀에 그려진 양효陽爻 6개는 모두 용을 상징한다. 맨 아래 있는 효爻를 풀이할 때 '잠룡물용潛龍勿用'이라고 하여 용은 용이로되 물속에 있는 용이어서 쓰이지 않는다는 뜻이다. 그 다음으로 하나 더 올라간 효를 풀이하면 '현룡재전見龍在田'이라고 하여 세상에 드러난 용은 밭에서 열심히 일한다는 뜻으로 풀었다.

그리고 밑에서 다섯 번째 효는 '비룡재천飛龍在天'이라고 풀이하여 날아다니는 용은 하늘에 있다고 풀이했다. 어찌 보면 모든 사람들이 우러러보는 위치에 있다는 말이기도 하다. 이렇게 위로 올라가면 갈수록 좋을 것 같지만 맨 위에 있는 효는 '항룡유회亢龍有悔'라고 풀이했다. 더 이상 올라 갈 수 없는 용은 앞으로 떨어질 것밖에 남지 않았기 때문에 후회함이 있을 것이라는 의미이다.

진보적 사고와 진취적인 행동을 잃는 것은 바로 항룡亢龍과 같이 되는 것을 말한다. 비록 용이지만 더 이상 올라갈 수 없는 용은 이미 용이 아닌지도 모른다. 영원한 생존을 위해 필요한 것은 항상 자기 개신을 하는 진보적인 생각을 유지하는 것이다.

제2강

약한 것에 얽매이지 마라

배수의 진을 친 한신

한신(韓信, ? ~ 기원전 196년)

전한 초기 회음(淮陰) 사람. 진이세(秦二世) 2년(기원전 208년) 항량(項梁)과 항우(項羽)를 따라 낭중(郎中)이 되었지만 중용되지 못했다. 한왕(漢王) 유방(劉邦)에게 망명하여 연오(連敖)와 치속도위(治粟都尉)에 임명되었다. 소하(蕭何)에게 인정을 받아 그의 추천으로 대장군(大將軍)에 올랐다. 유방에게 동쪽으로 향해 천하를 도모할 것을 건의하고, 군대를 이끌고 위(魏)와 대(代)를 격파한 뒤 연(燕)을 함락시키고 제(齊)를 취했다. 한나라 4년(기원전 203년) 상국(相國)에 임명되고, 다음 해 제왕(齊王)이 되었다. 이어 유방과 함께 해하(垓下)에서 항우를 포위해 죽였다.

항우가 죽고 한초전이 끝나자, 초왕(楚王)이 되고, 하비(下邳)에 도읍을 정했다. 그러나 한제국(漢帝國)의 권력이 확립되자 차차 밀려나. 누군가 그가 모반을 꾀한다고 고발하니 한 고조(漢高祖, 劉邦)가 운몽(雲夢)으로 외유(外遊)를 나온 것처럼 꾸며 체포하고 6년(기원전 201년) 회음후(淮陰侯)로 강등되었다. 고조 10년(기원전 197년) 진희(陳豨)가 반란을 일으키자 몰래 내통해 호응하려고 했는데 사인(舍人)이 그가 병사를 일으켜 여후(呂后)와 태자(太子)를 습격하려 한다고 고발해 버렸다. 여후와 소하의 계략에 걸려 장락궁(長樂宮)으로 유인당한 뒤 살해당했다.

성패를 보는 시각들

《자치통감》이 서술한 역사 가운데 가장 다이내믹한 시대를 꼽는다면 아마도 전한시대라고 할 수 있다. 전한시대 이전의 정치제도로 주대周代의 봉건제와 진대秦代의 군현제가 있는데, 이 시대에 들어오면 이는 모두 실패한 정치제도라고 생각했다.

그래서 전한시대에는 봉건제도 군현제도 아닌 제3의 새로운 정치제도를 만들려고 했다. 그리하여 수없이 많은 정치제도가 시험대 위에 올라 변화무쌍한 격변의 시대가 되었다. 그래서 전한시대에는 다른 시대보다 많은 영웅들이 배출되었고, 더불어 그들이 만들어낸 재미있는 일화도 수 없이 많이 등장했다.

그 가운데 대표적인 인물은 아마도 한漢 왕조를 세웠던 유방劉邦과 라이벌 초패왕楚霸王 항우項羽일 것이다. 이 두 사람이 자웅을 겨룬 4년간의 긴 싸움은 아직까지도 장기將棋라는 놀이로 기억되고 있다. 항우는 역발산기개세力拔山氣蓋世, 즉 그 힘은 족히 산을 뽑아 버릴만하고 기세는 세상을 덮을 만한 영웅으로 일컬어지고 있는 반면, 유방은 어찌 보면 비겁한 듯한 꾀를 내세운 영웅이다.

이들의 싸움은 강남출신 귀족으로 호탕함의 대명사인 항우가 잠시 성공을 거두는가 싶더니만 결국 평민출신으로 속임수의 귀재인 유방에게 패망하고 말았다. 지금도 이들 싸움의 승패를 두고 왈가왈부 하는 사람이 많다. 혹자는 호탕한 항우가 비록 유방에게 패하긴 했어도 높은 기개를 가졌던 그를 진정한 승리자라고 여기면서, 아울러 유방의 승리를 찌질하다고 평가절하하기도 한다.

그렇다면 항우와 유방, 과연 누가 진정 성공적인 인물일까? 후대의 길이 남을 호탕함을 얻은 항우와 찌질하게 항우를 속이긴 했지만 결과적으로 전한과 후한의 400년을 이끈 한漢 왕조를 건설한 유방일까?

물론 보는 사람에 따라서 다른 의견을 낼 수도 있다. 항우는 비록 전투에서는 실패했지만 후세 사람들은 그의 영웅적이고 인간적인 면모에 매력을 느꼈는지 '패왕별희霸王別姬'라는 연희演戲를 만들었다. 여기서 초패왕 항우가 사랑하는 여인 우미인虞美人과 최후를 맞는 장면에서 나오는 연가戀歌는 오늘날까지 사람들의 입에 오르내릴 정도다. 그러니 항우가 실패했다고 자신있게 말할 수는 없을 것이다.

그러나 역사에서 가장 중요하게 여기는 것은 누가 끝까지 살아남았느냐이다. 의기를 위해 구차한 목숨을 초개처럼 생각할 수 있다는 것은 멋있는 인생이라고 할 수는 있어도 성공한 인생이라고 보기는 어렵지 않을까? 역사는 본래 살아남은 자들이 기록한 것이기에 역사에서의 성공한 인생이란 비명횡사하는 것이 아닌 천수天壽를 다 누리는 것이다.

항우와 유방의 이야기에서처럼 사람들의 생각은 가지각색이다. 항우처럼 짧고 굵게 사는 인생과 유방처럼 가늘고 길게 사는 인생이 있다. 하지만 보통 사람들은 가늘던 굵던 길게 살기를 바란다. 그래서 '생존'이라는 말에 관심을 갖는다. 생존이란 끝까지 살아남는 방법에 대한 고민이며, 역사에서는 이러한 사람을 승리한 사람이라고 인정한다.

파란만장한 인생을 산 한신

전한시대의 명장名將으로 불리는 한신韓信은 항우와 유방 못지않게 파란만장한 인생을 살았던 영웅이다. 사실 한신은 그의 이름을 날리기 전에는 아무도 그가 명장이 될 것으로 생각하지 않았던 인물이다.

한신은 집안이 가난했고, 주위에서 보기에 특출하게 머리가 좋아보이지도 않았다. 그는 하급관리직이라도 맡아 밥벌이라도 하고 싶었지만 그를 추천해 주는 사람도 없었다. 팔을 걷어붙이고 장사라도 해야 하겠지만 그것 역시도 재주가 없었다. 그래서 항상 다른 사람에게 빈대 붙어 구걸을 하며 살아갔으니 대부분 사람들은 그를 귀찮아 여기며 싫어했다.

하루는 한신이 낚시를 하는 것을 본 빨래하던 아낙이 한신의 주린 배를 알아채고는 그에게 밥을 주었다. 한신은 기뻐하며 아낙에게 "내 반드시 이 은혜를 두텁게 갚으리다."라고 말했으나, 아낙은 오히려 "사내대장부로 태어나 스스로 밥벌이조차 할 수 없는 한심한 왕손王孫인 그대를 애달피 여겨 밥을 주었을 뿐이오!"라고 대답했다.

이 말은 그에게 장래를 기대하기 어려워 보였다는 말이었고, 그녀는 단지 한신이 전국7웅 가운데 하나였던 한韓나라의 왕손이기 때문에 동냥을 준 것에 지나지 않았다는 것이다. 이처럼 그는 빨래하던 아낙에게조차 동정을 받았던 인물이었다.

또 이런 일도 있었다. 길 가던 한신에게 백정白丁들이 다가와 시비를 걸었다. "한신아, 너는 비록 키가 크고 칼을 잘 차고 있으나 단지 겁쟁이일 뿐이다." 한신이 비록 칼을 차고 다녔지만 그다지 보잘 것 없는 사람으로 보인 것이다.

그러고 나서 그 백정은 "겁쟁이 한신아, 무릎을 꿇어 내 바짓가랑이 사이로 지나가거라. 만약 그렇게 못하겠다면 지금 이 자리에서 그 칼로 나를 찔러라."라며 한신을 조롱했다. 이에 한신은 조금의 망설임도 없이 무릎을 꿇어 백정의 가랑이 사이를 기어나갔다.

이를 본 저자에 있는 사람들이 모두 한신을 겁쟁이라고 여기면서 비웃었다. 비록 멸망한 한나라의 후예이긴 하나 왕족인 한신과 도축 일을 하는 백정의 신분은 하늘과 땅과 같은 차이가 있는데, 한신은 가장 밑바닥 계급이라고 할 수 있는 백정에게조차 조롱을 당하는 처지였다.

이렇게 진秦나라 말기를 살아가던 한신은 빨래터 아낙에게 동정을 받고, 백정에게 조롱당하던 그저 한심한 인사였다. 과거 왕족이라는 사실이 더 이상 후광이 아닌 거추장스러운 놀림감이 되어버릴 정도로 이미 시대는 변해버린 상태였다.

한신의 도전

어영부영 하루하루를 보내던 한신은 항우와 유방이라는 영웅들이 군림하는 시대에 편승하기로 했다. 때마침 항우의 삼촌인 항량項梁이 진秦나라에 대항하려고 군사를 일으키자, 한신은 항량의 군대에 들어가서 그를 좇았다. 그 후에 항량이 죽고 그의 조카 항우가 이 군대를 이어받았으니 한신은 자연히 항우의 군대에 속하게 되었다. 이때 그는 항우 밑에서 낭중郎中을 지냈는데 몇 번 계책을 내놓았지만 항우를 설득할 능력이 없어 채택되지 못했다. 한마디로 항우에게 인정받지 못한 것이었다.

그러자 한신은 이번에는 유방의 밑으로 들어가기로 했다. 그러나 유방 역시 그의 이름조차 알지 못했다. 한신은 유방의 군대에서도 유방에게 귀부한 수많은 사람 가운데 한 명에 지나지 않았기에 그가 맡은 직책은 연오連敖라는 창고지기였다.

이때 한신의 진가를 알아보는 사람이 나타났는데, 그가 바로 등공藤公 하후영夏侯嬰이었다. 사실 하후영은 창고업무가 잘못되어 그 담당자들을 참수하러 왔다가 한신을 만나게 되었다. 즉 한신은 하후영에게 참수될 운명에 놓여 있었다.

그런데 한신은 하후영을 보자마자 뜬금없이 말했다. "윗분께서는 천하를 잡으려 하지 않고 왜 한낱 장사壯士들의 목을 베십니까?" 천하를 쟁패하는 중요한 시점에 보탬이 될 사람을 사소한 잘못으로 죽이는 것이 옳지 않다는 말이었다. 사실 한신의 말은 옳다. 잘못을 저질렀다고 하여 바로 죽이는 것은 평시라면 기강을 세우기 위해 쓸 법하지만 자기편을 하나라도 더 만들어야 되는 전쟁 중에 사용할 방책은 아니기 때문이다. 이처럼 한신은 소소한 데에는 관심이 없고, 큰 문제에 대해 관심을 가지고 있었다.

하후영이 그 말에 한신을 제대로 다시 살펴보니 그의 모습이 씩씩하기에 이를 데 없었다. 그리하여 그를 보통 사람이 아니라고 판단하고는 참수하지 않고 유방에게 천거했다. 그러나 유방은 하후영의 말을 듣고서도 한신을 겨우 치속도위治粟都尉로 삼았을 뿐이었다.

한신에게 찾아 온 행운

이처럼 초창기의 한신은 쓸모 있는 사람으로서 큰 인정은 받지 못했다. 비록 등공 하후영의 칭찬을 받기는 했지만, 항우나 유방 모두 한신에게 특별한 재주가 있다고 알아채지 못했던 것이다.

그러던 중 유방의 가장 가까운 측근인 소하蕭何가 한신과 이야기를 하던 중 그를 기이하다고 생각했다. 그래서 한신은 소하의 추천도 받았지만 여전히 유방의 눈에 들지는 못했다.

한편, 당시 유방의 휘하에 있는 장병들이 유방의 진영을 떠나서 도망하는 일이 종종 벌어지고 있었다. 왜냐하면 유방의 근거지는 중원의 서부지역인데 반해 장병들은 대부분 동부지역의 사람들이었기 때문이다. 고향을 동부에 둔 장병들은 서부지역을 근거로 하는 유방 밑에 있다가는 고향인 동부지역으로 돌아갈 수 없다고 생각하게 되자 도망하여 자기 고향으로 돌아가려는 사람이 늘어났던 것이다.

이 무렵 한신도 유방의 진영을 떠나기로 마음먹었다. 물론 한신이 유방의 진영을 떠나려 한 것은 다른 장병들이 도망하는 이유와는 달랐다. 그는 유방의 진영에 있으면 자신이 인정받을 수 없다고 생각했기 때문이었다. 한신은 자기를 남달리 좋게 보았던 소하가 여러 번 유방에게 자신을 천거했음에도 불구하고 유방이 아무런 반응이 없었기에, 그의 밑에서는 자기의 뜻을 펼칠 수 없다고 판단한 것이었다.

사실 한신처럼 다른 사람에게 기대어 기회를 얻기란 쉬운 일이 아니다. 만약에 자신을 알아주는 사람을 만나지 못한다면 제아무리 그 재주가 특별한 것이라 할지라도 아무런 소용이 없게 된다. 그러므로 이러한 사람은 자신의 능력만으로는 목적을 성취할 수 없다.

그런 점에서 한신은 스스로 기회를 만들지 못하는 사람이었던 셈이다. 능력이 있다면 스스로 창업하여 그 재주를 사용하면 되겠지만, 한신은 스스로 창업할 수 있는 그런 인물은 아니었다. 다른 사람에게 기대어야 비로소 자기의 능력을 발휘할 수 있는 그런 사람이었다고 해야 할 것이다.

다행히도 한신은 참수를 당할 고비에서 등공 하후영을 만났고, 또 자신의 진가를 알아주는 소하를 만났으니 기회가 전혀 없었던 것은 아니다. 그러나 하후영이나 소하는 유방을 돕는 사람이지 전권을 가진 사람은 아니었다. 결국 유방으로부터 주목을 받지 못하는 한 재주를 발휘할 수 없었다.

그래서 한신은 유방으로부터 도망하기에 이른 것이다. 이때 소하가 한신을 잡으려고 뒤쫓아 갔는데, 엉뚱하게도 소하까지 유방의 진영에서 도망친 것으로 유방에게 보고됐다. 이 말을 들은 유방은 마치 좌우의 손을 잃은 것처럼 실망했다. 그만큼 소하를 중시하고 신임했던 것이다.

어쨌든 그러던 찰라 소하가 한신을 데리고 돌아왔고, 이 일로 인해 유방은 비로소 한신에게 관심을 가지기 시작했다. 소하는 유방에게 "보통의 장수들은 쉽게 얻을 수 있지만, 한신 같은 국사國士, 국가적인 인물는 둘도 없을 것입니다. 왕께서 한중漢中에서만 왕 노릇을 하고자 하신다면 한신은 필요 없습니다. 하지만 천하를 가지고 다투고자 하신다면 한신이 아니면 더불어 일을 계획할 사람이 없습니다. 생각하건대 왕의 정책을 어떻게 결정하려는 것입니까?"라고 말했다. 천하를 제패하려면 한신이 꼭 필요하다는 것이었다.

이러한 소하의 의견에 따라 유방은 드디어 한신을 전격적으로 발탁하여 대장군으로 삼았다. 그리고 동쪽으로 진출하기 위한 계책을 한신에게서 듣고 여러 장수들이 공격할 부서까지 정했다.

분명 한신은 대단한 계책을 가진 특별한 능력을 지닌 사람임에 틀림없으나, 결과적으로 유방에게 채용됨에 따라서 그의 재능을 발휘할 수 있게 되었다. 그런 점에서 유방이 한신을 얻게 된 것도 행운이었지만, 한신이 자기를 알아주는 소하와 유방 같은 사람을 만날 수 있었던 것도 행운이라 할 것이다.

오합지졸로 친 배수의 진

유방이 한신을 대장군으로 임명하고 동쪽으로 진출하기 위해 제일 먼저 정복해야 할 곳은 위魏나라였다. 한漢나라의 한신이 쳐들어온다는 소식을 들은 위왕 위표魏豹는 위나라로 들어오는 길목에 군사를 겹겹이 배치하여 진입을 봉쇄했다. 그러나 한신은 위나라의 방어에도 아랑곳하지 않고 위나라를 공격했다. 이때 한신이 사용한 전술은 의병疑兵을 이용하여 배를 벌려서 강을 건너 위나라에 침투하는 것이었다. 의병이란 군사로 보이도록 어떤 물건을 군사의 배치처럼 벌려 놓는, 즉 속이는 전술이다.

이렇게 한신은 위왕 위표의 허를 찔러 공격하여 그를 포로로 잡아서 유방에게로 보내고 위나라의 땅을 모두 평정했다. 중원지역의 중앙에 있는 위나라를 간단히 정복한 대단한 전과였고, 유방이 북쪽과 동쪽으로 그 영역을 넓히는 데 중요한 교두보를 확보한 것이다.

위나라를 정복한 한신은 유방에게 자신하여 말했다. "이제 중앙을 정복했으니 이 틈에 사방으로 뻗어나가야 합니다. 저에게 군사 3만 명만 내어 주십시오. 북쪽에 있는 조나라와 연나라를 치고, 남쪽으로 초나라의 식량 운반로를 끊겠습니다." 이번에는 중원의 북부지역을 치겠다는 말이었다. 유방은 이를 허락하고 장이張耳를 파견하여 한신과 함께 조나라와 그 옆에 있는 대代나라를 공격하게 했다.

그런데 한신이 대나라를 격파하려고 할 즈음에 항우의 초나라 군사가 유방이 있는 형양榮陽, 하남성 형양현으로 쳐들어 왔다. 그러자 유방은 한신이 이끌던 정예의 병사를 불러들여 항우의 군사를 막게 했다. 한나라의 근거지가 항우에게 공격을 받아서 무엇보다도 위급한 상황을 만났으니, 그동안 한신이 거느리던 정예의 병사를 모두 회군시켜서라도 항우의 군사를 막는 것은 당연한 조치였다.

그러나 한신의 입장에서 본다면 자신의 군사를 빼앗기고 제대로 훈련받지 못한 오합지졸의 병사들로 이루어진 군대로 조나라를 공격해야 하는 상황이 된 것이다. 어려운 조건을 가지고 조나라를 정벌해야 하는 쉽지 않은 상황이었다.

결국 다음 해인 고제 3년(기원전 204년) 10월에 한신과 장이는 급히 모집한 군사 수만 명을 거느리고 원래의 계획대로 조나라를 공격했다. 정예의 병사를 유방에게 다 빼앗기고 나서 급조한 오합지졸이었지만 한신의 명성을 잘 아는 조나라에서는 이에 대비하지 않을 수가 없었다. 조왕 조헐과 성안군成安君 진여陳餘는 조나라를 지키는 주요 요새라고 할 정형구井陘口에다가 조나라의 정예군사 20만 명을 모조리 끌어다 놓았다. 이는 한신이 거느린 군사와 비교해서 몇 배나 많은 수치였으니, 조나라로서는 만반의 준비를 한 것이다.

전법戰法에 따르면 공격하는 병사가 방어하는 병사의 3배 이상이 되어야 엇비슷한 전투가 이루어진다고 한다. 그런데 당시의 상황은 오히려 공격하는 한신의 한나라 군사가 수비하는 조나라 군사보다 훨씬 더 적었다. 더불어 정예군사와 제대로 훈련받지 못한 오합지졸이라는 엄청난 군사력의 차이 역시 존재하고 있었다.

게다가 조나라에는 전략가인 광무군廣武君 이좌거李左車가 버티고 있었다. 객관적으로 살펴 볼 때 질적으로나 양적으로나 한신의 공격은 성공하기 어려운 전력이었다. 역시나 이좌거는 "저에게 기습병 3만 명만 내어주십시오. 여러 상황을 판단해 볼 때 한신의 식량 운반로를 끊는 것이 이 전쟁에서 우위를 차지하는 데 긴요합니다."라며 조왕에게 군사를 요구했다.

그러나 조왕 조헐과 그를 왕으로 세운 실세 성안군 진여의 생각은 달랐다. "한신의 군사는 그 수가 적고 이미 지쳐서 피로하오. 또한 소문에 의하면 훈련도 안 된 오합지졸이라고 하더이다. 그러한 한신의 군사와 싸우지 않고 속이는 책략을 쓴다면 모든 사람들이 나를 겁쟁이로 여기고 업신여겨 여기저기서 나를 공격할 것이오." 진여는 전쟁에서 이기는 데 목표를 두기 보다는 명성에 더 신경을 쓴 것이다. 그래서 기습 따위는 하지 않고 정정당당하게 싸우겠다며 이좌거의 제의를 거절했다.

이미 전쟁에서 속이는 것이 일반화되어 있는데 정정당당한 전투 운운하면서 어려운 길을 택한 것은 시대의 흐름을 제대로 읽지 못한 행동이다. 다른 한편으로 한신의 군대쯤이야 간단히 해결할 수 있다는 오만함으로 적을 얕보는 태도이다. 물론 객관적인 전력에서 우위를 차지하고 있는 조나라 군대가 한신의 오합지졸 군대에게 진다는 것은 상상할 수도 없는 것이 당연하지만 말이다.

하여간 한신은 조나라의 상황과는 상관없이 거침없이 군사를 이끌고 조나라의 요새인 정형구 근처까지 행군하고 군장을 풀었다. 그리고 한밤중이 되자 출전 명령을 내렸다. 잠자는 척하여 조나라를 방심하게 만들고 기습적으로 공격하려는 것이었다. 한신은 먼저 경무장한 기병 2천 명을 뽑아서 각기 한나라를 상징하는 붉은 깃발을 하나씩 나누어 주었다. 그리고는 조나라의 군사들이 보이는 언덕에 가서 조나라 성을 마주보고 숨어있게 했다.

그리고 명령을 내렸다. "내가 군사를 이끌고 먼저 조나라를 공격하겠다. 이때 나는 수가 몰린 척하며 퇴각하여 도망할 것이다. 그러면 조나라의 군사는 분명히 성벽을 비우고 나를 쫓을 것이다. 그때 너희들은 재빨리 조나라의 성벽으로 들어가서 조나라 깃발을 뽑고 우리 한나라의 붉은 깃발을 세우라."

한신의 이번 작전 역시 적을 속이는 계책이었다. 그리고 계책에 앞서 한신은 이미 조나라의 군사가 먼저 편한 곳을 점거하여 성벽을 쌓고 있다는 점을 고려하여 자기가 온 것을 알리지 않으려고 대장의 깃발을 들어내지 않았다. 그래서 조나라가 한나라의 기고旗鼓를 보지 못하여 방심하게 했다. 이 때문에 조나라는 한신의 군사들이 자기들의 진지상황을 보고 지레 겁을 먹고 공격을 나서지 못한다고 생각하게 했다. 이러한 방법으로 조나라에서는 한나라 군대가 험지險地에 이르렀다가 겁을 먹고 돌아갔을 것이라고 생각하게 하는 속이는 전술을 쓴 것이었다.

조나라 군대는 방어하는 군대이니 자기 진영 밖으로 나오지 않는 일반적인 전술을 선택할 것이 분명했다. 그런데 방어만 하는 군대를 상대로 정상적으로 전투를 하게 되면 한나라 군대는 조나라를 이길 수가 없다. 그래서 조나라의 허를 찔러 조나라의 군사를 성 밖으로 끌어내려는 방책을 사용하기로 한 것이다.

한신은 1만 명의 군사를 이끌고 20만 명이 방어하는 조나라의 성벽을 향해 싸움을 걸 계책을 마련했다. 표면적으로 이것은 누가 보아도 어림없는 일이었지만, 한신은 1만 명을 내보내어 조나라 성벽을 공격할 준비를 하게하고 그들이 떠나자마자 바로 배수진背水陣을 치게 했다. 배수진이란 물을 등지고 진을 치는 것으로, 전투하다가 물러난다면 물에 빠져 버리기 때문에 군사들이 죽을 때까지 싸울 수밖에 없는 진법陣法이다. 한신은 조나라의 20만 명을 공격하는 한신의 1만 명이 후퇴하여 쫓기면 모두 물에 빠져 죽게 되는 형상의 진을 친 것이다.

기적적인 한신의 승리

날이 밝자 한신은 1만 명의 군사를 이끌고 조나라 성벽을 향해 나아갔다. 일반적으로 방어하는 쪽은 성문을 굳게 닫고 나오지 않는다. 성문을 닫고 방어하는 것이 전투에서 훨씬 유리하기 때문이다. 하지만 조나라 군사들은 이미 한신의 군대를 우습게 여기고 있던 터라 성문을 열고 나와 공격하기 시작했다. 한신의 계략대로 조나라 군사가 움직인 것이다.

이에 한신과 장이는 계획한대로 싸우다가 거짓으로 후퇴했고, 결국 물가에 있는 자기들의 진지로 도망했다. 한신의 예상대로 조나라 군사들은 앞다투어 한신과 장이를 쫓느라고 성을 비웠다. 또한 한나라 군사들이 물가에 세워 둔 진지로 후퇴한 이후 더 이상 물러설 곳이 없다고 생각하고 결사적으로 방어하자 조나라의 군사들은 이들을 패배시킬 수가 없었다. 상황이 거꾸로 되어 한신의 군사는 방어군이 되고 조나라 군사는 공격군이 되니 조나라의 전력이 우위를 점했다고 해도 진지를 굳게 닫아 방어하는 한나라 군사들을 쉽게 이길 수가 없었기 때문이다.

한편 한신이 미리 내보냈던 한나라의 기습병 2천 명은 조나라 군사들이 성을 비우고 한나라 군사를 쫓아나가는 것을 기다렸다가 말을 달려 조나라의 성안으로 들어갔다. 그리고 성벽에 걸어둔 조나라의 깃발을 뽑고 한나라의 붉은 깃발 2천 개를 세웠다. 멀리서 볼 때에는 조나라의 성이 이미 한나라 군사에게 점령당한 것처럼 보였다.

조나라 군사들은 이미 배수진을 치고 저항하는 한나라 군대를 쉽게 격파할 수 없었다. 그리하여 자기들이 구축하여 놓은 원래의 성으로 돌아가려고 했다. 그러나 그들의 성벽에는 한나라의 붉은 깃발이 나부끼고 있었다. 조나라 군대는 이것을 보자 이미 자신들의 성이 한나라 군사들에게 함락되었다고 생각했고, 한나라 군대 역시 자신들의 군대가 조나라의 성을 접수했다고 생각했다.

이렇게 되자 조나라 군사는 혼란에 빠져 숨어 달아났고 사기가 한껏 올라간 한나라 군사들은 다시 진지에서 나왔다. 이제 배수진에서 나온 군사와 미리 성을 점령한 군사들이 우왕좌왕하는 조나라 군사들을 가운데 두고 양쪽에서 협공하기 시작했다. 드디어 한나라 군사는 조나라의 실력자 성안군 진여의 목을 베고 조왕 조헐을 사로잡아 크게 승리했다.

전투가 끝나고 난 다음에 한신이 말했다. "병법에서는 '죽을 곳에 빠지고 난 다음에야 살아나는 것이고, 패망할 장소에 놓아 둔 후에야 남아 있게 된다'고 하지 않았소? 또 평소에는 사대부들을 어루만져 훈련시킬 수 없었으니, 이것이 이른바 '저자에 있는 사람들을 몰아서 싸우는 것'인데, 그 형세로 보아 그들을 죽을 곳에 놓아두어 각자로 하여금 스스로 싸우게 하지 아니하고, 살 곳을 준다면 모두가 달아날 것이니 어찌 그들을 쓸 수가 있었겠소?"

　한신은 자신의 군대를 너무도 잘 파악하고 있었다. 그의 말대로 훈련도 안 된 오합지졸로는 조나라를 공격하여 승리하는 것이 불가능했다. 그러나 한신은 정예 군사를 유방에게 모두 보내고서도 살아남을 방법으로 스스로 죽을 자리에 진을 친 것이다. 그렇게 해서 군사들로 하여금 죽을힘을 다해서 살아남으려고 하는 인간의 본성을 발휘하게 했다. 결국 군사들은 그 죽을 자리에서 살아남았고 승리했다. 장군으로서 최고의 성과를 올린 것이다. 실패한다는 것은 먼저 죽기를 다하려는 마음의 자세가 없기 때문이라는 것을 깨닫게 한 사건이었다.

돌다리를 두드리는 신중함

여전히 한신에게는 연나라와 제나라를 정복해야 하는 임무가 남아 있었다. 한신의 부하 장수들은 모두 한신의 전술에 혀를 휘두르며 칭찬했지만, 한신은 이러한 때일수록 자만하지 않고 새로운 인재를 얻고자 노력했다. 한신은 자만한 사람은 쉽게 실패한다는 사실을 알고 있었던 것이다.

　그리하여 한신은 조나라 장군 이좌거를 자신의 사람으로 영입하고자 했다. 이좌거는 당시 대단히 뛰어난 전략가였다. 만약 조왕 조흘이나 성안군 진여가 이좌거의 계책을 따랐다면 조나라와의 전쟁에서 승리를 장담할 수 없을 터였다. 그래서 비록 적진에 속했던 사람이지만 이좌거에게 자문을 구하려고 한 것이다.

　한신은 이좌거를 생포해 오는 사람에게 2만 냥을 주겠다고 공표했다. 그리고 마침내 누군가 그의 앞에 이좌거를 생포하여 대령했다. 한신은 이좌거의 결박을 풀어 동쪽을 향해 앉게 했다. 동쪽은 상석上席을 의미하는 것으로 한신이 그를 자신의 스승으로 섬긴다는 의미였다. 능력 있는 사람을 대우할 줄 아는 태도도 그가 성공할 수 있는 자질이라고 할 것이다.

　그런 다음에 이좌거에게 계책을 물었다. "제가 북쪽으로 연나라를 치고, 동쪽으로 제나라를 치려고 합니다. 어떻게 해야 공을 세울 수 있을까요?" 그러나 이좌거는 자신이 패망한 나라의 포로라는 사실 때문에 "저는 그렇게 큰일을 가늠할 만하지 못합니다."라고 하면서 바로 대답을 하지 않고 사양했다. 실패한 나라의 모사인 이좌거로서는 한신의 정중한 대접에 곧바로 자기의 의견을 말할 계재는 아니었다. 반대로 적국 소속이었던 사람의 계책을 끌어내야하는 한신의 입장에서는 단순히 능력 있는 사람을 영입하는 것만으로 그칠 수 없다. 그의 능력을 끌어내기 위해 각고의 노력이 필요했다.

　한신은 집요하게 그를 설득하기 시작했다. "저 한신은 장군의 명성을 익히 잘 알고 있습니다. 만약 조나라의 성안군 진여가 장군의 계책을 수용했더라면, 저 한신은 지금 장군과 자리를 바꾸어 앉아 있을 것입니다." 진여가 이좌거의 계책을 채용하지 않았기 때문에 승리할 수 있었다고 솔직하게 자기 자신의 부족한 점을 인정했다. 그리고 이어 "이제 저 한신은 장군께 마음을 위탁하여 계책을 얻고자 하니 바라건대 장군께서는 사양하지 마십시오."라고 말했다. 이긴 자가 자신의 부족함을 인정하기는 쉽지 않은 일인데, 한신은 이를 인정한 것이다.

이렇게 겸손한 한신의 태도에 이좌거는 그제야 입을 열었다. 그는 먼저 한신이 위나라를 경략하고 배수의 진으로 조나라의 20만 대군을 격파했다는 사실 때문에 이미 유명해져 있다는 점을 열거했다. 그 결과 모든 사람들이 농사일을 팽개치고 그의 군대에 들어가 공로를 세워 큰돈을 벌 생각을 가지게 되었다고도 했다. 당시 전투에 참가한 병사들에게는 약탈이 허용되었기 때문에, 농사짓는 일보다 더 많은 수입이 보장되었다. 따라서 연전연승하는 한신의 군대로 들어가는 것이 인기가 있다고 말하고 그만큼 한신이 유명해졌음을 말한 것이다.

그러나 이좌거는 한신의 군대가 명성과는 달리 병졸들이 피로해 있어서 그 실제로는 쓰기가 어렵다는 점도 들었다. 앞에서도 말한 바와 같이 조나라와의 전투에서 승리했지만, 실제로 한신의 군사 가운데 정예의 병사들은 유방에게 가서 항우를 막고 있었고, 한신은 훈련되지 않은 오합지졸만을 데리고 있었던 점 역시 언급했다.

이러한 분석을 토대로 이좌거는 다시 연나라와 제나라를 공격하는데 있어서의 문제점을 제시했다. "장군께서 지금 피폐한 군대를 가지고 정공법正攻法으로 연나라를 치려고 하신다면 십중팔구는 이기기 어렵습니다." 연나라를 공격하려면 정공법이 아닌 다른 계책을 써야 한다는 것이었다.

그러자 한신은 더욱 이좌거의 계책을 듣고 싶었다. 그리하여 다시 간절히 물었더니 이좌거가 대답했다. "첫째로 갑옷 입은 병사들을 어루만져 쉬게 해야 합니다. 둘째로 새로 빼앗은 조나라의 백성을 진정시키고 어루만지면서 100리 안에서는 소고기와 술이 매일 도착하게 하여 사대부들을 먹이십시오. 셋째로 연나라로 가는 길로 군대의 방향을 틀어서 북쪽으로 돌려놓은 다음에 변사辯士를 파견하여 간단한 편지를 보내십시오. 그 편지에는 장군이 잘하는 것을 반드시 설명해야 합니다."

전쟁에 지친 한신의 군사들을 풍족히 먹이고 푹 쉬게 하면서 이 사실을 연나라와 제나라에 흘려 여유를 보이고, 군대를 연나라로 가는 길의 방향으로 두어서 공격을 준비하는 것처럼 꾸미라는 말이다. 이러한 방법은 아무도 당해 낼 수 없는 천하의 한신의 군대가 쳐들어온다는 소문만으로도 연나라 사람들에게 두려움을 주기에 충분한 조치였다.

그리고 이좌거는 "그리하면 연나라 사람들은 겁에 질려 두려움에 떨 것이 분명합니다. 그 기회를 놓치지 말고 사자使者를 보내어서 항복하기를 권고하십시오."라고 이어 말했다. 앞에서 승리한 업적으로 현재의 피폐함을 감추며 싸우지 않고 이기게 하는 방책이었다. 한신은 이좌거의 계책을 좇았다. 연나라에서는 조나라가 허무하게 무너졌다는 풍문을 들은 터에 항복을 권고하는 사자가 오자 지레 질겁했고 결국 항복했다.

한편 한신은 연나라의 항복 사실을 유방에게 보고하면서 자기와 함께 조나라를 공격한 장이를 조왕으로 삼아 달라고 청했다. 그리고 유방은 이를 허락했다. 한신은 자기를 따르면 상급이 따른다는 사실을 천하에 보여준 것이었다. 한신의 이러한 작전으로 조나라를 유방의 봉국으로 만들었고, 연나라도 조나라와 마찬가지로 유방의 편이 되었다. 이는 전투에서 승리한 것보다 더 큰 업적이었다.

정치인으로 변신한 한신

조나라와 연나라를 정복한 한나라의 입장에서 이제 남은 것은 오직 제나라뿐이었다. 그런데 당시 유방은 항우에게 패하여 다시 휘하에 있는 군대를 모두 잃은 상태였다. 한신은 연전연승한 반면 유방은 항우와의 대결에서 군사를 또 잃었다. 그리하여 유방은 하는 수 없이 이번에도 조나라를 격파한 한신과 장이의 군대를 차출했다. 유방은 한신이 조나라를 칠 당시에도 그의 정예 군사를 모두 빼앗았었는데, 다시 한신이 오합지졸의 군사를 모아 어렵게 정비한 군대마저 또 빼앗아간 것이다.

유방은 그걸로도 모자라 한신에게 새로이 장병을 징발하여 제나라를 정벌하라고 명령했다. 한신은 또다시 훈련되지 않은 군사로 이 어려운 일을 감당해야 했다. 제나라는 춘추전국시대 이후로 산동지역에서 가장 강한 나라였으며 진秦나라가 천하통일을 하는 과정에서도 마지막까지 버티던 나라였다. 그런데 신참내기 군사를 이끌고 그렇게 강력한 제나라를 공격하라니, 전술적으로는 백전백패할 수밖에 없는 상황이었다.

한신에게 명령을 내린 직후에 유방의 진영에 있던 모사謀士 역이기酈食其가 유방에게 유세했다. "바야흐로 지금 연나라와 조나라는 이미 평정되었습니다. 하지만 제나라는 바다와 대岱, 태산를

짚어지고 황하黃河와 제수濟水로 저지할 수 있는 유리한 지형에 위치하고 있습니다. 이것이 장군께서 비록 수만의 군사를 파견하여 1년이 훨씬 지나도 아직 평정하지 못한 이유입니다. 신 역이기는 우리 한나라를 위해 장군의 조서를 받들고 제왕齊王에게 가서 동쪽의 번신藩臣, 제후을 칭하도록 만들겠습니다."

자기를 파견하기만 한다면 군사를 동원하지 않고도 제나라를 유방의 번신으로 만들겠다는 말이다. 유방은 한신의 군사를 모조리 빼앗아 온 마당에 더할 나위 없는 계책이라고 판단했다. 또 설령 역이기의 작전이 실패하더라도 한신이 이미 제나라를 공격할 준비를 하고 있기 때문에 유방의 입장에서 역이기의 제안은 손해 볼 것이 없었다. 그리하여 유방은 한신의 무력과 역이기의 유세를 동시에 지휘하는 양동 작전을 펼쳤다. 보기에 따라서 휘하의 사람에게 서로 모순된 명령을 내린 것 같지만 최고 통치자로서는 충분히 매력적인 전략이었다.

하여간 유방의 허락을 받은 역이기는 즉각 제나라로 들어갔다. 그리고 제왕 전광田廣에게 "앞으로의 천하는 유방의 세상이 될 것입니다. 왕께서 이미 마음으로 동의하신 만큼 하루라도 빨리 우리 한나라의 번신이 되는 것이 유방이 천하를 통일한 다음에 제나라에 유리할 것입니다."라며 천하의 정세를 분석하고, 유방의 번신이 되라고 권고했다. 그러자 제왕은 역이기의 권고를 따르기로 약속했다. 역이기는 제왕에게 제후자리라도 지키는 것이 대항하다 죽는 것보다 나을 것이라는 확신을 갖게 하는 위력을 보였다.

하지만 한신은 자기 나름대로 군사를 이끌고 제나라를 향해 가고 있었다. 제왕은 비록 한신의 군대가 몰려오고는 있었지만 이미 역이기와 약속을 했기 때문에 당연히 자신들을 공격하지 않을 것이라고 생각했다. 그리하여 한신을 막기 위해 제나라 국경지역에 주둔하게 했던 군사를 철수시키고는 역이기와 매일 술을 마시면서 시간을 보냈다.

그리고 한신이 군사를 이끌고 제나라 국경 부근에 도착할 무렵, 이미 역이기가 유세하여 제나라를 굴복시켰다는 소식이 들려왔다. 사실 유방의 목표는 제나라의 항복이었고 그것이 무력이든 아니든 상관이 없었기 때문에 이를 잘 알고 있는 한신도 제나라로 진격하는 군사를 중지하려고 했다.

이때 한신 곁에 있던 변사辯士 괴철蒯徹이 이러한 상황이 한신에게 어떤 의미인지를 설명했다. "우리 군대는 제나라를 공격하는 데 멈춰서는 안 됩니다. 오직 한나라의 주군이신 유방께서 제나라를 공격하여 정복하라 명했을 뿐, 그 밖의 어떠한 명령도 하달받은 적이 없습니다." 제나라가 역이기의 설득으로 유방의 번신이 되는 것은 별개라는 말이었다.

그러고는 다시 말을 이었다. "역이기는 혈혈단신의 몸으로 단지 세 치 혀를 휘둘러 제나라의 70여 개 성을 함락시켰습니다. 그런데 장군께서는 수만 명의 무리를 이끌고 1여 년 동안 목숨 걸고 싸워 조나라의 50여 개 성을 함락시켰습니다. 장수가 된 지 수년이 지나는 동안에 세운 공로가 입만 가진 서생 녀석의 공로만도 못하단 말입니까?"

한신이 이룩한 전공이 역이기의 그것에 미치지 못하기에, 이것이 고착된다면 한나라 안에서 한신의 위상이 위태로워진다는 말이었다. 괴철의 말은 정치적인 측면에서 보면 옳은 말이었다.

전투와 전략만을 알던 한신에게 괴철의 이 말은 충격적이었다. 비로소 한신은 정치에 눈을 뜨게 되었다. 연나라를 칠 때에도 무력이 아니라 편지 한 장으로 연의 항복을 받아내라고 했던 이좌거의 충고를 경험했던 터라 한신은 괴철의 이 말을 바로 이해했다. 이제 한신은 선택의 기로에 서 있게 되었다. 오로지 무장으로서 한나라 국익에 따라 행동할 것인지, 아니면 자신의 명성과 지위와 안녕을 도모할 것인지를 결정해야 하는 순간이 온 것이다.

한신은 천하의 명장인 자신이 수만의 군사와 물량을 퍼부어 1년여 동안 세운 무공이 한낱 변사 한 명이 며칠 만에 이룰 수 있는 공로보다 못하다는 현실을 받아들이기가 너무 억울하고 자존심이 상했다. 이에 괴철의 말을 따르기로 결정하고 제나라가 유방의 번신이 되었다는 소식을 짐짓 못 들은 척하면서 원래의 계획대로 제나라로 진격해 들어갔다.

이 결정은 단순히 무장으로서의 군사 동원이 아니었다. 지금까지의 무장의 길을 뒤로 하고 정치가의 길로 들어 선 것이었다. 정치적 사고를 가지고 전공을 극대화하기 위해 군사를 동원하므로써 무력이 정치적 수단이 되어 버린 것이다.

사실 한신이 조나라를 함락시킬 때까지만 해도 전술적 조치를 통해 승리했다. 그러나 연나라를 항복시킬 적에는 이좌거의 계책으로 전투를 하지 않고도 쉽게 항복시킬 수 있었다. 한신은 전공이란 전투 능력 외에도 외교, 즉 설득을 통해서도 가능하다는 것을 알게 되었다. 그리고 역이기가 제나라를 정복하는 과정을 보면서 한신은 자신의 장점인 전술과 전투 위에 정치적 조치를 덧붙이기 시작했다.

한신은 제나라 정벌의 공로를 역이기에게 빼앗겨 앞으로 한나라에서의 자신의 위상이 흔들릴까 두려워 무력을 동원한 정치를 시도했다. 그는 이미 유방의 번신이 되기로 약속한 제나라를 자기의 전공을 극대화하고 역이기의 공로를 백지화하기 위해 공격을 감행했다. 이제 그는 장군에서 정치가로 변신을 꾀한 것이다.

초보 정치인 한신

한신이 군대를 몰고 쳐들어온다는 소식에 이미 국경 지역에서 군사를 철수시켰던 제나라에서는 부랴부랴 다시 군사를 배치했다. 하지만 천하의 명장 한신을 막아내기에는 역부족이었다. 그리하여 한신은 손쉽게 제나라의 도읍인 임치臨淄. 산동성 임치현에까지 이르렀다. 이 일로 인해 제왕 전광은 역이기가 자기를 속였다고 생각하고 바로 잡아 죽였다.

제왕은 서둘러 도읍을 방어하기에 총력을 기울였으나, 이미 한 차례 한신의 군대에 패한 터라 독자적으로 막을 수가 없었다. 그리하여 유방의 적수인 항우에게 구원을 요청했다.

항우의 입장에서는 제나라가 자기에게 원조를 구하자 이를 절호의 찬스라고 생각했다. 원래 중원지역은 세 개의 핵으로 이루어져 있었다. 장안을 중심으로 한 한나라의 서부지역과 임치를 중심으로 한 제나라의 산동지역, 그리고 항우의 초나라가 있는 장강유역이다. 따라서 장강유역과 산동지역이 연합한다면 서부지역의 유방을 밀어내기에 유리한 고지를 선점할 수 있다. 한걸음 더 나아가서 만약 원조를 청한 산동의 제나라 지역을 자기 손아귀에 넣는다면 천하통일에 그만큼 다가서는 것이기 때문이다.

그리하여 항우는 자기 휘하에 있는 몇 명 안 되는 뛰어난 장수 가운데 한 명인 용차龍且를 제나라로 보냈다. 용차는 군사 20만 명을 이끌고 제나라로 가서 고밀高密, 산동성 고밀현에 진을 쳤다. 한신으로서는 강한 적을 만난 셈이다.

사실 제나라를 구원하려고 온 용차는 제나라를 방어하기만 하면 되었다. 방어는 전술적인 면에서 공격보다 쉽고 간단한 일이었다. 게다가 한신의 군대는 적진에 깊숙이 들어가 있었기 때문에 보급로가 길어 이를 지키는 병력 역시 많이 배치할 수 없는 취약성을 가지고 있는 현군懸軍이었다. 그래서 현군은 속전속결을 원칙으로 하기 때문에 용차가 가만히 지키고만 있으면 천하의 한신이라도 별 수 없이 군사를 이끌고 돌아갈 수밖에 없는 상황이었다.

그러나 용차의 생각은 달랐다. 구원투수로 등장해서 제대로 한번 싸우지도 않고 방어만 하다가 승리한다는 것이 어쩐지 장군으로서의 체면에 탐탁지 않다고 생각한 것이다. 그는 장군이라면 멋있게 적을 깨뜨려야 자신의 명성을 드높일 수 있다고 생각한 것이다. 이 역시 전투를 정치에 이용하려는 행동이다. 결과적으로 이기면 된다는 전투의 기초를 망각한 발상이었다.

용차의 이러한 생각은 한신을 얕잡아 본 것도 한 원인이었다. 용차는 한신이 지금 비록 명장이라는 이름을 얻고 있지만 젊어서 빨래터 아낙과 백정에게조차 멸시를 받았던 일들을 잘 알고 있었다. 따라서 한신과의 대결을 피한다면 승리하더라도 면이 서지 않는다고 생각하여 정면 승부를 마음먹었다. 용차는 전쟁에서 아무

짝에도 쓸모없는 자존심을 지키고자 방어하는 전투의 기본을 잃어버림으로써 한신을 도와준 꼴이 되었다.

결국 11월에 제나라 군사와 용차가 이끄는 초나라 군사가 한신이 이끄는 한나라 군사와 유수濰水, 고밀의 서쪽를 사이에 두고 진을 쳤다. 곧 맞붙어 자웅을 가릴 준비가 된 것이다. 한신이 먼저 움직이기 시작했다. 그는 한밤중 군사들에게 모래를 가득 넣은 만여 개의 자루를 만들게 하여 유수의 상류를 막았다. 그리고 자신이 신호를 보내면 그 자루를 터뜨리라고 했다.

한신은 군사를 이끌고 강을 반쯤 건너가서 용차를 공격하기 시작했다. 그러다가 거짓으로 후퇴하여 도망했다. 달아나는 척 하는 한나라 군사를 보고 용차는 "역시 한신은 겁쟁이였군."라고 하면서 한신을 뒤쫓았다.

그때였다. 한신은 유수의 상류 쪽에 신호를 보냈고, 한신의 군사들은 일제히 자루를 터뜨렸다. 둑이 터지자 세찬 물길이 물을 건너고 있는 용차의 군사를 덮쳤다. 갑작스런 물벼락에 용차의 군사 태반이 강을 건널 수가 없었다. 한신은 허둥대는 용차의 군사를 재빠르게 공격했고, 장군 용차까지 죽이니 유수의 동쪽에 있던 초나라와 제나라의 군사들은 모두 흩어져 도망했다. 물론 함께 있던 제왕 전광 역시 도망하기에 바빴다.

이리하여 한신은 제나라의 땅을 모두 평정했다. 한신은 여전히 전투와 전술에서는 달인에 가까운 능력을 발휘하여 타의 추종을 불허할 만한 명장이었다. 제나라까지 정복한 한신은 유방에게 편지를 보냈다. "제나라는 거짓말로 속이거나 말을 번복하기가 이를 데 없습니다. 또 남쪽으로 초나라에 가까이 있으니 경계를 늦춰서는 안 됩니다. 청컨대 임시로 왕을 세워서[假王] 이곳을 진압하셔야 합니다."

전투 후 유방에게 이렇게 요구한 한신의 태도는 장수의 그것이 아니었다. 장수라면 의당 제나라를 정복했으니 앞으로 어떻게 처리해야 할지를 물어야 했다. 그리고 유방의 조치에 따라서 행동하면 그만이다. 그런데 임시라는 뜻의 가假라는 말을 붙이기는 했지만 제왕齊王을 세우라고 한 것이다. 물론 유방이 다른 사람을 세울 수도 있겠지만 상황으로 보아 한신밖에 없는 상황이었으니, 결국 자기를 제의 가왕假王으로 세워달라는 말과 같았다.

유방의 입장에서 본다면 불쾌한 일임에 틀림없다. 분명히 왕의 권한을 침범했고 장군으로서의 도를 넘은 행동이었다. 편지를 받은 유방은 '이자는 더 이상 나를 보좌할 그릇이 아니다.'라고 판단했다. 이제 한신은 유방의 경쟁자가 된 것이다. 그러나 이제 막 정치에 발을 들여 놓은 초보 정치가 한신은 자기가 한 말이 어떤 의미를 가지고 있는지 정확하게 알지 못했다.

반면에 유방은 정치에 있어서는 고단수였다. 속으로는 한신이 괘씸했지만 그렇다고 바로 내칠 수는 없었다. 한신이 가지고 있는 무력을 볼 때에 정면으로 한신과 대립하는 것은 위험한 일이었기 때문이다. 그래서 자신의 모사謀士인 장량張良, 진평陳平과 계책을 논의한 후 "대장부가 제후를 평정했다면 바로 진짜 왕[眞王]이 될 것이지 어찌하여 임시 노릇을 하는가?"라고 노련하게 응대했다. 이는 한신에게 그 이익을 충분히 보장한다는 넉넉함을 보여서 그로 하여금 안심하도록 하게 한 것이다. 오히려 자기의 생각과는 정반대로 정치적 조치를 취했다.

항우의 제의를 거절한 초보 정치인

용차의 죽음으로 산동지역과 연합하여 서부지역의 유방을 공격하려는 항우의 계획은 수포로 돌아갔다. 오히려 서부와 동부가 연합하여 남부에 위치한 자기를 공격할 수 있게 되자, 항우로서는 위기를 느낄 수밖에 없었다.

항우는 자기가 협공을 받을까 두려워 새로운 활로를 모색했다. 그 방안으로 생각해 낸 것이 한신을 유방에게로부터 독립시키는 일이었다. 제왕이 된 한신이 독립한다면 다시금 동부와 서부, 그리고 남부가 정족鼎足을 이루어 안정을 찾게 되는 형국이 된다.

그리하여 항우는 자기의 책사策士 무섭武涉을 한신에게 보내어 유세했다. "유방은 꾀를 내어 속이기를 잘 합니다. 그러하니 끝내 그대 한신은 유방에게 사로잡힐 것입니다. 유방이 족하를 가만히 지켜보는 것은 여전히 남쪽에 초패왕 항우가 있기 때문입니다. 그러니 이 어지러운 세상에 앞으로 살아남는 길은 오로지 유방으로부터 독립하는 것입니다."

사실 항우의 제안은 순수한 것이기 보다는 유방과 한신의 협공에 대비하기 위한 이간책으로 제의한 것이다. 여기서 사기꾼 기질이 농후하다는 유방의 인간성은 그다지 중요하지 않았다. 이미 전국시대 이후로 경쟁관계에 있는 사람이나 나라끼리는 일반적으로 서로가 속고 속이는 방법이 활용되고 있었기에, 누가 더 상대를 잘 속이느냐의 경쟁이라고 할 수 있는 시대였던 것이다.

그럼에도 불구하고 무섭의 말은 틀리지 않았다. 유방이 한신을 제거할 것이라는 점도 분명했다. 한신이 스스로 제왕이 되겠다고 하면서부터 유방은 한신을 눈엣가시로 여기고 있었기 때문이다. 항우도 무섭도 짐작하고 있는 것을 한신 자신만이 가늠하지 못하고 있었다. 그만큼 한신은 정치적인 사고력이 약했던 것이었다.

또한 전통적으로 중원은 산서와 산동 그리고 강남이라는 세 개의 핵으로 이루어져 있다. 춘추시대에는 황하지역에 있는 나라들이 초나라를 야만국으로 보고 남북대결을 펼쳤고, 전국시대에 오면서 진나라와 6국이라는 동서대결로 변해 갔다. 그 핵을 보면 오늘날의 서안과 남경과 북경으로 요약된다.

이 지역은 지리적인 조건이 달라서 화합하기 어려웠다. 동쪽이 평야지대인데 비해 서쪽은 산악지대이기 때문에 자연스럽게 동서의 대립이 이루어진다. 또한 황하유역과 양자강유역은 기온과 강수량의 차이가 있어 남선북마南船北馬라는 말로 표현하듯이 남북의 환경의 격차가 있다. 이처럼 자연환경이 다르니 생활방식이 다를 것이고 그에 따른 생각도 다를 수밖에 없다. 그러기 때문에 자연적으로 이 세 지역은 결코 화합하기 어려운 지리적인 조건을 갖고 있는 것이다. 따라서 셋으로 나뉘어 독립하는 것이 자연조건에 맞는다.

그러나 이들은 서로의 차이를 인정하지 않고 하나로 통일하고자 시시때때로 호시탐탐 서로를 공격하려는 성향을 가지고 있었다. 만약 이 세 지역이 각기 독립한다면, 산서의 유방과 산동의 한신, 그리고 강남의 항우가 정립鼎立을 이루어 힘의 균형을 이루고 서로를 견제하면서 안전하게 국가를 유지할 수 있게 된다.

그렇다면 항우의 제의를 받은 한신은 어떻게 처신해야 했을까? 당연히 독립하는 현명한 선택을 해야 했다. 당시 한신은 이미 평범한 장수의 단계를 넘어 정치가의 길로 접어 든 상태였다. 또한 중원의 한 핵인 제 지역을 차지하고 있는 한신이 유방과 항우의 경쟁 속에서 캐스팅보트를 쥐고 있는 상황이었기 때문에 한신이 이 상황을 제대로 컨트롤하기만 했다면 어쩌면 역사가 바뀌었을 수도 있다.

그러나 '정치는 의리가 아닌 실리를 좇는다'는 기본 원칙도 모를 정도로 순진했던 한신은 예例의 의리를 내세워 항우의 제의를 거절했다. "이는 있을 수 없는 일이오. 항우 밑에서 낭중郎中이나 하던 나를 유방이 대장군으로 삼아주었소. 그리하여 지금의 내가 있는 것인데, 단지 실리를 좇아 의리를 저버릴 순 없소." 그리고는 "무릇 나를 깊이 믿어주는 사람을 배반하는 상서롭지 못한 일이오. 비록 죽더라도 바꾸지 않을 것이오!"라고 말하여 유방에 대한 신의를 의심하지 않았다.

이때 한신을 옆에서 지켜보던 참모 괴철이 "천하를 셋으로 나누어 정족鼎足으로 있게 한다면, 그 형세는 누구도 감히 먼저 움직일 수 없을 것입니다."라는 원론적인 이야기를 했다. 이어서 "족하께서는 이미 휘하에 많은 군사를 가지고 강한 제나라를 평정했습니다. 이제 제나라를 중심으로 북쪽의 조趙와 연燕 지역을 아우른다면 상당한 세력이 될 것입니다."라고 조언했다. 괴철은 참모답게 정확하게 사세事勢를 파악하고 있었다.

그러나 한신이 "나는 여전히 의義를 배반할 수 없소."라며 뜻을 굽히지 않자, 괴철은 "족하는 더 이상 신하의 자리에 있을 수 없을 정도가 되었습니다. 지금이야말로 스스로 일어나실 때입니다."라는 말로 항우의 제의를 받아들이라고 계속 재촉했다. 설사 한신이 유방에게 의리를 지킨다고 하더라도 한신이 세운 무공이 워낙 크기 때문에 어떠한 상도 그 공로에 버금갈 수 없을 정도라는 말이다. 예로부터 '상을 줄 수 없을 정도의 공로를 세운 사람은 제거된다'는 정치 원론을 상기한 것이다.

그래도 한신은 정치의 역학관계를 이해하지 못하고 오히려 "나의 공로로 보아 유방은 결코 나의 제나라를 넘보지 않을 것이다."라는 믿음을 굳건히 했다. 초보 정치가의 순진함이었다. 그리고 끝내 괴철의 말을 받아들이지 않았다. 괴철은 자기의 말을 받아들이지 못하는 한신에게서 더 이상 기대할 것이 없다고 판단했다.

상황이 이렇게 흘러가자 괴철은 스스로의 살길을 도모해야 했다. 하지만 한신의 책사였던 경력으로 마땅히 갈 곳이 없었다. 그렇다고 한신이 유방의 손에 죽을 것을 뻔히 알면서 그의 곁에 계속 머무를 수도 없는 일이었다. 결국 괴철은 거짓으로 미친 척하다가 한신을 떠났다. 그리고 무격巫覡, 박수무당이 되어 사람들에게 점을 쳐주면서 목숨을 부지하는 길을 택했다.

토사구팽이 된 한신

유방은 항우가 한신에게 제안한 것을 거절한 일을 통해 한신이 자신을 절대 배반하지 않을 것이라는 사실을 알게 되었다. 그리하여 본격적으로 항우를 공격하기로 했다. 고제 5년(기원전 202년) 10월에는 유방이 항우를 추격하여 고릉固陵, 하남성 회양현에 이르렀다.

이때 유방은 제왕 한신과 위魏나라 상국인 팽월彭越과 함께 초나라 항우를 협공하기로 약속했다. 그러나 약속과 달리 한신과 팽월은 오지 않았고, 별다른 방법이 없던 유방은 자신만의 군대로 항우와 맞붙어 싸웠다. 그 결과 유방의 군사는 대파되고 말았다.

여기서 또다시 한신의 실책이 드러났다. 정작 의리를 지켜야 할 순간에 의리를 저버리고 만 것이다. 한신은 유방과의 약속을 지켜 항우를 협공했어야 했다. 어쩌면 한신의 얄팍한 정치적 술수였을지도 모른다. 협공의 대가를 가능한 한 많이 받아내기 위함이거나, 유방에게 자신의 세를 과시하기 위해서였을 것이다. 어찌되었든 그러면 그럴수록 유방에게 한신은 위험한 인물로 부각되고 있었다. 한신이 독립하려면 확실하게 해야 했는데, 그것까지 고려한 것은 아닌 것 같이 보인다. 단순한 이익의 창출에만 신경을 쓴 셈이었다.

하여간 유방은 항우에게 몰려 성벽을 굳게 하고 스스로 지킬 수밖에 없었다. 항우를 공격하기는커녕 오히려 위기에 몰린 것이다. 이때 유방의 모낭謀囊, 꾀주머니 장량張良은 한신과 팽월이 약속을 어기고 버틴 이유를 훤히 꿰뚫어 보고 있었다. 장량은 유방에게 말했다. "팽월은 왕이 되고 싶어 하고, 한신은 더 많은 영토를 갖고자 함입니다. 그러하니 팽월을 왕으로 삼고, 한신에게 진陳, 하남성 회양현 지역의 동쪽에서 바다에 이르는 영토를 하사 하십시오. 그러면 그들은 반드시 움직일 것입니다."

유방은 장량을 말을 따랐다. 아니나 다를까 한신과 팽월이 모두 군사를 이끌고 와 유방과 협공하여 결국 항우는 그해 12월에 해하垓下에서 유명한 사면초가四面楚歌의 사건으로 최후를 맞았다.

결국 유방이 최대의 적수 항우를 이겼다. 물론 한신과 팽월의 도움이 없었다면 불가능한 일이었을 것이다. 다급한 김에 파격적인 조건을 내세워 이들의 동참을 이끈, 유방의 정치적인 결정이었다. 정치적 결정이란 실리를 좇기 때문에 표면과 내심이 다른 경우가 허다하다. 이번 유방의 결정이 그러했다. 형세가 그러했기에 난관을 뚫고 나가는 방법으로 '울며 겨자 먹기'식으로 선택한 일이었다. 또한 유방에게 한신은 기회를 노려 제거해야 하는 대상으로 낙인찍힌 사건이었다.

드디어 고제 5년(기원전 202년)에 유방의 최대의 적 항우를 제거하고 나자, 유방에게 한신은 더 이상 쓸모가 없어졌다. 눈엣가시처럼 여기던 한신이지만 항우가 살아있어 손을 쓰지 못한 것뿐이었다.

이제 본격적으로 '한신 축출 작전'이 시작되었다. 유방은 맨 먼저 한신의 근거지인 산동으로 들어가 그의 군대를 모두 빼앗았다. 그리고 한신을 강남지역으로 보내 초나라의 왕으로 바꾸어서 삼았다. 표면적으로는 초 지역을 장악하고 있던 항우가 없어졌으니 그 지역을 한신에게 맡긴 모양새였다.

하지만 이것은 한신의 세력 확장을 원천봉쇄하는 유방의 정치적 노림수였다. 산동지역은 한신이 스스로의 힘으로 세력을 이룩하여 한신의 파워가 강력한 반면 강남지역에 있는 초 지역은 유방에게 받은 곳이므로 한신이 영향력을 행사하기 힘든 낯선 지역이었다. 당연히 항우를 협공하는 조건으로 받았던 진 지역의 동쪽에 위치한 산동지역은 하룻밤의 꿈으로 사라진지 오래되었다. 유방은 확실한 이유와 명분으로 신진세력의 손발을 묶어버리는 탁월한 정치가의 면모를 보였다.

순식간에 초나라로 밀려나고 나서야 한신은 비로소 유방의 조치가 마음에 걸렸다. 뒤늦게 유방의 속내를 눈치챈 한신은 나름대로 방어 계획을 철저히 세웠다. 언제 다시 유방이 자신의 군대를 빼앗고 자신을 죽일지도 모른다는 생각이 든 때문이었다. 그러나 한신은 또다시 잘못된 선택을 하고 말았다. 납작 엎드려 죽은 듯이 지내도 모자라는 이때 군사를 움직여 방어선을 구축하다니. 한신의 이러한 행동이 유방에게는 도리어 반란을 도모하는 모습으로 비추어졌다.

다음 해인 고제 6년(기원전 201년) 10월에 유방이 여러 장수에게 반역을 도모하는 한신을 어떻게 처리할지를 물었다. 모두가 입을 모아 "빨리 군사를 내어서 그 녀석을 파묻어 버리십시오."라고 대답했다. 하지만 말처럼 그리 간단한 일은 아니었다. 한신이 누구인가, 그 시대의 최고의 명장이 아니던가.

한신의 처리를 놓고 유방은 모사 진평陳平과 논의했다. 진평이 말했다. "지금 한신 그자가 전성기의 세력을 모두 잃고 초왕으로 있다고는 하지만, 이 시대의 최고의 전략가이자 명장입니다. 이빨 빠진 호랑이라도 호랑이임이 틀림없습니다. 폐하께서는 한신과 정면대결을 벌이시면 결코 이길 수 없습니다." 진평의 말을 들은 유방은 "나 역시 한신의 실력에 대해 잘 알고 있소. 그렇다고 한신 그자를 그대로 내버려둘 수는 없지 않겠소. 다른 좋은 수를 강구하시오."라고 지시했다.

다른 방법은 역시 속임수이다. 유방은 한신이 있는 초나라 근처의 명승지인 운몽雲夢. 호북성 안육현에서 유람한다고 모든 제후들에게 알리고는 함께 연회를 즐기자고 권유했다. 전쟁도 끝났으니 이런 행사는 자연스러운 일이었다. 그리고 제후들에게 먼저 진陳, 하남성 회양현에서 만나 연회가 열리는 운몽으로 함께 가자고 했다.

사실 한신은 유방에게 이미 몇 차례 속은 적이 있었다. 다행히도 유방의 속내를 의심하여 주의를 기울여 무사할 수가 있었지만, 이번에는 상황이 좀 달랐다. 공식적으로 유방은 황제였고, 한신은 제후였다. 상하관계가 분명한데 황제가 자신의 통치관할 지역 근처까지 몸소 찾아오는데 나아가 인사하지 않을 명분이 없었다.

한신은 일단 유방을 만나러 나서기는 했지만, 그 찜찜한 기분은 어쩔 수가 없었다. 그래서 만에 있을지도 모를 위험한 상황에서 벗어나고자 유방의 환심을 살 만한 일을 준비했다. 당시 유방이 미워하던 항우 휘하에 있던 장수 종리매가 초나라로 도망와 있었다. 한신을 이를 이용하기로 마음먹었다. 종리매를 잡아 유방에게 데리고 가기만 한다면 그 공로로 무사할 것으로 생각한 것이다.

하지만 유방이 한신에 대해 아는 것만큼, 한신은 유방을 알지 못했다. 유방이 종리매를 미워한 것은 명백한 사실이다. 그리고 누군가 그를 잡아다 바치면 물론 유방의 환심을 살 수 있다. 하지만 그 누군가가 한신은 아니었다. 지금 아무 힘없는 종리매와 자신을 위협하는 세를 가진 한신. 그 둘의 무게는 같을 수가 없는 것인데도 종리매를 바쳐 반역을 도모한 죄를 용서받고자 했으니 한신은 너무나도 순진했던 것이다.

결국 유방은 종리매를 붙잡아 온 한신을 체포했다. 한신은 나름대로 종리매라는 만반의 준비를 했기에 안전하다고 생각했기 때문에 달리 힘쓸 방법이 없었다. 이때 한신은 토사구팽兎死狗烹, 즉 토끼사냥을 위해 기르던 사냥개는 토끼사냥이 끝나면 주인에게 잡혀먹는다는 유명한 사자성어로 자기와 유방의 사이를 사냥개와 주인으로 빗대어 말했다. 얼핏 사냥개를 잡아먹은 주인이 매정하게 느껴질 수도 있다. 그러나 사실 따지고 보면 한신은 충성스러운 사냥개는 아니었다.

한신은 유방의 충실한 개로 남으려고 한 것이 아니라 기회가 있을 때마다 정치적 야심을 조금씩 늘려갔다. 그렇다고 또 유방과 완전히 결별하려는 용기도 없었다. 공연히 유방에게 의심만 샀던 것이다.

유방은 장안으로 돌아오던 중 낙양에 이르자 한신을 사면하고 회음후淮陰侯로 책봉했다. 그제야 한신은 유방이 자신의 능력을 두려워하면서 미워하고 있다는 사실을 확실히 알았다. 그 후부터 한신은 대부분 병을 핑계로 황제 유방을 조현朝見하거나 좇지를 않고, 항상 앙앙불락怏怏不樂했다.

황후 여치의 손에 죽은 한신

그런데 얼마 후에 양하후陽夏侯 진희陳豨가 반란을 획책한 사건이 일어났다. 유방은 진희를 상국相國으로 삼고는 조나라와 대나라의 변경에 있는 군사를 감독하게 했는데, 그가 북방의 중요지역에서 독자적 세력을 갖고자 반란을 꾸민 것이다. 그 일환으로 유방에게 토사구팽 당한 후 장안에 와서 하릴없이 세월을 낚는 한신과 암묵적으로 손을 잡으려고 했다. 자연스럽게 이루어진 상황이라 할 수 있다.

이러한 사정을 눈치챈 유방은 고제 10년(기원전 197년)에 자신의 아버지 태상황이 죽자, 진희에게 '문상問喪을 오라'는 전갈을 보냈다. 한신이 운몽에서 유방의 꾐에 속아 모든 것을 빼앗긴 사실을 알고 있는 진희로서는 이 상황을 모면해야만 했다. 진희는 병을 핑계로 문상을 오지 않았다. 일단 황제 유방의 부름에 응하지 않았지만, 이는 일시적일 뿐 궁극적인 방편은 아니었다. 진희로서는 더 이상 유방과 더불어 일을 도모할 수 없다는 상황을 직감했다.

드디어 진희는 그해 9월에 반란을 일으키고 자립하여 대왕代王이 되어 조와 대 지역을 차지하려고 경략했다. 진희가 반란을 일으키자 유방은 직접 진희를 치러 갔다. 유방은 먼저 조의 도읍인 한단에 이르러 "진희가 한단에 근거를 두고 장수漳水로 방어하지 않았으니, 그가 아무 것도 할 수 없다는 것을 알겠다."라고 기뻐하며 말했다. 진희의 전략적 수준이 자신보다 한 수 아래라는 의미였다.

여기서도 유방은 정치력을 십분 발휘했다. 북쪽의 조와 대 지역이 진희의 수중에 들어간 것은 그곳에 속한 군郡의 군수郡守와 군위郡尉가 쉽게 진희에게 패했기 때문이었다. 그러자 유방의 수하들은 유방에게 "폐하! 진희에게 패배한 20개 성의 군수와 군위를 즉시 죽이십시오."라고 건의했다. 보통의 경우라면 이는 맞는 말이었다. 군을 책임진 군수와 군사 책임자인 군위가 저항도 없이 진희에게 패한 것은 다른 군을 의식해서라도 처벌해야 했다.

그러나 유방은 "그들은 단지 힘이 없어서 그러한 것이니 죄가 될 것이 없다."라고 하면서 수하의 건의를 거부했을 뿐만 아니라 오히려 패배한 군수와 군위를 너그럽게 처리했다. 이는 조와 대

지역을 자기편으로 만들기 위해서 응징의 목표는 오직 진희뿐이라는 것을 알리려는 조치였다.

또 유방은 조 지역에서 진희를 무찌를 장수를 모집했다. 이에 응모한 네 명의 장수가 있었는데, 그들은 하나같이 군사를 거느리기에는 너무 무능했다. 그럼에도 불구하고 유방은 이들을 천호千戶로 책봉하고 장수로 삼았다. 이러한 시상施賞은 그동안 유방이 전투를 하면서 시행했던 논공행상에 비하면 너무나도 후한 것이었다.

사실 초나라를 정벌하고 나서도 이렇게 후한 상을 내리지 않았었다. 이에 대해 유방은 말했다. "진희가 반란을 일으켰고, 조와 대 지역의 땅은 모두 진희의 소유가 되었다. 내가 우격羽檄, 급하게 전하는 격문으로 천하의 군사를 징집했으나 아직 도착한 사람이 없다. 그리하여 나는 지금 겨우 한단에 있는 군사들만을 가지고 있을 뿐인데, 어찌 한낱 4천 호戶를 아껴서 조나라의 자제들을 위로하지 않는단 말인가?" 조와 대 지역 사람들을 자기편으로 만들어 진희를 고립시키려는 유방의 정치적인 술책이었다.

이때 회음후 한신은 병을 핑계로 진희를 공격하기 위해 출정하는 유방을 좇아가지 않았다. 반란세력을 진압하러 간다면 마땅히 앞장서서 유방을 따라야 유방에게 의심받지 않을 것임에도 불구하고 한신은 유방을 따르지 않은 것이다. 게다가 한술 더 떠 진희에게 가신家臣들과 모의한 '밤중에 거짓 조서를 만들어 여러 관청에서 형벌을 받아 노역하는 사람들[徒]과 노복[奴]들을 사면하여, 그들을 징발하여 여후와 태자를 습격할 것'이라는 편지를 몰래 보냈다. 한신은 진희와 이미 연계하여 안팎에서 유방을 공격하기로 하고 진희의 회보를 기다렸다. 유방으로서는 실로 최대의 위기를 맞은 셈이었다.

그런데 마침 한신이 죄를 지은 사인舍人, 시종 한 명에게 참수를 명령했는데, 그 사인의 동생이 형을 살리고자 하는 마음에 한신의 변고를 고발했다. 이 보고를 받은 황후 여치는 상국 소하와 모의 끝에 "진희의 반란을 성공적으로 진압했으니 궁궐에서 열리는 축하연에 모두들 참석하라."라는 조서를 내려 한신을 입궐시키기로 했다. 물론 전방에서 유방이 진희를 잡아 죽였다는 것은 사실이 아닌 거짓이었다. 한신을 잡기 위해 열후와 여러 신하들까지 모두 궁궐로 불러들이려고 일을 꾸민 것이다.

이 소식을 들은 한신은 궁궐로 들어가는 것을 꺼렸다. 이번에도 역시 병을 핑계로 참석하지 않으려고 했다. 그러자 소하가 나서서 한신을 설득했다. "장군! 그대가 입궐하기를 이다지도 꺼려한다면, 괜한 오해를 사 상황을 악화시킬 수 있소. 입궐하여 그대의 결백을 증명하시오." 이리하여 한신은 입궐했고, 황후 여치는 입궐한 한신을 무사들을 시켜 결박하여 장락궁長樂宮의 종실鐘室, 종을 걸어 두는 집에서 목을 베었다. 한신은 마지막으로 참수를 앞두고 "내가 이제 와서 괴철의 계책을 쓰지 않았던 것을 후회한다. 이렇게 아녀자에게 속은 바 되었으니 어찌 하늘의 뜻이 아니랴!"라고 울부짖었지만, 허공에 퍼지는 메아리일 뿐이었다.

전투에 있어서는 그 누구도 당해낼 수 없던 명장 한신은 정치가로 변신을 시도했지만 철저하게 변하지 못했다. 정치는 그의 전공이 아니었기 때문에 괴철이 유방과 항우와 한신이 정립鼎立해야 한다는 계책을 주었지만 유방과의 의리를 내세워서 거절했던 것이다. 잘하는 것을 발전시키지 않고 못하는 것으로 욕심을 냈던 한신의 결말은 이렇게 비극으로 끝났다.

한신이 자초한 비극

보통 사람들은 한신이 유방과 여치에게 속아서 죽은 것을 안타깝게 생각한다. 반면 유방과 여후는 한신을 이용할 대로 이용만 하다가 죽였다며 부도덕한 사람이라고 여긴다. 그러나 이러한 판단은 지극히 상식적이고 일반적인 평가이다.

전투에서도 적을 이기기 위해 속임수를 쓴다. 이것은 한신의 전법에서도 늘 나타났던 방법이다. 마찬가지로 정치에서도 정적을 물리치기 위해 정적이 알 수 없는 계책을 세워서 속인다. 이것을 제대로 파악하지 못하고 속아 넘어간 다음에 토사구팽이라고 말하는 것은 보통 사람들의 동정은 살 수 있어도 정치 전문가의 입장에서는 패배자의 어리석은 변명일 뿐이다.

개의 주인은 개가 아무리 뛰어나고 똑똑하다고 해도 개가 사람이 되어 주인과 맞먹으려고 드는 것을 용납하지 않는다. 한신을 채용한 유방과 소하는 한신을 무장으로만 쓰려고 한 것이지, 그를 유방과 동격으로 대우해 줄 생각은 처음부터 없었다. 한신은 유방과의 관계를 제대로 파악하지 못한 것이다. 유방이 먼저 말하기 전에 스스로 가왕假王이 되겠다고 한 것부터가 그랬다.

그뿐만이 아니다. 마지막에 항우를 공격할 때에도 더 많은 땅과 권한을 요구하면서 유방을 돕지 않으려 했다. 결국 정치가 유방은 한신에게 달라고 하는 것보다 더 많은 것을 주어 그를 달랬다. 마지막으로 초왕으로 옮겨졌을 때에도 자기의 이익을 챙기는 데 열심이었지 유방이 자신을 어떻게 볼까를 생각하지 않았다.

한신과 유방의 대결은 장군과 정치가의 대결이었다. 이때 유방은 전투가 아닌 자신의 주종목인 속임수와 정략을 동원한 정치적 대결을 펼쳤다. 그러나 한신은 자기의 장점인 전투 대신 정치로써 맞서려고 했다. 그러하니 한신이 지는 것은 어쩌면 너무나 당연한 일이었는지도 모른다. 한신이 유방을 이기려면 속내를 감추고 유방만큼의 정치적 판단을 할 수 있도록 정치력을 길렀어야 했다. 그리고 그에게 정치적 판단을 도와주는 사람이 그의 주변에는 괴철외에는 아무도 없었다. 그런데 한신은 자신을 돕는 괴철의 말은 듣지 않았다.

한신의 실패의 가장 큰 요인은 자기가 잘 하는 것을 내버려 두고 모르는 일을 하려고 한 것이다. 그래서 한신은 죽음을 자초한 것이다. 유방의 잘못인 양 토사구팽이라는 말은 적당하지 않다. 더구나 자기의 죽음을 하늘의 뜻으로 핑계를 댄 것은 죽으면서도 자기의 부족함이나 잘못을 몰랐다고 봐야 할 것이다.

제3강

무지하면 필패다

부족한 무력을 덕치로 보충하라

광무제光武帝 유수劉秀와 그 아들 명제明帝 유장劉莊

광무제 유수(光武帝 劉秀, 기원전 6~57년)
후한(後漢)의 초대 황제(재위 서기 25~57년). 전한(前漢)의 고조(高祖) 유방(劉邦)의 9세손이다. 신(新)을 세운 왕망(王莽)의 군대를 격파하고, 이후 각지에 할거하던 세력을 평정하여 36년에 전국을 통일하고 중앙집권체제를 강화하였다. 또한 학문을 장려하고, 유교를 강조함으로써 예교주의(禮敎主義)의 꽃을 피웠다. 57년 2월 낙양의 남궁(南宮)에서 병사하였다.

명제 유장(明帝 劉莊, 28~75년)
후한(後漢)의 제2대 황제(재위 57~75년). 광무제(光武帝)와 음황후(陰皇后) 사이의 넷째 아들로 그의 재위기간 중 중국에 불교가 유입된 것으로 추정된다. 명제는 변경을 위협하고 있던 흉노를 평정하고, 반초(班超)로 하여금 서역으로 파견하여 중앙아시아에 대한 지배력을 재확립하였으며, 빈민구제, 농업 진흥 등 내정에 충실을 도모하였다. 67년 꿈을 꾸고 불교에 귀의하고, 서역에서 승려를 불러 낙양에 사원을 세웠다.

새 시대, 새로운 행동

우리가 세상을 살아가면서 흔히 쓰는 말 가운데 《손자병법》에 나오는 '지피지기知彼知己 백전백승百戰百勝'이라는 말이 있다. 즉 상대방을 알고 나 자신을 알면 백번 싸운다고 해도 백번 다 이긴다는 뜻이다.

보통 싸움에서 이기려면 형세가 좋아야 하고, 힘이 있어야 한다. 바로 세력이다. 그래서 싸움에 임하는 사람은 세력을 기르려고 하는데, 이것이 일반적인 법칙이다. 그리고 상대방의 세력과 나의 세력을 비교해서 그에 알맞은 대책을 세워야 한다. 세력을 저울질해 보지 않고, 다만 기분이나 호기浩氣에 사로 잡혀서 덤벼들다가는 실패하기가 십상이기 때문이다.

역사에서는 처음에는 세력이 다른 사람보다 미약했지만 결과적으로 이기는 경우가 종종 눈에 띤다. 이러한 경우를 면밀히 살펴보는 것은 이 시대를 살아가는 생존방법에서도 아주 중요하다. 자기의 약점을 인지하고 그 약점을 역으로 강점으로 바꾸는 지혜가 존재할 것이기 때문이다.

후한을 세운 광무제光武帝 유수劉秀와 그 아들 명제明帝 유장劉莊이 《자치통감》에 등장한다. 이들 부자는 하나의 왕조를 세웠고, 또 이를 잘 이어 받아서 이른바 창업과 수성守成을 성공적으로 이룩했다. 이들의 성공은 그동안의 전한시대와는 다른 상황과 태도를 연출했기에 가능한 일이었다.

전한시대는 군사력만으로 나라를 세우고 지켰다. 전한을 세운 유방은 늘 정치적인 속임수로 위기를 탈출했고, 황제가 된 다음에도 역시 적절한 정치적 조치로 타협을 이루었다. 그의 목표는 항상 힘으로 상대를 누르고, 기회가 있으면 제거하는 것이었다. 이러한 정책은 비단 유방만 시행한 것은 아니다. 창업한 군주와 그 수성의 후계자는 대체적으로 그러했다. 이러한 일은 오늘날까지 이른바 생존경쟁이라는 이름 아래 흔히 벌어지고 있다.

전한시대 말에 왕망王莽이 세운 신新 왕조의 통제적인 경제정책이 실패를 거두자 사방에서 반란이 일어났다. 이때 그 반란의 틈바구니에서 한 왕조의 부흥을 기대하는 것에 힘입어 유수劉秀가 등장했고, 그가 한나라를 부흥시켰는데 이를 후한이라고 한다. 그런데 전한 말에 유수를 떠받쳐 준 것은 왕망의 신 왕조를 없애고 유劉씨가 다시 황제에 올라야 한다는 명분만이 있을 뿐이었다.

게다가 당시 유수가 유일한 유씨는 아니었다. 유씨 가운데도 스스로 유씨 왕조의 부흥을 외치며 시대 조류에 부응하겠다고 나선 사람도 적지 않았다. 또 허수아비 유씨를 황제로 세우고 자신의 군사력으로 황제 뒤에서 권력을 오로지하려는 사람들이나, 유씨만이 황제가 되어야 한다는 관념을 타파하고 스스로 새로운 왕조를 개창하고자 하는 사람들도 많았다. 이들은 모두 왕망의 신 왕조에 반대하여 이를 무너뜨리는 데는 뜻을 같이했지만, 그 목표는 이렇게 서로 달랐다.

　이때 후한을 세운 유수는 전한의 창업자 유방과는 다른 길을 선택했다. 이미 유방의 시대와 자신의 시대 상황이 같지 않음을 알았기 때문이었다. 그는 그동안 역사에 한 번도 기록되지 않은, 자신만의 새로운 태도로 후한시대를 열었다. 그리고 그 아들 유장 역시 자신만의 방법으로 수성에 성공했다.

언제든지 쫓겨날 수 있는 황제

창업과 수성 가운데 어느 것이 더 쉬운 일일까? 그 대답은 '창업과 수성, 둘 다 모두 어렵다'라고 할 수 있다. 창업의 어려움은 진말한초秦末漢初 시기에 항우의 경우에서 알 수 있고, 수성의 어려움은 진秦나라 천하통일 이후에 진 시황제의 뒤를 이은 2세 황제 호해胡亥 시절에서 잘 보여준다.

　사실 황제는 제도적으로 천자라고 하여 절대적인 권위를 지닌 것으로 인식된다. 그리하여 비록 어린 아이가 황제자리에 있다고 해도 모든 사람은 제制나 조詔로 불리는 그의 한마디 말에 복종해야 한다. 또한 집안의 항렬로 보아 삼촌이나 어머니라도 그의 명령에는 따르지 않을 수 없다.

그러나 역사적인 현실에서 황제의 권위가 반드시 그러한 것만은 아니었다. 먼저 진 시황제는 전국시대를 통일하고 최초의 황제가 되면서 자신의 후손들이 천세千世 만세萬世 동안 황제자리에 있기를 바랐다. 그러나 바로 그 아들인 2세 황제 호해 시절에 전국적으로 반란이 일어나서 2세 황제는 죽고 나라는 멸망하고 말았다.

다시 진말秦末의 반란 속에서 유방이 한漢나라를 세우고 황제가 된 이후, 그의 후손인 유씨가 황제자리를 지켰던 것은 사실이지만 모든 황제가 천자로서 절대적인 권위를 행사할 수 있었던 것은 아니었다. 전한시대 한 왕조는 황제의 권력이 이리저리 옮겨 다녔다.

그 시작은 외척세력인 곽광霍光의 황제권 행사였다. 곽광은 무제武帝 유철로부터 고명顧命을 받아 최고 권력자가 되었고, 무제로부터 3대를 이어 권력을 잡았다. 특히 겨우 여섯 살 된 자기의 외손녀 상관上官씨를 무제의 뒤를 이어 황제가 된 열두 살짜리 소제昭帝 유불릉劉弗陵에게 시집을 보내어 황후로 삼게 했다.

또 소제 유불릉이 스물한 살의 나이로 죽자 유불릉의 조카 창읍왕昌邑王 유하劉賀를 황제로 세웠다. 그러나 그가 자신의 본거지인 창읍에서 대거 그의 사람들을 데리고 장안에 오자 권력을 잃을까 걱정하여 그에게 부도덕하다는 죄를 씌워 황제로 세운 지 불과 28일 만에 황제자리에서 쫓아내기도 했다.

곽광의 부작용으로 외척의 황제권 남용을 막자, 이번에는 황후가 황제권을 행사하기 시작했다. 바로 왕정군王政君이다. 그녀는 원제元帝 유석劉奭의 황후였고, 성제成帝 유오劉驁의 생모였다. 왕정군은 성제 이후에 황태후로서 권력을 행사하며 그의 동생 다섯 명을 모두 후侯로 책봉하여 한나라 정치를 실제적으로 담당하게 했다.

그리고 전한시대 말 왕정군의 조카인 왕망王莽이 황제권을 이어받아 권력을 쥐었다. 왕망은 평제를 독살하고, 유자儒子, 어린 아이 유영劉嬰을 황제로 세우려다가 결국 스스로 황제에 올라 신新 왕조를 세웠다. 그렇게 한 왕조는 겨우 200년 만에 사라지고 말았다. 신 왕조의 왕망은 실제적인 군사력 없이 세 치 혀로 권력을 장악하려고 하다가, 경제개혁에 실패하여 녹림綠林을 비롯한 무장 봉기를 만나게 되어 죽었다.

이러한 역사적 상황 속에서 유수劉秀가 한漢을 재건한다는 기치 아래 후한 왕조를 세웠고, 그 유수의 뒤를 이어서 아들 유장劉莊이 황제로 등장한다. 그리고 명제 유장은 아버지로부터 물려받은 약체 후한 황실의 기초를 다지는 데 성공했다. 아버지와 아들이 각기 창업과 수성에서 자기들의 몫을 다 해낸 것이다.

나약한 황제를 원했던 무장세력

후한을 세운 유수가 등장할 수 있었던 것은 왕망 말년에 적미병赤眉兵과 녹림병綠林兵들이 왕망을 반대해 군사를 일으켰던 데 있다. 유수와 그의 형인 유연劉縯은 녹림병과 함께 유씨가 황제여야 한다는 명분 아래 유현劉玄을 옹립하여 황제로 세웠었다. 무장세력들은 처음부터 나약한 인물을 찾고 있었는데, 이는 황제를 허수아

비로 세워 두고 권력을 자기들 마음대로 휘두르려는 의도였다.

먼저 유현이 회양왕淮陽王으로 옹립되는 과정을 보자.

'반反 왕망'이라는 기치를 내걸고 한 왕조의 부흥을 주장하는 무장세력이 많아지자 이를 통합해야 한다는 움직임이 일어났다. 당시 10여만 명의 병사가 한나라 부흥을 주장하며 일어났으나 하나로 통합되지 못하자 제장들은 "더 이상 이처럼 우후죽순으로 일어나서는 안 되오. 한 고조 유방의 뒤를 잇는 후계자를 세워 한 왕조를 부흥시킵시다!"라고 회의하여 결정했다. 그리하여 유씨 가운데 한 사람을 세워서 그 뜻을 좇기로 결정했다.

당시 유수의 형인 유연이 이끄는 한漢나라의 군사와 녹림병의 한 지파로 왕상王常이 이끄는 하강병下江兵이 함께 반란세력을 공격하여 승리했는데, 이것으로 유연과 유수 형제가 승기를 잡고 있었다. 그래서 남양의 호걸들과 왕상 등은 모두 유연을 세우고자 했지만 왕광王匡이 이끄는 신시병新市兵과 진목陳牧과 요담廖湛 등이 이끄는 평림병平林兵은 유연이 위엄과 영명함이 있다는 이유로 그를 꺼렸다.

어쨌든 유씨들 가운데 나약한 사람을 고르던 중 마침 평림군 안에 유현이 있었다. 유현은 경시장군更始將軍으로 불렸던 용릉대후春陵戴侯 유웅거劉熊渠의 증손으로, 유웅거는 경제景帝의 아들인 장사왕 유발劉發의 손자이다. 이처럼 유현은 확실한 황실 자손이었기에 당시의 명분을 채우는 데 충분했고 더불어 자기들의 권력 유지에도 안성맞춤인 인물이었다.

다시 말하면 이 시기의 무장세력들은 유씨를 황제로 세우는 것이 왕망에 반대해 군사를 일으킨 명분에 맞지만, 그렇다고 고조

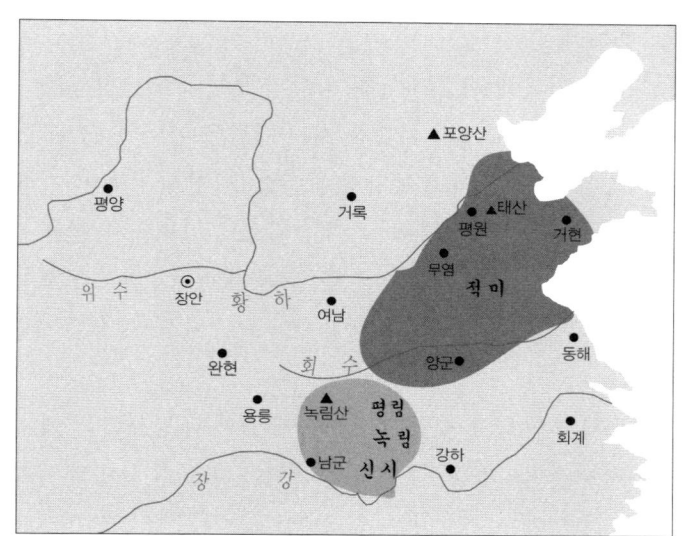

<한말 무장 봉기 세력 분포>

전한 말, 왕망이 정권을 찬탈하여 신(新) 왕조를 건국하였다. 그리고 그의 왕조에 반발하여 전국 각지에서 반란이 일어났다.

녹림병(綠林兵) : 녹림산(호북 경산)에 집결한 반 왕망 무장세력.
적미병(赤眉兵) : 산동 거(莒) 지방에서 일어난 반 왕망 무장세력. 적군과 아군을 구별하기 위하여 모두 눈썹을 빨갛게 물들였기 때문에 붙여진 명칭.
평림병(平林兵) : 평림(호북 수현)에서 한의 종실 유현(劉玄)을 중심으로 일어난 반 왕망 무장세력.
용릉병(舂陵兵) : 유연(劉演)·유수(劉秀) 형제가 호남 용릉(舂陵) 지방에서 일으킨 반 왕망 무장세력.
신시병(新市兵) : 녹림병의 일파로 남양에 들어와서 활동하다가 신시(호북 경산)에 도읍해서 붙여진 명칭.
하강병(下江兵) : 녹림병의 일파로 왕상이 이끌고 남군(호북 강릉)에서 활동하던 무장세력.

유방이나 무제 유철처럼 강력하게 황제권을 행사할 수 있는 사람을 황제로 세우기는 꺼렸던 것이다. 그들의 이익을 해칠 수 있다고 생각했기 때문이다.

사실 역사 기록에 서술된 유현이 황제에 등극하는 상황을 보면 알 수 있듯이 그는 황제의 자질을 지닌 인물은 아니었다. 《자치통감》에는 "드디어 유현이 황제자리에 올랐다. 황제 유현이 여러 신하들로부터 조하朝賀를 받는데 수치스럽고 부끄러워서 땀을 흘렸고, 또 손을 들기는 했으나 말은 할 수가 없었다."라고 기록되어 있다. 그는 무장세력이 세우려는 황제의 모습에 딱 알맞은 사람이었다.

반면에 황제가 되고 싶었던 유씨들에게 이 무장세력은 꽤나 처치 곤란한 문젯거리였다. 특히 남양세력을 이끌던 유연과 유수도 이러한 사정을 아는지라 하는 수 없이 그들의 주장을 받아들여야 했다. 그만큼 당시 무장세력은 무시할 수 없는 존재였다.

올곧아서 죽어야 했던 시대

당시 무장세력의 주류는 신시병과 평림병이었다. 그러나 유연과 유수 형제가 왕망과의 전투에서 크게 승리하자 이들 형제의 위세가 날로 높아졌다. 한나라의 국성國姓을 가진 이들 형제의 세력이 점점 커지는 것을 두려워한 무장세력들은 그들이 세운 황제 유현에게 유연을 제거하라고 권고했다. 유연 형제는 명분과 무력을 아울러 갖고 있어 자기들의 이익을 위협한다고 생각했기 때문이다.

생존경쟁에서 당연한 일이었다.

하지만 유수는 유현을 황제로 내세운 무장세력의 속내를 이미 파악하고 있었다. 유연 형제의 남양세력이 일정한 공로를 세워 세력이 커졌다고는 하나, 아직은 그들을 압도할 만한 힘은 아니었다. 유수는 형 유연에게 "형님, 그들의 움직임이 좋지 않습니다. 우리도 그에 맞게 방비해야 하지 않겠습니까?"라고 말했다. 유수가 그의 형 유연에게 대비하자고 한 말은 적절한 말이었다.

그러나 유연이 웃으면서 대답했다. "늘 이와 같지 않았느냐. 걱정할 필요는 없다." 유연은 서로 시기하고 모함하는 일은 일상적인 일이었으니 이번에도 그러할 것이라고 여겼다. 그는 똑똑하고 능력은 있었지만 경쟁관계의 실상을 파악하지 못하고 무장세력들의 의도를 대수롭지 않게 본 것이다. 아마도 그것이 결정적으로 유연이 실패한 이유일 것이다.

하지만 일은 유연의 생각과 다르게 심각하게 돌아갔다. 경시제 유현이 제장들을 모아 큰 회의를 열었고, 그 자리에서 유연의 보검을 빼앗아서 살펴보았다. 이는 기회를 엿보다가 유연을 제거하라는 무장세력의 사주를 받은 행동이었다. 그러나 황제 유현은 워낙 유약했던지라 이를 실행하지 못했다. 이렇게 우물쭈물하는 황제의 모습에 답답했던지 곁에서 수행하던 수의어사繡衣御史 신도건申徒建이 유현에게 옥으로 만든 허리띠를 바쳤다.

이 상황을 지켜보던 유연의 장인 번굉樊宏이 유연에게 말했다. "마치 한漢·초楚가 다투고 있을 때에 항우의 모사인 범증范增이 유방을 죽이라는 뜻으로 옥결을 들어 보인 것과 같은 상황입니다. 신도건은 범증과 같은 뜻을 가지고 있습니다. 조심하십시오." 번굉이 사태를 정확히 판단하고 조심할 것을 당부했지만 유연은 아무런 대응도 하지 않았다. 유연이 당시 상황을 어떻게 이해하고 있었는지는 알 수 없지만 분명한 것은 그들을 대비하는 행동은 하지 않았다.

한편 유연 형제와 우호관계에 있던 이질李軼이라는 사람이 이들을 배반하는 사건이 일어났다. 이질은 세상의 판세가 무장세력과 황제 유현 편으로 넘어갔다고 생각하고는 그들에게 힘을 보탠 것이다. 언제 어디서나 이러한 사람은 있게 마련이지만 한 사람의 힘이라도 모아야 할 유연의 입장에서는 뼈아픈 상황이 아닐 수 없었다. 다시 유수가 유연에게 "형님, 이질은 박쥐같은 놈입니다. 더 이상 믿어서는 안 됩니다. 바로 죽여 훗날의 우환을 없애야 합니다."라고 주장했다. 그러나 유연은 그때에도 유수의 말을 좇지 않았다. 유연은 여전히 사태를 정확하게 파악하지 못했던 것이다.

결정적으로 유연은 올곧은 자신의 성품으로 인해 죽음에 이르게 되는데, 바로 부하 장수 유직劉稷과 관련된 일이다. 유직은 유연의 부하 장수 중 용감하기로는 삼군三軍 가운데서 으뜸이었다. 그는 유현이 황제로 세워졌다는 소식을 듣고 화를 냈다. "본래 군사를 일으켜서 큰일을 도모한 사람은 유연 형제가 아닙니까? 도대체 유현이 무엇을 했다고 황제자리에 오른단 말입니까? 이건 있어서는 안 될 일입니다."라고 말할 정도로 유연에 대한 충성이 남달랐다. 물론 공로를 세운 것도 없는 유현을 황제로 세울 수 없다는 것이 옳은 말이기는 했다.

어찌되었든 황제 유현이 유직을 항위抗威장군으로 삼았는데, 이를 마뜩지 않게 생각한 유직이 벼슬을 거부했다. 그의 행동은 곧 유현이 황제에 오른 데 대한 반항으로 보였다. 순진한 무장의 우직한 마음이 결국 화를 불러 온 것이었다.

황제 입장에서는 황제의 권위를 무시한 유직을 그냥 둘 수는 없는 노릇이었다. 황제 유현은 이를 확실히 처벌하여 황제의 위신을 세우는 발판으로 삼기로 했다. 그리하여 유현은 여러 장수들과 더불어 병사 수천 명을 늘어놓고 유직을 공개 처형하기로 했다. 여기서 유직의 죄가 과연 죽을 만큼 무거운 것인가는 중요하지 않았다. 단지 황제의 체면과 권위만이 중요했던 것이다. 그러나 유연의 입장에서 충직한 자기의 부하를 죽을죄가 아님에도 불구하고 본보기로 처형을 당한다는 것이 부당하다고 느꼈을 법도 하다. 그리하여 유연은 본의 아니게 황제 유현과 대립을 하게 되었다.

이때 유연을 배반한 이질이 황제 유현에게 "폐하, 이대로 유연을 방치하실 요령이십니까? 더 이상 그의 방자함을 받아주어서는 안 됩니다. 마음을 굳건히 하시고 유연을 잡아들여 만천하에 황제의 권위를 보여주셔야 합니다."라고 권고했다. 결국 이질의 말에 따라 유연은 그날로 잡혀 죽음을 당했다. 유연은 능력 있는 사람이었지만 너무 고지식하고 우유부단해서 창업을 하기에는 부족한 인물이었다.

한편 무장세력과 황제 유현은 일단 눈엣가시였던 유연을 잡아 죽이는 데 성공하긴 했지만, 명분 없이 무리하게 일을 진행했다는 것을 잘 알고 있었다. 그리하여 더 이상 사태가 악화되는 것을 막기 위해 곧바로 유연의 친척 형인 광록훈 유사劉賜를 대사도大司徒로 삼아 타협의 몸짓을 보였다.

유연이 죽자 남양세력은 오롯이 동생 유수에게로 넘어갔다. 황제 유현 쪽에서는 이제 유수가 제1의 제거 대상이 된 것이다. 유연이 정치적 판단을 제대로 하지 못하는 바람에 유수는 생존경쟁 속에서 살아남기 위해 더 어려운 과정을 거쳐야 할 운명과 마주하게 되었다.

몸을 굽히는 생존방법

유연과 유수의 남양세력은 일찍 군사집단을 이룬 녹림병과 신시병을 감당할 수 없었다. 한편 왕망이라는 공통의 적을 위해 손을 잡았지만, 무장세력의 입장에서 유씨의 남양세력은 현 상황에서 가장 위협적인 존재였다. 서로가 자기들의 이익과 영달을 위해 반드시 제거해야 할 대상이었던 것이다.

　유수는 유연과 달리 당시의 정세를 정확히 파악하고 있었다. 그는 이미 형 유연은 죽고 없는 상황에서 이 험난한 난세에서 홀로 살아나갈 생존방법을 찾아내야 했다. 유연이 죽었다는 소식을 들은 유수가 선택할 수 있는 길은 억울한 형의 죽음에 항의할 것인지, 아니면 후일을 기약하며 황제 유현의 권위에 복종할 것인지 두 가지 중 하나였다.

　유수는 정치적인 인물이었다. 그는 억울한 마음에 당장이라도 복수하고 싶었지만, 철저하게 속마음을 감추고 황제의 권위를 인정하는 태도를 취하기로 했다. 객관적인 전력으로 보아 이대로 맞붙었을 경우 분명히 실패할 것을 알기 때문이었다.

　유수는 황제 유현에게 나아가 "폐하의 명령을 어긴 유직과 그를 비호한 유연은 비록 저와는 가깝게 혈육의 정을 가지고 있으나 그 죄를 물어 황제의 권위를 세우신 것은 현명한 행동이십니다."라며 유연이 잘못한 것이라고 하며 사죄했다. 이것이 유수가 당장 살아남을 수 있는 유일한 길이었다.

유연이 사도司徒였기 때문에 유연의 장례에는 사도부의 많은 관속들이 조문했다. 그래서 유연의 억울한 죽음을 잘 아는 그의 수하들은 당연히 유수에게 위로의 말을 건네기도 했지만 유수는 억울함과 복수를 다짐하기보다는 다만 자기 스스로 형을 잘 보필하지 못했다는 허물을 끄집어낼 뿐이었다. 또한 자기가 이전에 세웠던 공로에 대해 일체 어떠한 말도 내뱉지 않았다. 당시 신시병 등 무장세력이 유수의 일거수일투족을 모두 주목하고 있었고 유수는 이 사실을 잘 알고 있었기 때문이다.

그뿐만 아니라 유수는 유연을 위해 상복도 입지 않았다. 그리고 평소와 다름없이 음식을 먹고 생활했다. 자기 형 유연은 죄인이므로 정상적인 장례를 치룰 수 없다는 표시였다. 겉으로 본다면 완전히 자기 형과의 관계를 끊어버린 것이다.

물론 그가 마음속으로도 형을 저버린 것은 아니었다. 당장의 억울함을 감추고 자기 자신을 한없이 굽히는 전략을 구사한 것뿐이었다. 그렇게 하지 않으면 자기도 형과 같은 사람으로 몰릴 것이고, 그렇게 되면 형처럼 뜻을 펴기도 전에 스러질 것임을 알았기 때문이었다. 이러한 유수의 전략은 주효했다. 유수는 황제 유현으로부터 파로破虜대장군으로 임명되고 무신후武信侯에 책봉되었다.

당시 황제 유현은 극양棘陽, 하남성 신야현의 동북쪽에서 낙양으로 도읍을 옮길 계획을 가지고 있었다. 그래서 유수에게 사예교위의 임무를 수행하도록 하여 먼저 낙양으로 가서 궁전과 관부를 수리하도록 지시했다. 이 때문에 유수는 이들 세력과 일단 떨어져서 독자적인 활동이 가능해졌다. 속마음을 철저히 숨기며 몸을 굽힌 결과 황제 유현과 무장세력들의 신임을 얻게 된 것이다.

이를 기회로 유수는 관료를 두고 공문을 작성하여 보내고 업무를 처리함에 있어서 왕망이 고친 법제를 모두 버리고 옛날 전한시대의 법대로 처리했다. 왕망의 치세로부터 한漢을 부흥시킨다는 명목에 알맞게 행동한 것이다. 이것은 그가 진정한 유씨의 한漢나라를 부흥시킬 능력이 있다는 것을 은연중에 드러낸 처사이기도 했다.

물론 유수는 낙양에 와서 독자적으로 일을 처리하게 되었다고 해서 방만하게 행동하지 않았다. 자신에 대한 절대적인 신임이 아니라는 것을 잘 아는 유수는 낙양에 와서도 자기를 낮추는 행동을 하면서 그들의 경계의 눈초리에 대응했다. 위기가 닥칠 때마다 스스로를 낮추어 상황을 모면하면서 기회를 엿보고 있었다.

그러던 중 드디어 때를 만나게 되었다. 황제 유현이 하북河北 지역을 정복하기 위해 순수할 장군을 찾고 있었다. 유연의 뒤를 이어 대사도가 된 유사劉賜가 유현에게 "여러 사람 가운데서 이 일을 맡을 사람은 오직 유수뿐입니다."라며 유수를 천거했다. 물론 주유 등이 안 된다고 반대했고, 유현 역시 유수를 보내는 것에 대해 탐탁지 않게 생각했다. 하지만 유사의 적극적인 추천으로 유수는 행대사마사行大司馬事가 되어 북쪽으로 황하를 건너 여러 주군州郡을 진무하게 되었다. 대사마사란 군사를 총괄하는 요직이다.

이제 유수는 어느 누구의 눈치도 보지 않고 독자적으로 사람을 모으고, 그들의 도움을 받으면서 주도세력으로 커 나갈 수 있는 기회를 잡은 것이다. 굴신屈伸이 자유자재한 사람이어야 살 수 있는 시대임을 파악하고는 우선 한없이 굽히는 태도로 참고 참으며 기회를 엿보던 유수에게 한줄기 서광이 비춘 순간이었다.

유수가 뛰어넘어야 했던 애로

유수에게 기회이긴 했지만 대사마사로 하북지역을 순시하는 일이 그리 순탄하지는 않았다. 이 지역에서 이미 세력을 잡고 있던 왕랑王郎과 다투어야 했기 때문이다. 왕랑은 경시 2년(24년)에 하북의 조趙 지역에서 스스로 나라를 세우고 황제를 자칭하던 사람이다.

원래 왕랑은 조의 도읍인 한단에서 점을 치는 사람이었는데, 자기가 성제成帝의 아들인 유자여劉子輿라고 주장했다. 실제로 왕망 시기에 장안長安에서 스스로를 성제의 아들 유자여라고 하는 자가 있어 왕망이 그를 잡아서 죽인 적이 있었다.

이러한 일이 있었음에도 불구하고, 왕랑은 그때 죽은 사람이 유자여가 아니라 자기가 진짜 유자여라고 주장한 것이다. 그리고는 "어머니는 옛날에 성제의 가녀歌女였는데 일찍이 노란 기운이 위에서 아래로 내려가 드디어 임신을 하게 되었다. 조비연이 어머니를 해치려고 하자, 어머니는 거짓으로 다른 사람의 아들로 바꾸었다. 그런 연고로 나는 천우신조로 온전하게 살아남을 수 있었다." 라며 자기가 신비한 일화를 가지고 태어났다고 떠벌렸다.

모두들 성제 시절의 조비연의 전횡을 아는지라, 당시 성제의 아기를 잉태한 여인이 궁궐에 있을 수 없다는 것에 대해 수긍하는 분위기였다. 이때 조趙나라 목왕繆王의 아들인 유림劉林은 대부분의 많은 사람들이 왕랑의 거짓말을 믿고 있다는 사실을 알았다. 그는 장차 적미병이 황하를 건너올 것이라는 소식이 전해지자 이를 이용하여 "반란세력 적미병에게 부흥되는 한漢나라의 황제를 세운다면 스스로를 유자여라고 부르는 왕랑을 세워야 한다."라고 선언하고 대호족大豪族들과 모의하여 왕랑을 황제로 세웠던 것이다. 유림 역시 유자여를 내세워서 세력을 확보하려고 한 것이라고 볼 수 있는데, 이는 하북지역을 평정해야하는 유수에게는 큰 부담이었다.

일단 황제 유현의 부하된 입장에서 또 한 명의 황제라니 있을 수 없는 일이었다. 또한 스스로 뜻한 바를 이루기 위해서도 왕랑 세력과 다투어야 했다. 한 왕조의 혈통을 잇는다는 명분으로 볼 때 왕랑의 말이 사실이라면 그는 성제의 직통 혈육으로, 유방의 9세손인 자신보다 훨씬 황제의 혈통에서 가까웠다. 이 역시 유수가 황제가 되는 명분에 커다란 장애요소였기 때문에 왕랑과의 세력다툼은 불가피한 일이었다.

어쨌든 하북지역에서 성제의 혈통으로 알려진 왕랑을 쫓아내기란 쉽지 않은 일이었다. 오히려 많은 곤경을 겪어야 했지만, 유수는 결국 많은 어려움 끝에 왕랑을 격파하는 데 성공했다.

이때 호군護軍 주호朱祜가 유수에게 말했다. "장안에서는 정치가 어지러운데, 공은 일각日角의 상相, 얼굴 모습을 갖고 있으니 이는 천명입니다." 일각이란 광대뼈가 나온 것을 말하며 이러한 상은 황제의 상으로 알려져 있었다. 즉 유수가 천자가 될 상을 가졌다는 말이다. 해석하기에 따라서는 유수를 기분 좋게 하는 말이었지만, 다른 한편으로 다른 사람의 견제를 받게 만드는 말이기도 했다. 그래서 유수는 "군법을 총괄하는 자간刺姦장군을 불러서 호군을 체포하게 하라."라고 대응하여 자신에 대한 견제를 차단하고자 했다. 신중에 신중을 기울이며 처신했다고 할 수 있다.

이러한 과정을 거치면서 유수는 무장세력을 잠재우고 건무 원년(25년)에 드디어 황제자리에 올랐다. 무력이 제일처럼 난무하는 시대에서 자기의 속마음을 감춘 채 겸손하고, 주의 깊은 행동으로 후한 왕조를 성립시킬 수 있었던 것이다.

자신의 부족함을 덕으로 보완한 유수

왕망의 신 왕조의 멸망은 무장세력들의 봉기에서 비롯되었다. 그러한 점에서 무력은 새로운 시대를 여는 중요한 수단이 되었고, 유수에게도 절실한 부분이었다. 당시 무력의 정당성은 유씨의 한나라를 재건하는 데 있었기에 유수는 유씨라는 국성國姓을 가짐으로써 다른 사람보다 유리했다.

물론 유현이나 왕랑 같이 유씨나 유씨를 자칭한 세력이 있었지만, 유수는 이들보다 월등히 유능했고 남양이라는 확실한 근거지를 가지고 있었다. 그래서 많은 사람들이 그에게 몰려 들었고, 결과적으로 황제자리에 오를 수가 있었다. 하지만 유수의 무력이 다른 사람보다 우위를 점하기는 했지만 압도할 정도는 아니었다. 이러한 약점을 어떻게 보완할 것이냐가 그에게 닥친 문제였다.

황제자리에 오른 광무제 유수는 처음으로 내린 조서에서 경시제 유현을 회양왕淮陽王에 책봉했다. 자기 형을 죽였고 자기도 죽이려한 유현을 살려주면서 왕작을 더해 준 조치였다. 보통 사람들의 예상과 다른 조치였다. 뿐만 아니라 이에 덧붙여서 "관리나 백성들 가운데 감히 유현을 해치는 자가 있으면 그 죄를 대역죄와 같이 취급하겠다."라고 선포하기도 했다. 이러한 행동은 "역시 유수는 평범한 사람이 아니고 덕이 있는 사람이다."라는 인식을 사람들에게 심어 주었다.

  일반적으로 쿠데타를 일으켜 권력을 차지한 사람들은 전 황제를 살려 두는 것은 반란의 원천이 될 수 있다고 생각하여 하나같이 황제나 왕이었던 사람을 죽였다. 가까이 조선시대에 수양대군이 조카 단종을 죽인 일만 봐도 이러한 일은 역사에서 비일비재한 일이었음을 알 수 있다.

  그런데 유수는 유현을 죽이지 말라고 엄명을 내렸다. 이는 겉으로 인의仁義를 표방한 것이고, 안으로는 적을 만들지 않으면서 무력만으로 전국을 장악할 수 없는 자신의 약점을 덕으로 보충하여 완전한 힘을 만들려는 새로운 방법을 창안한 것이다.

  유수는 자신을 죽이도록 유현에게 권고했던 주유에 대해서도 비슷한 조치를 취했다. 유수의 군사들이 주유가 방어하던 낙양을 포위했지만, 몇 달이 되어서도 함락시키지 못했다. 유수는 주유 밑에서 교위를 지냈었던 정위 잠팽岑彭을 보내 주유를 설득하게 했다.

  이때 주유는 "나 주유는 폐하[유수]의 혈육인 유연을 죽이는 일에 모의했고, 폐하의 북벌도 반대했습니다. 진실로 나 스스로 나의 죄가 깊다는 것을 알고 있으니 감히 항복을 못하겠습니다."라고 말했다. 당연한 말이었다. 그러자 유수는 "큰일을 하는 자는 작은 원한을 꺼리지 않소. 만약 그대가 이제라도 항복한다면 관작도 그대로 보존하고자 하오. 내가 이런 마음을 가지고 있는데 하물며 그대를 죽이는 벌을 내리겠소?"라고 대답했다. 이 역시 약한 무력을 감추고 덕스러운 인의로 자기 자신을 포장하면서 정치적으로 승리하려는 것이었다.

결국 주유는 항복했고, 유수는 약속대로 그를 평적平狄장군으로 삼고 부구후扶溝侯로 책봉했다. 주유는 뒤에 궁정 물품을 공급하는 책임자[少府]가 되었고, 책봉된 작위는 대대로 전하게 했다. 유수는 자신의 반대 세력을 설득하여 누구도 죽이지 않는다는 것을 만천하에 드러냈다. 만약 유수의 장수들이 낙양성을 무력으로 함락시킬 수 있었다면 아마도 이러한 정책이 필요 없었을 것이다.

또 경시제 유현 외에 적미병이 유분자를 황제로 세웠다. 유수는 이들 반란세력을 공격하기 위해 직접 6군을 이끌고 나가 진을 치고 이들의 항복을 기다렸다. 결국 적미의 무리들이 10만 명의 군사를 데리고 항복하자, 유수는 이들 모두에게 식사를 제공했다. 이 역시 인의를 내세워 적을 자기편으로 끌어들인 것이다.

다음날 아침 황제 유수는 병력과 병마를 낙수雒水에 벌려놓고 유분자의 군신들에게 이것을 보여 주었다. 그리고는 적미병의 우두머리인 번숭樊崇 등에게 "투항한 것을 후회하지 않겠소? 짐은 지금 그대들을 다시 그대들의 본영으로 돌려보내어 병사를 가다듬어 전고를 울리며 서로를 공격하게 하여 승부를 결정하게 할 것이오. 더 이상 억지로 항복하게 하고 싶지 않소."라고 지능적으로

지도부 수뇌부의 진정한 항복을 요구했다.

드디어 이들이 항복하자 유수는 번숭 등에게 각자의 가족과 더불어 낙양에 살게 하고, 그들에게 전지田地와 주택을 내려주었다. 또 번숭에게 업혀 황제가 되었던 유분자를 가련하게 생각하여 조왕趙王의 낭중郎中으로 삼았다. 그리고 죽을 때까지 먹고 살 수 있도록 조치했다. 여기서도 마찬가지로 덕을 표방하고 직접 상대를 죽이는 일은 하지 않았다. 만약에 끝까지 무력으로 자기를 반대한 세력을 처리하려고 했다면 이렇게 쉽게 적대세력을 자기편으로 끌어들이지 못했을 것이다.

유수의 이러한 태도에 대해 역사에서, 특히 유가적 해석으로는 그가 인의仁義를 실천한 것이라고 한다. 하지만 그 이후 태자를 바꾼 일이나 참위설讖緯說에 깊게 빠진 그의 행동양식을 본다면 반드시 그런 것만은 아니었다는 생각이 든다. 오히려 그의 행동은 고도의 정치적인 행위였다고 볼 수 있다.

유수는 전국을 통일하는 과정에서 무장세력들을 모두 제압할 강력한 무력이 없었다. 그래서 유가사상을 표방한 인의정치로 자신의 힘을 보충하여 정치적인 방법, 회유의 방법, 타협적 방법을 통해 다른 사람을 제압하는 생존방법을 구사한 것이다. 그리하여 역사상 처음으로 인의로 왕조를 창업했다는 기록을 남기게 되었다.

문치 정치를 택한 유수

부족한 무력을 덕으로 보충한 유수는 정치에서도 마찬가지 태도를 보였다. 전쟁의 과정에서 공로를 세운 사람에게 논공행상을 했던 일을 보자. 진말한초 시기의 전쟁에서 승리하여 전한前漢을 세운 유방 역시 대공신 20명에게 논공행상을 했었고 나머지 공신에게도 적당히 배분했다. 그런데 후한을 세운 유수의 경우 논공행상의 그 수가 너무 많았다. 일단 자기편이 되겠다고만 하면 열후로 책봉했으니 열후로 책봉된 수가 어마어마했으며 그에 대한 대우도 넉넉하게 했다.

먼저 그는 양후梁侯 등우鄧禹와 광평후廣平侯 오한吳漢에게 모두 네 현縣씩 식읍食邑을 주었다. 이들은 유수가 통일하는 데 가장 큰 조력자이자 공로자들이었다. 당시 이들에게 논공행상하는 것을 본 박사 정공丁恭이 식읍이 지나치게 많다고 간언했다. 그러나 유수는 인의정치를 내세우면서 이 비판을 묵살했다. 유수는 "옛날에 나라가 망한 것은 모두 무도無道했기 때문이었지, 일찍이 공신들의 봉지封地가 많아서 멸망했다는 소리는 들어보지 못했소."라고 하면서 공신에 대해 후대하는 예우를 줄이지 않고 계속적으로 이를 진행했다.

그리하여 유수는 자신의 친인척 형제들에게 왕작과 후작을 내렸고, 전한시대에 열후였다가 왕망시대에 열후에서 쫓겨난 사람들도 모두 작위를 회복시켜 주었다. 게다가 교지交趾 지역에서 반쯤 독립적으로 있던 사람들도 모두 열후로 책봉했다.

당시 유수가 전무후무로 많은 사람들을 열후로 책봉한 것은 단지 황제자리를 지키고자 함이었다. 부족한 무력을 인의로 포장하기 위해 열후라는 상급을 주어 이들을 자기편으로 만든 것이었다. 힘만 비축되면 언제든지 천하를 지배할 수 있다는 전한시대적 사상에서 힘과 인의가 복합적으로 어우러져야 한다는 후한시대적 사상으로 한걸음 발전하게 되었다고 할 수 있다. 하지만 유수의 열후 책봉은 보기에 따라서 여러 호족의 우두머리 정도가 황제라고 할 정도로 왕조의 불안한 요소가 되는 것이기도 했다.

유수는 천하를 통일하고 인의정치라는 새로운 정치방법을 통해 수많은 호족들의 안전을 보장하는 방법으로 그들을 연합했다. 물론 전한시대 초기의 유방도 군국제를 사용하여 봉건제후를 두었다. 하지만 전한시대의 제도는 통일로 가는 길의 임시방편인데 반해 유수의 제도는 각지의 독립적 호족들을 얽어매는 방법이라는 점이 서로 다르다. 즉 전한시대의 호족은 언제든지 공격하여 굴복시킬 대상이지만, 후한시대의 호족은 다독여 함께 이끌어 갈 대상인 것이다.

유수는 논공행상 역시 남다른 방법을 선택했다. 전한시대까지만 해도 작위와 관직을 함께 내렸지만, 유수는 작위와 식읍은 주되 관직은 내리지 않았다. 관리의 신분이 되면 실책을 저지를 수 있고, 그렇게 되면 기왕에 받았던 작위도 잃게 될 수 있다는 것이 그의 이유였다.

사실 전한시대에 공신들은 돈과 권력을 동시에 쥐고 있었고, 이는 황제 자신에게 위협을 느끼게 했다. 결국 황제는 이들 모두를 제거했다. 유수는 전한시대 공신들을 예로 들며 "관직을 갖게 되면 비명횡사할 수도 있소. 그러하니 작위와 식읍을 영구히 보존해 주겠으니 관직은 갖지 않는 것이 좋겠소."라는 말로써 이들을 설득했다. 식읍을 포함한 영역은 얼마든지 줄 터이니 정치에는 관여하지 말라는 뜻이었다.

공신들에게 관직과 권력을 빼앗는 대신 물질로써 보장해주는 정책, 즉 공신들을 팔자 좋은 돼지로 만드는 전략에 전한시대의 역사를 이용한 것이다.

물론 공신들에게 관직을 주지 않았다고 해도 여전히 이들의 요구를 너그럽게 들어 주고 조그만 실수는 눈감아 주기도 했다. 또 진상 받은 진귀한 음식은 태관太官에 남긴 것이 없을 정도로 먼저 제후들에게 두루 하사하여 공신들을 대우하는 등 전체적으로 보면 유수는 유화정책으로 공신들을 제어했다.

이는 적어도 권력에 도전하지만 않는다면 후한 대접을 받는다는 것을 깊이 심어준 것이다. 따라서 공신들 모두 그들의 복록福祿을 보존했고, 주살되거나 견책을 받는 사람이 없었다. 후한 왕조는 이처럼 세력을 가진 각지의 호족의 이익을 그대로 보존해 주면서 이들을 연합하여 이룩한 왕조였다. 따라서 이 호족들은 보기에 따라서는 변상된 봉건제후였다.

황후와 태자를 바꾼 위태로운 처사

유수의 정책이 인의를 모토로 삼는다고는 하지만, 이것은 통합의 수단이자 정치적인 조치였을 뿐 모든 정책이 덕스러운 것은 아니었다. 유수는 스스로 감당할 힘만 있다면 덕보다는 힘으로 자신이 원하는 일을 밀어붙이기도 했다. 바로 태자의 모후인 곽郭 황후를 내치고, 음陰 귀인을 황후로 세운 사건이 이러한 경우이다. 무슨 연유로 황후가 바뀌게 되었는지 그 정확한 이유는 알 수 없으나, 다만 광무제 건무 17년(41년)에 '유수가 곽 황후를 총애하지 않게 되니, 곽 황후는 자주 유수를 원망하는 마음을 품었다. 유수는 10월에 황후 곽씨를 폐하고 귀인 음씨를 황후로 세웠다'라는 기록만 있을 뿐이다.

곽 황후는 태자의 모후이자 15년 동안 황후 자리에 있었던 사람이다. 이러한 황후를 바꾼다는 것은 정상적인 일이 아니다. 유수 역시 그 사실을 알고 있었던지라 "비정상적인 일이어서 나라의 복스러운 일이 아니다. 따라서 축수를 올리거나 경하하는 일을 금지한다."라고 선포하며 새 황후의 축하 연회를 막았다. 그럼에도 그가 '총애'하는 여자를 황후로 세운 것이다.

이때 강직하기로 이름 난 질운郅惲이 에둘러 "부부 사이의 애정 문제는 그 아버지라도 훈수할 수 없습니다."라고 말했다. 이는 부부의 문제에 대해 자기가 끼어 들 수는 없지만 황제 유수가 황후 곽씨를 내친 것은 적당하지 않다는 의미를 함축하고 있는 말이었다.

당시는 유수가 등극한 지 17년이 지난 시점으로 어느 정도 황제의 위치도 공고해졌을 터였다. 적어도 신하들의 눈치를 보지 않고도 황후를 교체하는 정도는 가능해졌기 때문에 큰 문제가 없는 황후를 단지 애정이 식었다는 이유로 교체한 것이다. 이것을 유가적인 인의 또는 덕이 있는 행동이라고 할 수 있을까? 그렇기 때문에 유수가 그동안에 취했던 덕 있는 태도는 다분히 정치적인 노림수를 가진 태도였을 것으로 보인다.

　더구나 황후의 교체란 그 뒤에 엄청난 부작용을 가져 올 수 있는 일이다. 황후의 교체는 곧 태자의 교체로 이어지면서 형제간의 분란의 소지를 만들 수밖에 없는데, 이를 감수하면서까지 황후를 바꾼 것이다.

　보통은 황후가 바뀌면 태자가 바뀌고, 만약에 태자가 바뀌면 이전 태자는 자살이든 타살이든 목숨을 부지하기가 어렵게 된다. 쫓겨난 태자는 권력의 이해관계에 따라 권력을 노리는 다른 세력에게 차기 황제 후보자로서 이용될 수 있기 때문이다. 나라가 혼란해 질 수 있는 것이다.

　어찌되었든 간에 황후는 음씨로 바뀌었다. 이러한 유수의 조치에 대해 질운이 결국 한마디 걱정의 뜻을 비쳤다. "바라건대 폐하께서는 그 옳고 그른 것을 생각해보셔야 합니다. 그리하여 천하 사람들에게 사직社稷에 관하여 논의하는 일이 없게 해야 할 뿐입니다." 왕조의 사직, 즉 태자의 일을 염려하게 될 수도 있다는 말이었다.

　이에 대해 유수는 "나는 사사로운 마음으로 천하의 대의를 가볍게 여기지는 않을 것이니, 너무 염려하지 마시오."라고 말하며 태자를 바꾸지 않겠다고 했다. 하지만 훗날 태자는 바뀌고 말았다. 그러한 점에서 본다면 유수는 힘 있는 공신들과는 적절한 타협을 통해 왕조를 얽어맸지만 어느 정도 황제의 위치가 굳건해 지자 사적인 이유로 황후의 교체라는 명분 없는 태도를 취한 것이다.

유장이 물려받은 집

유수가 곽 황후를 내쫓고 음 황후를 세운 지 2년 되던 광무제 19년 (43년) 6월에 마침내 질운이 염려한 일이 실제로 나타났다. 유수는 "동해왕東海王 유양劉陽은 황후의 아들이므로 마땅히 대통을 이어야 할 것이다. 황태자 유강劉疆이 겸양하여 물러나 번국에 머물겠다고 고집하고 있으니, 부자의 정을 가지고 이를 오래 어기기가 어려웠다. 그리하여 유강을 동해왕으로 삼고, 유양을 세워서 황태자로 삼되 이름을 유장劉莊으로 고친다."라며 드디어 태자를 바꾸었다. 말은 당사자인 유강이 물러나겠다고 하여 어쩔 수 없이 그 말을 들어주는 것이라고 했다. 또한 그 명분은 유장은 현 황후의 아들이니 적자이고, 유강은 전 황후의 아들 즉 더 이상 적자가 아닌 서자가 되었기에 적자 우선원칙에 따라서 태자를 바꾼다는 것이었다.

이미 앞에서도 말했지만 태자가 바뀌면서 왕실에는 큰 불씨가 남게 되었다. 태자에서 쫓겨난 유강은 유강대로, 새로 태자가 된 유장은 유장대로 서로에게 위협적인 존재이자 불안 요소가 될 수밖에 없었다. 특히 명분 없이 쫓겨난 유강이 훨씬 더 불안한 요인이었다.

광무제 유수에게는 열한 명의 아들과 다섯 명의 딸이 있었다. 또 유수가 인의를 베풀 듯 책봉한 많은 열후와 그 자손들이 존재했다. 이들이 방패가 되어 새로 바뀐 태자 유장을 보호해 줄지 아니면 칼이 되어 공격할지, 누구의 편에 서느냐에 따라 자신의 입지가 달라지는 것은 분명한 사실이었다. 따라서 유장이 이들을 어떻게 처리하느냐에 따라 수성의 성패가 결정될 수밖에 없었다. 이것은 그에게 지워진 짐이었다.

확실한 지원군인 아버지 유수가 죽고 황제에 오른 유장은 이제 곧바로 형제들과의 관계설정이라는 시험대에 오르게 되었다. 광무제 유수의 장례에서 유장의 친동생인 산양왕山陽王 유형劉荊이 곡을 하는데 슬픈 기색이 전혀 없었다. 게다가 유형은 폐위된 곽 황후의 형제인 곽황郭況의 편지라고 사칭하여 "죄 없이 태자자리에서 내쳐졌고, 곽 황후 역시 쫓겨나 욕을 당했습니다. 동쪽으로 돌아가서 병사를 일으켜 천하를 빼앗으십시오."라고 쓴 편지를 동해왕 유강에게 보냈다. 반란을 일으키라는 말이었다.

원래 산동지역과 산서지역은 서로 반감을 가지고 있었다. 그래서 유형은 태자에서 쫓겨난 동해왕 유강으로 하여금 동부지역의 사람들을 부추겨서 광무제 유수의 죽음을 이용하여 반란을 종용한 것이었다.

유형은 계속 말했다. "고조高祖, 유방는 정장亭長의 신분으로 일어나셨고, 광무제 유수께서는 백수白水, 호북성 조양현에서 나라를 일으키셨습니다. 하물며 왕께서는 원래 광무제의 장자이시고 태자이십니다!" 이미 폐위되었지만 여전히 태자로 부르면서 누구나 군사를 일으켜 성공하면 제왕이 될 수 있다며 역사적 사실을 들추어가며 말한 것이다. 황제에 오른 유장의 입장에서는 명백한 반역이었다. 여기에 어디에도 형제간의 우애는 찾아 볼 수 없다.

유형은 뒤이어서 유강에게 "마땅히 가을의 서릿발이 되시고 함거에 갇힌 양이 되지 마십시오."라고 했다. 서릿발은 만물을 조용히 제압하는 것이므로 황제를 의미하는 것이고, 함거에 갇힌 양이란 다른 사람에게 잡혀 죽게 되는 상황을 말한다. 이는 유장에게 잡혀 죽지 말고 스스로 황제자리에 나아가라는 말이었다.

　이어서 유형이 말했다. "모시던 주인이 죽고 나면 여염집의 졸개들도 오히려 도적이 되어 바라는 것을 얻고자 합니다. 어찌 하물며 왕께서 이를 바라만 보십니까!" 유수가 죽었으니 누구나 황제가 되고자 할 것인데, 유강은 태자였던 사람이니 당연히 들고 일어나야 한다는 말이었다.

　유형은 친형인 유장이 황제가 되었음에도 불구하고 그 아버지가 황후와 태자를 바꾼 것에 대해 불만을 가지고 있었다. 비록 겉으로 드러내지는 않더라도 다른 형제들 가운데서도 이와 비슷한 생각을 품을 수 있는 상황이었다.

덕치냐 법치냐의 문제

유장이 당시의 이러한 사정을 모를 리가 없었다. 그는 이미 14년 동안이나 태자자리에 있었고, 또 나이도 이미 서른 살이 다 된 터였기 때문이다. 유장은 선택의 기로에 섰다. 힘으로 반란을 누르는 법치로 대응할지, 아니면 인의를 내세워 덕치로 대응할 것인지에 대한 선택이다.

　법치는 그 효과가 빠르게 나타날 수 있는 장점을 가졌지만, 강력한 힘이 있어야 한다는 것이 필수조건이다. 친동생인 유형이 이러한 지경이라면 이복형제나 그 밖의 사람들도 별반 다르지 않을 것이다. 따라서 유장은 만에 하나 유형과 같은 반발이 전국적으로 일어날 경우에 자신이 그것을 진압할 수 있는지의 여부를 따져봐야 했다. 그 결과, 많은 반대 세력과 호족을 누를 힘이 부족하다고 판단했다.

그렇다면 인의를 통한 덕치는 어떠한가. 여기서 유장은 아버지 유수보다 한발 더 나아가는, 훨씬 더 철저하게 인의정책을 통한 덕치를 펼쳐야 자신의 정치노선을 뭇 사람들에게 각인시킬 수 있다고 생각했다. 이에 유장은 유가사상의 확산과 그것을 통한 충성과 효심, 우애를 기대하는 새로운 이념의 보급을 통한 정치라는 실험을 하고자 했다.

사실 엄형주의는 표면상의 복종만 이끌어 낼 뿐, 내면의 복종을 이끌어 내기는 어렵다. 더군다나 확실히 누를 힘이 없다면 반란만 이끌어 낼 뿐이다. 전한시대에 무제 유철은 이러한 이치를 깨닫고는 도가와 법가사상 대신에 동중서董仲舒를 등용하여 유가사상을 교육하여 그것을 통치에 도입하기 위해 각고의 노력을 기울였다. 하지만 현실에서는 제대로 통용되지 않았다. 무제 유철 이후에 유학을 장려했음에도 불구하고 정치에서는 여전히 법가사상이 힘을 얻고 있었다.

예컨대 전한시대 중흥中興의 군주라고 일컬어지는 선제宣帝 유순과 그의 아들 원제元帝 유석과의 일화를 보면 알 수 있다. 유순은 법가사상을 통치이념으로 삼은 반면, 그의 아들 유석은 유가교육을 철저하게 받았기 때문인지 유가사상을 통치이념으로 삼았다. 원제 유석이 태자시절 어느 연회에서 아버지 선제 유순에게 "폐하께서는 형법에 의지하는 것이 너무 깊으니, 마땅히 유생儒生들을 써야 합니다."라고 유가사상에 의해 정치할 것을 건의한 일이 있다.

　이때 유순은 굳은 얼굴로 대답했다. "우리 한나라 집안은 본래부터 패도霸道와 왕도王道를 절충한 우리만의 제도를 갖고 있는데, 어떻게 순수하게 덕을 가지고 교화[德敎]하는 주周나라 시대의 정치를 채용하겠느냐! 또 세속적인 유가들은 그 당시의 적절한 방법을 찾지 못하면서 단지 '옛 것은 옳고 지금 것은 그르다'고 하기를 좋아하여 사람들로 하여금 명목과 실제에서 미혹하게 하고 지켜야 될 것을 알지 못하느니라. 그러하니 어떻게 그들에게 나라의 명운을 맡길 수 있겠느냐?" 선제 유순 역시 유가사상을 통한 덕치가 이상적이기는 하지만 현실에서 이것을 통해 정치를 하기는 어렵다고 생각하고 있었다.

　그리고 탄식하며 "우리 집안 한 왕조를 어지럽게 할 사람은 바로 태자로구나!"라고 말했다. 유순의 염려가 적중했는지 전한시대는 원제 유석을 기점으로 기울기 시작하여 결국에는 왕망에게 나라를 빼앗기는 사태까지 일어났다. 결국 원제 유석의 유가사상을 통한 덕치는 당시까지만 해도 이상일 뿐, 현실정치에서는 시행되기 어려운 것으로 여겼던 것이다. 그래서 원제 역시도 혼란을 초래한 제왕으로 역사에 남아있다.

　당시까지만 해도 유가교육은 있었으되 유가사상을 통한 정치를 해 본 일은 없었다. 역사에서 법가사상에 의한 법치는, 성공 여부를 떠나 이미 진대秦代와 한대漢代에 충분히 검증되었지만 유가사상에 입각한 통치는 시도해 본 경우조차 찾아보기 힘들었다. 전한 중기 무제시기는 유가사상을 받아들였을 뿐 정치현실에서는 항상 법가사상에 의한 통치였다.

유가사상을 가진 지식인들

유형의 반란 소식에 명제 유장은 자신이 황제로서 생존할 수 있는 새로운 실험을 해야했다. 사실 법가와 유가, 그 어느 것도 절대적인 성공을 보장하지 않는다. 앞서 말했지만 황제로서 명제 유장의 생존을 담보하는 사상은 없는데, 관리들은 법도를 들이대면서 법가적 통치를 요구하고 나섰다. 법에 따라 유형을 처리해야 한다고 주장한 것이다. 하지만 법가를 따르기에는 역시 힘이 부족했다. 그래서 명제 유장은 결국 유가사상에 의한 통치를 결심했다. 법가와 유가 중 양자선택에서 유가적인 통치가 확률적으로 성공 가능성이 더 크다고 생각한 것이다.

다만 지난 전한 선제시대의 실패가 이도저도 아닌 어설픈 덕치로 야기되었다고 판단하고 그 경험을 토대로 어설픈 덕치가 아닌 철저하고 본격적인 유가사상에 의한 정치를 시도하고자 했다. 유가 형식을 종교적 행위로 격상하여 이를 황제 스스로 솔선수범하고자 한 것이다. 새로운 생존방법의 모색이었다.

특히 유가사상은 전한 무제 이후부터 지속적으로 교육을 해 왔기 때문에 당시에는 많은 지식인들이 유가학술을 수용하고 있었고, 이를 정치에 대입하고자 하는 사람들도 꾸준히 길러져 있었다. 이들은 목숨을 걸고 유가사상으로 정치를 하려고 했다.

예컨대 광무제 유수시절인 중원 원년(56년)에 유수는 전란으로 불타버린 명당明堂과 영대靈臺, 벽옹辟雍. 최고의 교육기관의 공사를 시작하고 천하에 도참圖讖을 선포했다. 특히 유수는 도참서《적복부赤伏符》를 가지고 황제자리에 올랐기 때문이 이것을 중시했다.

하루는 유수가 새로이 영대를 지을 곳을 의논하다가 유학자 환담桓譚에게 "내가 도참으로 이 문제를 결정하고자 하는데 경의 생각은 어떠한가?"라고 물었다. 그러자 환담은 "도참서는 경전이 아닙니다. 신은 경전이 아닌 것에 마음을 두지 않습니다. 폐하께서도 도참보다는 유가의 《오경五經》을 중시하셔야 합니다."라고 대답했다. 이 말을 들은 유수는 화가 나서 "환담이 성인을 비방하고 법을 무시했으니 당장 잡아다가 그 목을 쳐라."라고 명령했다. 물론 한참 뒤에 유수의 화는 풀렸지만 환담은 좌천되었고 임지로 가는 도중에 객사했다.

이처럼 당시는 황제에게 유가사상으로 정치를 하라고 직접 권고할 만큼 당시 유가세력은 성장해 있었다. 이 유가사상으로 무장한 지식인들을 활용한다면 힘을 가진 호족들을 압도할 수 있을 것이라고 생각했다. 명제 유장은 유가세력이 드러나 있는 것은 아니지만 이미 성장하여 현실적으로는 황제에게 대항할 만큼 커진, 그의 생존에 절대적인 필수요소라는 사실을 체득한 것이다.

전한 무제 시절부터 유가학술을 받아들였지만 당시 대부분의 지식인들은 법가와 도가에 치우쳐 있었다. 다만 유가사상을 장려하고 교육하는 데 국가적인 힘을 쓰기 시작했을 뿐이었다. 그로부터 70~80년이 흘러 이 시기에 이르자 어느덧 지식인들의 대부분은 유가사상으로 무장하여 지배계층 사회를 장악하고 있었다.

이처럼 급부상한 유가세력을 알아본 명제 유장의 정치적 선택은 새로운 세력과의 결부, 즉 유가들과 함께 정치를 하는 것이었다. 유학자들 역시 권력의 중심으로 들어갈 수 있는 기회였기에 서로에게 윈윈 전략이었다.

스스로 유생이 된 황제

이미 무력만으로는 천하를 장악하기 어려운 시대로 접어들었다. 이러한 시대의 조류에 편승하여 명제 유장과 유가세력들은 서로의 힘을 필요로 했고 그에 따라 결합했다. 그리하여 명제 유장은 스스로 유학을 공부하는 유생儒生이 되기로 했다.

그 첫 번째 조치는 스스로 태학太學에 나가는 것이었다. 효명제 영평 2년(59년), 황제에 등극한 지 1년이 지난 시점에서 명제 유장은 명당明堂에서 광무제를 으뜸으로 높이는 제사를 지냈다. 이때 명제 유장과 공경열후들은 처음으로 제정한 관면冠冕과 옥패玉佩를 입고 유가적 의례에 따라 행사를 치렀다. 그리고 3월에는 벽옹辟雍에 임석하여 처음으로 대사례大射禮를 거행했다.

그리고 다시 10월에 벽옹에 행차하여 처음으로 노인을 공경하는 양로예養老禮를 치렀다. 이 자리에서 이궁李躬을 삼로三老로 삼고, 환영桓榮을 오경五更으로 삼았다. 삼로와 오경이란 최고의 스승을 의미하는 직함으로 명제 유장 자신은 군왕이지만 그들을 부형父兄으로 삼는 예禮를 실행한 것이다.

이 의식에서 명제 유장은 친히 삼로와 오경에게 최고의 대우를 했고, 구경九卿이 의식의 진행과정을 돕게 했다. 이를 통해 유가세력들의 지지를 이끌어 낼 수 있었다. 이전까지와는 전혀 다른 새로운 방법인 유가적 의식을 통해 유가적 종법宗法 질서로써 통치권을 행사한 것이다.

유장은 양로예를 마친 후 환영과 그의 제자를 강당으로 오르게 했다. 그리고 유자儒者들은 유장의 강설을 들은 후 여러 경전을 들고 어려운 부분을 물었다. 당시 상황에 대해 "유가 선비의 복장을 한 사람들이 벽옹 근처의 교문橋門을 둘러쌌는데, 보고들은 사람이 대략 억만 명을 헤아렸다."라는 기록이 있다.

이러한 유가사상의 정치 도입은 새로운 시도였고, 그 결과에 대해서도 속단할 수 없었다. 하지만 생존방법이라는 측면에서 본다면 명제 유장의 개인적 여건과 시대 흐름을 접목시켜 유가의식을 통한 질서의 구축이라는 방법을 극대화한 것이라고 할 수 있다.

유형의 반란 사건과 인의정책

유형으로부터 '반역을 도모하라'는 편지를 받은 유강은 가장 먼저 두려운 마음이 들었다. 자신은 태자였다가 쫓겨난 전력을 가지고 있었기 때문에 반란세력의 블랙리스트 명단에서 그 1번을 차지할 것이 분명했다. 실제로 반란을 일으키지 않았다 하더라도 쫓겨난 태자나 왕은 반란세력이나 불만세력의 희망이기에 역사에서는 이를 '희망希望을 끊는다'는 말로 황제에게 건의하는 것이 일반적이었다.

그래서 동해왕 유강은 유형의 편지를 열자마자 다시 편지를 봉함하여 명제 유장에게 올려 보냈다. 자기는 이 일에 절대 연루되어 모의하지 않았다는 결백의 표시를 한 것이다. 이제 유형의 반란 소식을 접한 명제 유장은 이에 대한 조치를 선택해야 했다.

현실적인 관료들은 법가적 방법에 의해 처리해야 한다고 주장했다. 법에 의거한다면 유형을 죽이고, 반란의 싹인 유강까지 형제 둘을 죽여야 했다. 이는 자신이 선택한 인의를 통한 덕치라는 정치노선에서 한참 빗겨나가는 일이다. 하지만 황제권에 도전한 반역이 아니었던가. 반란을 일으킨 대역 죄인을 덕치로 다스리기도 너무나 위험했다. 이 일로 인해 황제는 덕으로 다스리기 때문에 반란을 일으켜도 붙잡혀 죽지 않는다며 용감하게 여기저기서 반란이 일어날지 모를 일이었기 때문이다.

명제 유장은 황제라는 입장에서 이러한 반란을 근본적으로 막을 방법이 무엇인지를 생각해 보았다. 황제자리를 둘러싼 반목과 대립은 역사에서 항상 있어 왔다. 또한 유장은 그러한 모의를 황제가 일일이 전부 감시한다는 것이란 애초에 불가능하다는 것을 이미 알고 있었다.

명제 유장이 찾은 해법은 사람들이 마음속으로부터 황제의 존엄성을 인정하게 만드는 것이었다. 존엄성이란 법으로 만들어지지 않는다. 만약 이를 법으로 강요한다면 표면상으로 존엄성을 흉내 내는 것이다. 말하자면 면종복배面從腹背를 양산하는 것에 지나지 않는다. 유장은 황제자리를 견고히 지키기 위해 사람들의 마음속에 존엄성을 갖게 하려면 인의를 통한 덕치가 제일이라고 생각했다.

사실 태자조차 황제가 되기 전까지는 행동을 조심해야 하는 것이 일반적이다. 예컨대 명제 유장이 태자시절에 태중대부 정흥鄭興의 아들 정중鄭衆이 경서經書에 통달했다는 소문을 듣고 동생 유형의 매부妹夫 양송梁松을 통해 정중에게 비단을 보내며 그를 초청한 일이 있다.

이때 정중은 "태자는 저군儲君, 둘째 황제이시니 밖으로 교제할 필요가 없으십니다. 한나라에는 예부터 금지하고 있는 것이 있는데, 번왕藩王은 마땅히 사사롭게 빈객과 왕래하는 것이 아니라고 했습니다."라며 태자의 요구를 거절하고 적당한 거리를 두었다.

이렇게 조심해야 하는 위치에 있던 사람들이 바로 권력의 측근에 있거나 힘을 쓸 수 있는 자리에 있는 사람이었다. 그래서 광무제 유수의 사위인 양송은 후에 마원馬援과의 다툼과 비서飛書, 익명의 허위 편지 등의 사건에 연루되어 옥사했다.

이처럼 당시에도 권력 앞에서 암투가 끊이지 않았다. 그러므로 반역을 획책한 유형은 당연히 사형에 처해져야 하는 것이 일반적이다. 그런데 유장은 이러한 상황 속에서 유형을 처벌하지 않고 하남궁河南宮에 머물게 하며 죽이지 않았다.

그로부터 1년 후인 명제 영평 원년(58년)에 유형은 별점을 보는 도사를 불러 천하에 변고가 있기를 바라는 모의를 했다. 또다시 불궤한 짓을 한 것이다. 명제 유장은 이 소식을 듣고 유형을 산양왕山陽王에서 광릉왕廣陵王으로 옮겨 책봉했다. 도읍 낙양에서 110리 떨어진 산양에서 750리 떨어진 광릉으로 옮겼을 뿐 역시 따로 벌하지 않았다. 사형에 해당하는 죄를 가볍게 처리하고 만 것이다.

다시 9년이 지난 명제 9년(66년)에 유형이 다시 관상쟁이를 불러서 "나의 모습이 먼저 돌아가신 황제와 흡사한데, 먼저 돌아가신 황제께서는 서른 살에 천하를 얻으셨느니라. 내가 지금 서른 살이니 군사를 일으킬 수 있겠는가?"라고 물었다. 서른 살에 황제가 되었던 아버지처럼 자기도 황제가 될 수 있느냐를 물은 것이다. 이에 관상쟁이가 관리에게 가서 이 사실을 고발했다. 하지만 이번에도 명제 유장은 사건을 끝까지 조사하지 않고 감금조치만 내리는 은혜를 베풀었다.

역모죄가 발각되면 언제나 유형은 무섭고 두려운 나머지 자진해서 감옥에 들어갔다. 하지만 자진해서 감옥에 들어갔다고 하더라도 이러한 죄는 용서하지 않는 것이 일반적인 관례였다. 역모란 황제제도에서는 가장 무거운 형벌로 다스려지는 중죄로 본인은 물론 3족을 멸한다고 할 정도로 자비를 베풀 수 없는 죄이다.

그런데 유형은 또다시 무당을 시켜 황제를 저주하는 기도를 올리며 제사를 지냈다. 그러자 장수교위 번조樊儵가 이 사건을 조사한 다음에 유형을 죽이라고 주청했다. 당연한 것이었다. 그러나 명제 유장은 "여러 경들은 유형이 나의 동생이기에 그를 죽이고자 하지만, 만약 그가 나의 아들이라면 감히 이런 말을 할 수 있겠소?"라며 화를 냈다.

이에 번조가 대답했다. "천하는 전한을 창업하신 고제 유방의 천하이지 폐하의 천하가 아닙니다. 《춘추》를 보면 임금이나 부모에게는 시역弑逆을 할 수 없으며, 시역한다면 반드시 죽이게 되어 있습니다. 신들은 폐하께서 유형에 대해 폐하와 어머니를 같이하는 동생으로 측은한 마음을 품고 계시기에 감히 청할 뿐입니다. 만에 하나 폐하의 아들이었다고 해도 신들은 오로지 주살했을 뿐입니다." 유장이 비록 황제라고 해도 선조로부터 물려받은 천하를 마음대로 할 수 없으며 비록 황제의 아들이라고 해도 그 지은 죄의 내용으로 본다면 죽여야 마땅하니, 유형의 죄를 묻지 않을 수 없다는 말이다.

이렇게 강력한 건의를 받고도 명제 유장은 효명제 영평 10년

(67년) 2월에 유형이 자살할 때까지 결코 친동생 유형을 직접 죽이려고 하지 않았다. 그리고 죽은 유형에게 여전히 사왕思王이라는 시호를 내려주었고, 그때서야 비로소 그 봉국을 없앴다. 이것으로 끝까지 유가적 인의를 지키려는 명제 유장의 노력을 만천하에 보인 것이다.

억지스럽기까지 한 명제 유장의 인의정치의 실천은 간접적으로 형제간의 우의란 반드시 지켜야 할 덕목임을 강조한 것이다. 온 천하 사람들이 형제간의 우의를 다 지키게 된다면 황제자리를 넘보는 일 따위는 벌어지지 않을 것이 분명하기 때문이다. 고도의 정치 수완, 고도의 생존방법이다.

이복동생 초왕 유영의 반란

명제시기에 형제의 반란은 친동생 유형으로 끝나지 않았다. 유장의 이복동생인 초왕楚王 유영劉英 역시 반란을 일으켰다. 유영은 광무제 유수와 그 첩인 허許 미인 사이에서 태어난 아들이다.

효명제 영평 13년(70년)에 유영은 방사方士와 함께 금으로 된 거북과 옥으로 된 학을 만들고 그 위에 글자를 새겨서 상서로운 일이 벌어지기를 기대했다. 이 사실을 안 연광燕廣이라는 자가 초왕 유영의 수하에 있는 사람들이 부서符瑞를 그리고 글을 지어 반역을 꾀하고 있고 고해바쳤다.

유영의 봉지는 남부지역이고, 유영과 함께 모의한 이들은 동부지역 사람이었다. 예로부터 전통적으로 남부와 동부지역 사람들은 황제가 있는 서부지역에 반감을 가지고 있었다. 지역 갈등에서 반란을 모의하게 된 것이다.

어쨌거나 반란이 접수되어 사건을 조사한 유사有司, 업무처리 담당자가 명제 유장에게 "유영이 대역부도하니 그를 주살하기를 청합니다."라는 상주문을 올렸다. 친동생이든 이복동생이든, 혈육이든 아니든 반역은 대역죄이기에 주살을 요구한 것은 당연한 일이었지만 명제 유장은 가까운 사람은 가깝게 대하라는 유가사상의 친친주의親親主義로 인해 차마 이 일을 즉각적으로 처리하지 못했다.

결국 그해 11월에 유영을 폐위시키고 귀양 보내면서 탕목읍湯沐邑으로 500호를 하사했다. 탕목읍이란 그 읍에서 나오는 조세를 목욕비용으로 쓰라는 의미로 준 땅이었다. 죽이지 않았을 뿐만 아니라 최소한의 생활보장을 해준 셈이었다. 그 이듬해에 유영은 스스로 목숨을 끊었는데, 이때도 명제 유장은 조서를 내려 제후에 해당하는 예를 갖추어 장사지내게 했다.

사실 반역으로 일단 고변이 되고 조사를 받는다면 또다시 반란을 획책하기는 힘들다. 이미 블랙리스트에 올라 그 사람의 일거수일투족이 감시를 받게 되기 때문이다. 유장은 이렇게 손발을 묶어 놓은 사람을 반역의 이름으로 처단하는 것보다는 너그러움을 내보이며 자신의 덕목을 드높이는 것이 전략적으로 현명하다고 생각한 것이다.

약점을 강점으로 바꾼 처사

후한 왕조의 시발점은 강력한 무력집단이 아니었다. 광무제 유수는 왕망에 반대하는 세력들이 군사를 일으키는 분위기 속에서 유씨라는 국성國姓을 가졌다는 점과 유능하다는 이유로 후한을 창업할 수 있었다.

국가를 통치하는 데 필요한 군사력의 절대적 우위를 가지지 못했기에 많은 집단과 타협하면서 서로의 이익을 보장해주고 보장받는 연합체적 왕조를 만들 수밖에 없었다. 이것이 후한 황실의 약점이었다.

그러나 유수는 이 약점을 강점으로 돌리기 위해 예상을 뛰어넘는 화해정책을 사용했다. 비록 배반했다고 하더라도 항복해 들어오면 이를 수용하고 적절한 대우를 해 주었다. 이는 어느 시대의 창업자에게서도 찾기 어려운 태도로 약점을 강점으로 바꾼 것이다.

유수의 뒤를 이어 황제가 된 명제 유장도 비교적 단시간 내에 효과를 볼 수 있는 법가적 통치방법을 버리고, 유가적 덕치주의를 내세웠다. 유가의 양대사상인 충과 효를 몸소 실천하면서 사회 전체가 충효사상을 이념으로 삼도록 스스로 모범을 보였다. 그래서 강한 무력을 가지지 않으면서도 황제권 우위를 구축할 수 있었던 것이다.

이처럼 자기의 강점을 내세우는 생존방법도 있지만 그 강점이 다른 사람의 강점을 압도하지 못한다면, 오히려 다른 사람이 가지지 않은 자신의 약점을 강점으로 변화시키는 것이 필요하다.

이러한 전략으로 약체 후한은 강력한 힘을 바탕으로 일어난 진秦 왕조보다 오래도록 왕조를 유지했고, 전한과 맞먹을 만큼 오랜 시간 왕조를 유지시킬 수가 있었던 것이다. 이것이 유수와 그 아들 유장의 생존방법이었다.

제4강

시퀄을 거슬러라

유비가 택할 수밖에 없는 인의

유비(劉備, 161~223년)

삼국시대 촉한(蜀漢)의 초대 황제(재위 221~223년). 자는 현덕(玄德)이고, 묘호는 소열제(昭烈帝)며, 전한 경제(景帝)의 황자(皇子) 중산정왕(中山靖王)의 후손이다. 선주(先主)로도 불린다. 탁군(涿郡) 탁현(涿縣) 누상촌(樓桑村) 사람이다. 일찍 아버지를 여의고 짚신을 파는 등 어려운 환경에서 자랐다. 15살 때 노식(盧植)에게 사사하여, 공손찬(公孫瓚)과 교의를 맺었다. 그러나 학문을 즐겨하지 않고 유협들과 교유하는 한편, 관우(關羽), 장비(張飛)와 결의형제했다.

후한 말기 황건적(黃巾賊)의 난이 일어나자 무리를 모아 토벌에 참가하여 벼슬길에 올랐다. 그 뒤 공손찬과 도겸(陶謙), 조조(曹操), 원소(袁紹), 유표(劉表) 등에게 의탁했다. 원소와의 대전에서 공을 세웠다. 적벽대전(赤壁大戰) 중에 손권(孫權)과 연합하여 조조를 대파하고, 형주(荊州)에 거점을 마련했다. 건안(建安) 24년(219년) 자립하여 한중왕(漢中王)이 되었다. 조비(曹丕)가 한나라를 대신한 다음 해 칭제(稱帝)하고, 국호를 한(漢), 성도(成都)를 도읍으로 삼았다. 장무(章武) 초에 군사를 이끌고 오(吳)나라를 정벌하다 이릉(夷陵) 전투에서 대패하고, 백제성(白帝城)에서 후사를 제갈량에게 맡긴 뒤 병사했다. 3년 동안 재위했다.

변화시기의 생존법

역사의 본질은 변하는 것이다. 하루 한시도 변하지 않는 일이 없고, 오늘은 어제와 다르며 또 내일과 똑같지 않다. 그러나 사람이 실질적으로 변화를 체감하는 경우는 변화의 폭이 큰 굵직한 사건의 경우이다. 그밖에는 대개 그 변화조차 감지하지 못하고 지나간다.

일상적인 매일도 아주 조금씩 변화하는 것에 반해, 그 사회를 지탱하는 제도와 관습은 이 변화를 얽어매 변하지 못하게 하는 습성이 있다. 하지만 어느 순간 끊임없는 변화의 물결 무게를 감당하지 못하는 제도와 관습은 터져버리게 된다. 그때가 돼서야 사람들은 변화를 실감하여 세상이 변했다고 느낀다.

사실 우리가 체감할 정도의 변화는 역사상 몇백 년 만에 한 번씩 일어난다. 큰 변화를 느끼지 못하는 일정한 기간을 '시기' 혹은 '시대'라고 부른다. 이렇게 한 시기에서 다른 시기로, 혹은 한 시대에서 다른 시대로 넘어가는 그 무렵은 변화가 너무도 크게 느껴지기에 변화에 대해 지레 겁을 먹고 두려워하는 사람이 있는 반면, 반대로 변화를 좋은 기회로 활용하여 자기에게 유리하게 상황을 이끌어 가는 사람도 있다.

《자치통감》에서 가장 커다란 변화가 일어난 시기 가운데 하나가 바로 후한이 멸망한 후 위·촉한·오의 세 나라로 나뉘는 삼국시대일 것이다. 이른바 삼국시대가 열리던 무렵 후한시대부터 내려오던 유가사상은 의례라는 껍데기만 남아있을 뿐 알맹이는 썩어 사라져가고 있었다. 충효사상을 바탕으로 왕조를 유지하던 시대에서 다시 힘의 경쟁시대로 바뀐 것이다. 위·촉한·오로 나뉜 삼국은 사마씨의 진晉나라로 통일되었지만 다시 남북조와 5호16국이라는 분열의 시대로 이어진다. 그러므로 삼국시대란 통일된 왕조에서 분열의 시대로 들어가는 길목으로, 그만큼 변화의 속도가 크고 급격했던 시대였다.

우리나라에서도 삼국시대를 소설화한 《삼국지연의三國志演義》가 지금까지 많은 사람들에게 사랑받고 있다. 변화의 소용돌이 속에서 맺어지는 인간관계와 펼쳐지는 수많은 전쟁, 다시 그 속에서 물고 물리는 책사들의 계략, 그 무엇하나도 눈을 뗄 수 없는 이야기들이다.

매력적인 영웅들인 위나라 조조, 촉한의 유비, 오나라 손권. 이들이 변화무쌍한 난세에서 펼쳐진 생존방법이란 도대체 무엇이기에 오늘날까지도 여전히 회자되고 있는 것일까?

황제를 대신한 환관의 등장

후한 왕조는 유교를 국교로 하여 황제의 절대권을 수립했다. 비록 갓난아이라도 황제는 황제였으니 그에게 충성하도록 교육하고 인식되었다. 유가사상을 통해 왕조가 성립된 덕택에 나타난 현상이었고, 그러한 점에서 후한 왕조는 황제의 나라였다.

그러나 권력을 탐하는 사람은 어느 때나 있는 법. 후한시대 말기에 이르면 어린 황제가 등극하고 이마저도 단명한 상황이 되풀이 되면서 황제는 허울 좋은 껍데기일 뿐, 모든 권력의 알맹이는 태후와 외척세력이 잡게 되었다. 직접 황제자리로 나갈 수는 없지만, 그들은 이 확고부동한 유가적 황제제도를 교묘하게 이용하여 권력을 계속적으로 향유하고자 했다.

명제 유장의 시대를 거쳐서 3대 장제章帝 유달劉炟이 서른한 살의 나이로 죽은 다음부터는 화제和帝 유조劉肇는 겨우 열 살에 등극했다가 스물일곱 살로 죽었고, 이어서 상제殤帝 유릉劉隆이 생후 100일된 나이로 등극했다가 역시 생후 8개월 만에 죽는다. 그 후에 안제安帝 유호劉祜, 소제少帝 북향후北鄕候 유의劉懿가 등장했는데, 유의를 끝으로 황제권은 황태후를 위시한 외척세력들로부터 환관들에게로 넘어가게 된다.

안제 유호가 죽자 당시 염閻 태후는 자신이 황제의 권력을 오로지하기 위해 전실 자식인 태자 유보劉保를 내쫓고 유호의 어린 사촌동생 유의를 황제로 세웠다. 그러나 유의는 등극한 지 겨우 7개월 만에 병이 났고, 염 태후가 새로운 후계자를 마련하기 전에 죽고 말았다. 이때 궁궐의 내부사정에 밝은 환관들이 태자에서 쫓겨난 유보를 내세우고 쿠데타를 감행했다.

　이렇게 환관들에 의해 황제자리에 오른 사람이 순제順帝 유보였으며, 당시 공로를 세운 19명의 환관들은 모두 열후로 책봉되었다. 그리고 이들 환관의 권력 농단이 시작되었다.

　순제 유보가 죽은 다음에는 일시적으로 양梁 태후와 그 외척 양기梁冀가 권력을 잡고 충제冲帝 유병劉炳, 질제質帝 유찬劉纘을 걸쳐 환제桓帝 유지劉志를 세웠다. 그러나 환제 때에 이르러 양 태후가 죽자, 환제 유지는 외척 양기를 몰아내기 위해 환관들의 도움을 받았고, 권력은 잠시 환관들의 손으로 옮겨졌다. 다시 환제 유지가 죽자 두竇 태후는 어린 영제靈帝 유굉劉宏을 세우고는 아버지 두무竇武와 함께 권력을 휘두른다. 이때 두무는 환관들을 몰아내 권력은 오로지하고자 했으나 사전에 모의가 환관들에게 발각되어 오히려 환관들의 손에 죽고 말았다. 권력은 다시 환관에게로 넘어가고 이른바 후한 말 10상시十常侍가 등장했다.

　이렇듯 황제권을 둘러싸고 외척세력과 환관세력이 목숨을 건 투쟁을 반복하면서 후한 말 영제 유굉시기의 황제제도는 창업 초기의 황제제도의 운영과는 그 형식과 내용이 완전히 바뀌게 되었다. 내용은 어떻든 간에 권력의 형식은 반드시 유씨 황제로 유지해야 한다는 후한 초·중기의 사상은 말기에 이르면 그러한 형식조차 사람들에게 의미가 없어진 것이다.

장각의 태평도와 황건란

이러한 의식의 변화는 황실 내부뿐만이 아니라 일반 백성들 사이에서도 두드러졌다. 수탈의 대상으로서 사는 것이 항상 고달팠던 백성들 사이에서 황제란 외척이나 환관에 의해 농단당하는 무능한 천자로 인식되어 이미 황제의 권위는 땅바닥에 떨어져 나뒹굴고 있었다. 이때 백성들 사이에서 한줄기 구원의 빛으로 나타난 사람이 있었으니, 그가 바로 장각張角이다.

장각은 황제黃帝와 노자老子를 받들어 섬기며 자신의 술법을 '태평도太平道'라고 지칭한 도사였다. 그는 주문을 외며 부적을 태워 만든 물로 사람들의 병을 치료했는데, 정말로 병이 나아지는 경우도 있었다. 그러자 백성들은 그를 신으로 섬기며 더욱 따르고 믿었다.

장각은 제자들과 함께 자신의 태평도를 전국 사방으로 전파했고, 10여 년이 지나자 그를 따르는 무리가 수십만 명이 되었다. 특히 청주靑州와 서주徐州를 비롯하여 유주幽州, 기주冀州, 형주荊州, 양주揚州, 연주兗州, 예주豫州의 여덟 주에서 많은 사람들이 호응하는 큰 세력이 되었다. 대체적으로 이들의 활동무대는 동남부지역이었는데, 행정을 맡은 군과 현에서는 태평도의 실질적인 모습을 알지 못하고 오해하여 오히려 장각이 바른 길로 가르치며 감화한다고 대대적으로 말하니 백성들은 더욱 그를 의지하게 되었다.

그러나 장각의 세력이 점점 커지자 중앙 조정에서는 이 문제를 심각하게 생각하기 시작했다. 효령제 광화 6년(183년)에 사도 양사楊賜가 "폐하, 장각은 백성을 현혹하고 있습니다. 그를 그대로 둔다면 장차 우리 한 왕조에 심대한 위험이 될 것입니다."라며 그 심각성을 거론했다. 그러나 영제 유굉은 이 일에 완전히 무관심했다.

그러던 와중에 장각과 태평도를 믿는 무리들이 '방方'이라는 조직을 만들기 시작했는데, 그 방이 모두 36개나 되었다. 그들은 방의 크기에 따라 이름을 달리했는데, 대방大方에는 1만여 명, 소방小方은 6천~7천 명의 신도들이 이를 따랐다. 그 각각의 방에 각각의 우두머리를 세우고 "창천蒼天은 이미 죽고 황천黃天을 세워야 하니 갑자년[효령제 중평 원년인 184년]에는 천하가 크게 길吉할 것이다."라고 외우며 믿게 했다. 반란을 위한 예언이었다.

드디어 태평도에서 말하는 갑자년이 되자 장각의 제자였던 당주唐周가 그 무리를 떠나 반란에 대한 내용을 적은 편지를 올려 조정에 위험성을 고발했다. 이에 따라서 조정에서는 장각 무리의 모의를 사전에 파악하고 봉기를 일으킨 마원의馬元義를 잡아들여 낙양에서 사지를 찢어 죽이는 차열형車裂刑에 처했다.

마원의는 태평도 대방의 수령으로 환관들과 선을 닿아 태평도가 기병했을 때 조정의 환관들이 내응할 수 있도록 조치를 취했던 사람이다. 이렇게 장각의 무리들이 환관과도 연계되어 있다는 사실을 알게 된 조정에서는 조서를 내려 본격적으로 장각의 태평도를 조사하여 압박했다. 그 결과 장각의 무리 수천 명이 주살되었고, 기주로 내려가서 장각 등을 체포하도록 했다.

한편 장각의 무리들은 이미 자기들의 기병계획이 발각된 것을 알고 거사 날을 앞당겨 일찍 기병하기로 여러 방에 명령을 내렸다. 이들이 모두 누런 수건을 두른 까닭으로 당시 사람들은 이들을 '황건적黃巾賊'이라 불렀다. 그해 2월에 장각은 스스로 천공天公 장군이라 칭하면서 각기 관청의 건물을 불태우고, 촌락과 읍을 약탈했다.

황건적이 기병하자, 주와 군은 지휘하는 거점을 잃었고 높은 관리들이 대부분 도망했다. 한 달이 못 되는 사이에 천하 사방에서 봉기하여 일어났고, 이러한 분위기에 안평과 강릉 지역에서는 그 지역에 있는 황족을 잡아 황건적에게 호응하는 사람들까지 생겨났다. 이제 황족도 포로가 되어 수모를 당하는, 황제의 권위가 떨어진 시대가 된 것이다.

이들 세력은 요원의 불길처럼 전국적으로 확산되어 번져 나갔다. 한 왕조가 내세웠던 질서는 깨지고 말았다. 그러자 군사력을 가진 많은 세력들이 각기 나름대로 새 시대를 이끌 중심 질서를 잡기 위해 여기저기서 태동하기 시작했다. 급격한 변화의 폭풍우가 몰아치는 혼란의 시대로 들어간 것이다.

변화에 대한 정부의 대응

황건적의 무차별 봉기에 놀란 후한 조정에서도 부랴부랴 방비에 나섰다. 무너져가는 왕조의 마지막 발악이라고나 할까? 우선 황제와 조정의 대신이 머무는 도읍부터 수비하기로 했다. 그해 3월에 대장군 하진何進으로 하여금 다섯 군영의 병사들을 인솔하여 후한의 도읍인 낙양을 둘러싼 여덟 개의 관문의 경계를 강화하게 했다. 황건적으로부터 도읍을 지키기 위한 일차적인 조치였다.

상황이 이러한 지경에 이르게 되자 정치에 무관심했던 영제 유굉도 그제야 군신회의를 소집했다. 유굉은 여러 대신들에게 황건적을 막을 계책을 물었다. 당시 권력은 여전히 환관들이 쥐고 있었지만, 반란의 책임이 환관에게 있는 이상 그들은 더 이상 큰 발언권을 행사하지 못했다.

당시 북지北地. 영하 자치구 영무현 태수 황보숭皇甫嵩이 "폐하, 이 사태를 진정시키기 위해서 우선 환관들이 내린 당고黨錮를 해제하여 그들로 하여금 역적의 무리를 소탕하게 하소서. 더불어 황실의 금고[中藏錢]를 열고 황실에서 기르는 말을 풀어 군사들에게 나누어 주심이 마땅합니다."라고 제안했다. 그동안 환관들은 권력을 오로지하면서 태학생과 그 무리들을 당黨을 만들어 서로를 옹호하는 세력, 즉 당인黨人이라고 몰아붙여 벼슬자리에 오르지 못하도록 금고禁錮에 처했었다. 이 조치를 당고라고 하는데 이를 해제하라는 말이었다. 또 황실의 재산인 돈과 말을 황건적을 막는데 사용하자고 건의했는데, 예전에는 감히 입 밖으로 뱉을 수 없는 주장을 펼친 것이다. 시대가 변하고 있다는 사실을 증명한 발언이었다.

중상시 여강呂强 역시 "오랫동안 당고로 인해 사람들의 마음에 원망과 증오가 쌓였습니다. 만일 이들을 사면하는 조치를 하지 않는다면, 이들은 쉽게 장각과 더불어 모의할 것이고, 그렇게 된다면 변란은 더욱 걷잡을 수 없이 커질 것입니다. 그런 연후에 후회해도 구원할 방법이 없습니다."라고 주장했다. 태학생들과 그 무리들이 장각세력과 결부한다면 사태는 더욱 악화될 터이니, 금고형을 풀어 그들을 조정의 편으로 끌어 들여야 한다는 말이었다.

이어서 대책을 말하길 "지금 청하건대 우선 주위에 있는 탐욕스럽고 혼탁한 자를 주살하고 당인들을 크게 사면해야 합니다. 그리고 그들의 능력의 유무를 가지고 판단하여 조정에서 자사 같은 높은 자리에 가려서 쓴다면, 도적은 반드시 평정될 것입니다."라고 했다. 당시 큰 죄인으로 취급받던 당인들의 원한을 풀고 동시에 탐욕스러운 자, 즉 권력을 쥐고 있는 환관을 죽이라는 말이었다. 자체 정화의 필요성을 느낀 것이다.

　별다른 수가 없던 영제 유굉은 대신들의 계책을 따랐다. 그리하여 천하의 당인들에게 사면령을 내리고, 변방으로 귀양간 여러 사람들을 돌아오게 했다. 그리고 천하의 정예 병사를 발동하고 군사를 파견하여 장각과 그 무리 황건적을 토벌하게 했다. 이미 낙양 언저리까지 황건적이 쳐들어온 상황이었기 때문에 어쩔 수 없는 조치였다.

　이처럼 현재까지의 정책과 전혀 다른 정책을 사용하는 것은 어느 시대건 종종 나타나는 현상이다. 작금의 정책으로 어떠한 돌파구도 찾지 못한다면 그 정책을 180도 역으로 전환하기도 한다. 보통 개혁이라고 불리는 이러한 정책은 엉뚱하고 뜬금없는 듯 보이지만, 이 역시 시대 변화에 따른 대응 방식의 변화이다.

변화하는 시대를 파악하지 못한 영제

영제 유굉의 이러한 개혁은 황건적의 반란으로 '울며 겨자 먹기' 식으로 이루어졌다. 이러한 임시적인 미봉책만으로 문제를 해결할 수 있다고 생각했으니 유굉은 여전히 변화한 상황을 제대로 파악하지 못한 것이다. 즉 영제 유굉은 격변하는 시대를 주도적으로 이끌 인물이 아니었다. 권력은 환관에게 모두 빼앗기고 황제라는 이름만 가진 정치초보자였으니 당연한 일일 수도 있다. 유굉이 당인들의 금고를 풀어 주었다고 하여 환관들의 권세가 곧바로 줄어든 것은 아니었다. 여전히 정치는 구중궁궐에서 나오며, 그 중심에 서 있는 황제는 환관들이 조종하고 있으니 그 권력이 쉽게 사그러들 리 만무하다.

당시 영제 유굉은 일명 10상시라 불리는 중상시들을 열후로 책봉하고, "장양張讓은 나의 아버지이며, 조충趙忠은 나의 어머니이다."라고 할 정도로 이 환관들을 총애했다. 환관 장양과 조충을 부모로 떠받드니 어디에도 천자의 권위는 남아 있지 않았다. 또 이들 10상시의 위상은 하늘을 찌를 듯하여 궁궐을 본 뜬 대저택을 건축하기도 했다. 하루는 영제 유굉이 망루에 오르려고 하자 자신들의 저택이 보일까 두려웠던 환관들은 "천자는 그 이름만으로 이미 높기 때문에 천자께서 높은 곳에 오르시면 백성들이 흩어진다고 했습니다. 그러니 여기에 오르지 마시옵소서."라는 허무맹랑한 고사를 인용하여 자기들의 허물을 감추기도 했다.

하지만 영제 유굉은 황건적의 일원인 마원의가 환관들과 내통해 반란을 도모한 일을 알게 되었을 때에도 "짐은 너희들이 '당인들이 항상 불궤不軌할 생각을 하고 있다'고 한 말을 믿어 모두 금고에 처하거나 주살했다. 그런데 지금 보니 당인들이야 말로 더욱 쓸모가 있지 않은가. 반대로 너희들은 장각과 더불어 내통했으니 목을 벤다고 한들 억울할 것이 무엇이겠는가."라며 상시들을 꾸짖었을 뿐이었다. 확실한 내통 사실을 알고도 단호한 조치는 할 수 없었던 것이다. 이후 환관들은 일시적으로 몸을 사리는 척 했지만 여전히 마음에 들지 않는 사람들을 모함하여 제거하려고 했다.

그리고 낭중 장균張鈞이 황건적의 난을 조사하고 나서 "장각과 그 무리 황건적은 모두가 평범한 백성이었습니다. 그러나 10상시의 권세가 폐하를 능가하며 잦은 발호와 끊임없는 약탈에 못 이겨 일어난 것입니다. 그들의 칼은 폐하가 아닌 10상시를 향하고 있사오니, 그 죄를 물어 10상시의 목을 벤다면 그들은 저절로 소멸될 것입니다."라며 극언했다. 썩어빠진 내부에서 자체 개혁을 기대할 수 없으니, 밖에서부터 개혁하라는 목소리가 나온 것이다.

환관들은 외부로부터의 공격으로 최대 위기에 직면했다. 환관들은 이 위기를 모면하기 위해 "나라의 위기는 곧 우리의 위기와도 같습니다. 저희들의 작은 성의가 나라의 안녕에 쓰인다면 더할 나위없는 영광입니다."라며 일단 급한 대로 자신들의 재산을 갹출하여 군비에 보태겠다고 나섰다. 영제 유굉은 10상시의 말에 감동받아 장균에게 "장균, 네 이놈이 미친 것이 틀림없구나. 이를 보고도 어찌 10상시 가운데 진실한 사람이 없다고 감히 말을 할 수 있는가."라며 나무라자, 지켜보던 환관들은 이를 기회로 "폐하, 장균이야 말로 장각의 태평도를 배우며 황건적과 내통하고 있습니다."라고 무고하여 죄를 덮어 씌어 체포하여 죽였다.

한 왕조의 최고 통치자 영제 유굉은 여전히 환관들에게 휘둘리고 있었다. 상황이 이러하니 후한 조정은 내부적 개혁도, 외부적 충격에 의한 개혁도 기대할 수 없게 되었다. 세상은 변해 가는데 이를 파악하지 못하니 이제 그 체제는 무너질 일만 남은 것이다.

변화하는 시대를 잘 안 사람들

당시 많은 사람들이 장각을 중심으로 하는 황건적을 물리친다는 명분을 내세워 군사를 일으켰다. 당시는 어지럽게 봉기하는 반란에 맞물려 급변하는 불안한 정세를 등에 업고 나라의 도적인 황건적을 물리친다는 명분으로 군사를 일으킬 최적의 조건이 마련된 시기였다. 황제와 조정의 권위는 무너졌고, 자연스럽게 군사력을 가진 사람들이 이 시대를 풍미했다.

황건적의 봉기는 신호탄에 지나지 않았다. 많은 군사들이 일어나면서 황건적의 반란은 일시적으로 진압되었으나, 도처에서 군소 도적들이 들끓었고, 황건적은 전열을 재정비해 재차 기병했다. 그러나 조정에서 이를 효과적으로 대응하기에 역부족이었다.

황건적의 반란이 일어난 지 4년이 지난 효령제 중평 5년(188년)에 태상 유언劉焉이 건의했다. "사방에서 군사들이 노략질하게 된 것은 자사의 위엄이 가벼워져서 이미 그들을 막을 수 없게 된 까닭입니다. 또한 자리에 적당하지 않은 사람을 기용하여 앉히니 민심이 돌아서는 것이 당연합니다. 마땅히 주의 주목州牧을 바꾸어야 하는데 깨끗하고 명망 있는 중신을 선발하여 그 임무를 수행하게 해야 합니다." 유언의 말을 곱씹어보면 주목에게 많은 군사를 갖게 하여 도적을 막으라는 것은 이미 중앙정부의 능력이 반란에 대응할 수 없다는 말이었다.

그러나 한번 움켜쥐면 쉽게 놓을 수 없는 것이 군사력이다. 유언의 건의는 이런 군사세력의 속성을 간과하고 단순히 반란의 상황에서만 벗어나고자 하는 미봉책이었다. 물론 당시 상황에서 획기적인 계책이 없어서 일 수도 있겠지만 말이다.

　하여간 이 정책은 중앙 조정에서 각각의 주가 독립하는 것을 승인하는 정책이었고, 이러한 조치는 중앙집권적 국가의 해체를 공식적으로 선언하는 것이었다. 즉 더 이상 후한 조정을 중심으로 한 왕조의 유지가 불가능한 시점에 도달한 것을 의미한다. 그러나 시대의 변화를 너무 늦게 감지한 조정으로서는 대응 능력이 없던 관계로 왕조의 운명을 살리기보다는 개인의 명운이라도 살리는 대안밖에는 없었다.

　결국 유언의 의견을 좇아 경卿의 자리에 있던 사람이나 상서尙書처럼 조정에서 중책을 맡고 있는 사람들 가운데 적당한 사람을 선발하여 주목으로 삼았다. 그리고 각기 본래 가진 높은 관질官秩을 가지고 그 자리에 있게 했다. 조정에 있던 관질이 높은 사람이 지방관을 맡을 길이 열린 것이고, 주목의 힘은 그만큼 강화되었다. 이제부터 임명된 주목은 과거의 주목처럼 조정의 눈치를 보는 것이 아니라 어느 정도 독자적으로 일을 해 나갈 수 있었다.

　이러한 조치에 따라서 각각의 지역에는 군사세력이 자리잡게 되었다. 비록 형식상으로는 한나라 조정으로부터 벼슬을 받은 것이지만 실제로는 반독립국과 같은 상태가 된 것이다. 이로써 이들 세력은 서로서로를 견제하며 영역을 넓히려고 세력 다툼을 벌여서 다시 열국시대가 되었다. 이러한 열국들이 합치거나 정복되는 과정을 거쳐서 크게 셋으로 압축되기에 이른다.

　즉, 위나라를 세운 조조와 오나라를 세운 손권 그리고 촉한을 세운 유비가 그들이다. 이들 세 사람은 어지러운 시대에서 그 흐름을 가장 잘 읽어낸 인물들이다.

시대의 변화를 잘 탄 조조

조조는 효령제 중평 원년(184년)에 황보숭皇甫嵩의 밑에서 기도위騎都尉로서 군사를 이끌며 남부지역인 장사長沙에서 황건적을 대파했다. 이때 수만 급의 황건적의 목을 베었다는 기록이 있을 정도로 크게 승리했는데, 이 승리로 황보숭은 도향후都鄉侯로 책봉되었고, 조조 역시 공로를 인정받아 스스로의 명성을 떨치기 시작했다.

사실 조조의 아버지 조숭曹嵩은 후한 말에 권력을 가졌던 중상시 조등曹騰의 양자이다. 조등은 네 명의 황제를 시봉한 명망 있는 환관이었는데, 영제 유굉 시기에는 관직이 태위太尉에 이르렀으니 그 세력 또한 대단했다. 조조는 이러한 막강한 집안 배경과 타고난 기민함과 민첩함으로 궁정의 사정을 읽으며 새로운 세상에 대처해 나갔다. 헌제 초평 3년(192년)에 청주의 황건적 100만 명이 연주兗州, 산동성 서부를 침입하자, 조조는 이를 발판으로 본격적으로 자기의 세력을 구축하기 시작했다.

당시 연주자사 유대劉岱가 황건적의 침략을 방어하고자 했다. 이때 제북濟北, 산동성 장청현의 재상 포신鮑信이 "지금 도적의 무리는 100만 명이고 백성들은 모두 두려움에 떨고 있으며 병사는 싸울 뜻이 없으니 대적할 수 없습니다."라고 적군과 아군의 상황을 분석했다.

그리고 이어서 "그러나 도적의 무리는 오직 약탈을 밑천으로 삼고 있을 뿐 치중輜重, 무거운 무기나 양식 등의 짐은 없습니다. 하여 지금 우리 병사들은 우선 성을 굳게 지키면서 힘을 비축해 두어야 합니다. 그리하여 저들에게 소득 없는 공격이 오래 지속된다면, 그 세력은 반드시 흩어질 것입니다. 그런 연후에 정예의 군사를 뽑아 요해처要害處를 점거하여 적을 치면 격파할 수 있습니다."라는 전략을 내놓았다. 포신의 분석은 정확했다. 그러나 최고 책임자인 연주자사 유대는 이를 따르지 않고 맞서 싸우다가 결과적으로 살해되었다. 연주에 지휘할 사람이 없어진 것이다.

당시 조조는 연주에 속한 동군東郡. 산동성 조성현 태수였는데, 자사 유대가 죽자 조조의 휘하에 있던 장수 진궁陳宮이 그에게 충고했다. "지금 자사 유대가 무모한 전투를 벌이다가 죽어서 자사 자리가 비어 있습니다. 장군께서 자사 자리에 오르셔서 위태로운 연주를 맡으심이 마땅합니다. 또한 이를 장군의 원대한 꿈인 천하를 거두어 패권을 잡으실 발판으로 삼으셔야 합니다." 군보다 상부 조직인 주의 책임자가 없으니, 바로 아래 책임자인 조조가 윗자리의 업무를 맡으라는 말이었다.

유대에게 계책을 알려 주었던 포신도 진궁의 간언에 동의하여 연주에 속한 동군 태수였던 조조는 연주자사의 일을 맡게 되어 그의 통치범위를 연주 전체로 확장할 수 있었다. 그리고 이를 토대로 비록 약한 군사력이지만 악전고투하며 황건적을 물리치기 시작했다.

그 무렵 중앙 조정에서는 죽은 유대를 대신하여 금상金尙을 연주자사로 삼는다는 조서를 내렸다. 이미 조조가 현지에서 연주자사로서의 업무를 수행하고 있는 상황에서 새로운 사람이 부임하여 내려온 것이다. 그러나 금상이 비록 조정의 명령을 받고 내려왔지만 그에게 자리를 순순히 넘겨줄 수는 없었다.

평화시기라면 있을 수 없는 일이지만 당시는 조정의 명령이 권위를 잃고 있었다. 또한 이미 시대가 변했다는 것을 잘 알고 있던 조조는 금상을 공격하고 자신만의 독자노선을 걷기로 한다. 금상은 조조의 공격으로 패해 원술에게로 달아났고, 조조는 그렇게 힘으로 자사의 자리를 차지했다. 그만큼 조조의 세력이 커졌다는 반증이기도 하다.

이러한 과정을 거치면서 조조는 산동지역의 청주에 근거를 둔 황건적과의 전투에서 융졸戎卒 30여만 명과 남녀 100여만 명, 그리고 정예의 군사부대인 청주병青州兵을 얻게 되었다. 조조는 전국을 휩쓸었던 황건적을 토대로 자신의 군사를 형성한 것이다.

이때 산서지역에 근거를 둔 동탁董卓이 낙양에 들어와 황제를 바꾸는 등 권력을 쥐고 있었다. 그는 장안에 근거를 둔 산서세력의 중심인물이었고, 결과적으로 산동세력을 결집시킨 조조와 대결하는 상황이 만들어졌다.

원래 전통적으로 산동사람과 산서사람들은 서로 적대감을 갖고 있었기 때문에 조조가 서부세력인 동탁을 제거하려는 것은 특별한 명분이 필요 없는 자연스러운 일이었다. 이 일을 통해 조조는 손쉽게 산동지역의 힘을 모을 수가 있었다. 그리고 동탁이 그 부하 여포에게 죽는 사건이 벌어졌다. 강력한 서부세력인 동탁이 없어지자, 조조는 헌제 건안 원년(196년)에 헌제 유협을 데리고 허창으로 도읍을 옮기면서 조정의 실권을 장악한다.

조조는 전통적인 동서대결 구도 속에서 황건적에 속했던 병사를 기본으로 하여 산동지역의 힘을 모은 것이다. 과거 은殷나라가 산동에서 서쪽으로 진출하여 하夏나라를 구축하고 왕조를 세운 이

래로 역사상 처음 있는 일이었다. 보통은 서부에 근거를 두고 동부와 남부로 확장했다.

서부의 주周나라 무왕이 동부의 은殷나라를 정복했고, 전국시대에 서부의 진秦나라가 동부의 제齊나라를 멸망시켰다. 그리고 다시 한漢나라 유방은 서부의 진秦나라 백성을 자기 기반으로 하여 남부의 항우와 산동의 제齊나라 한신을 없앴다. 왕조의 중심은 항상 서부에 위치했기에 반란은 항상 산동이나 남부에서 일어나고 있었다.

하지만 조조는 비록 황건적의 잔재를 아우르기는 했지만 산동 사람들을 대거 수용하면서 후한 황제까지 수중에 넣고 전국을 호령했다. 이는 산동세력이 그동안의 설움에서 벗어나 역사상 최초로 중원지역을 장악한데 그 의미가 있는 것이다.

그러한 점에서 본다면 조조는 시대의 변화를 가장 잘 파악하고 잘 적응한 사람이라고 할 수 있다. 여기에는 어떤 과거의 윤리 기준도 적용되지 않았다. 조조는 급변하는 시대의 중심에 서서, 오직 새 시대에 걸맞는 새로운 질서체계만을 생각하며 그 시대를 이끌어 간 인물이었다.

강남토호 손권의 대처법

후한 말 삼국시대를 연 또 하나의 축은 오나라의 손권이다. 오吳는 양자강 유역에 위치하며 강남세력의 근거지이다. 이 강남지역은 황하유역과는 기온과 강수량에서 큰 차이를 가지고 있기 때문에 역사적으로 황하유역과 대립하여 왔다. 보통 남선북마南船北馬라는 말로 이를 표현한다. 남부에 위치한 양자강유역은 강수량이 많아 배가, 북쪽에 위치한 황하유역은 강수량이 적어 말이 중요 교통수단이라는 말이다.

일반적으로 양자강유역의 연평균 강수량은 황하유역의 2배 정도 된다고 하니, 강남지역은 말보다 배가 훨씬 편리하다. 그리고 기온 역시 평균 10도 안팎의 차이가 있다. 이렇게 자연환경이 다른 두 지역이 하나의 문화권에 융합되기란 쉽지 않다. 그래서 두 지역은 경제적으로 문화적으로 차이가 있어서 서로 융합하지 못하고 정치적으로 대립하여 왔던 것이다. 다만 천하를 통일하고자 하는 것은 권력자의 욕심일 뿐이다. 따라서 이 지역을 통합하는 강제력이 사라진다면 이들 두 지역은 자연스럽게 나뉘게 되어 있다.

전통적으로 중원지역에서는 자기들을 중심으로 사방을 사이四夷로 구별을 하는데, 이때 양자강유역은 남만南蠻에 속해 야만인 취급을 받았다. 춘추시대에 비교적 가까운 지리적 요건으로 중원의 문명이 초楚 지역으로 확산되었지만 황하유역에 있던 나라들과 동일한 대우를 받지 못했다. 호칭에서도 그 예를 찾아볼 수 있는데 황하지역 제후국의 수장은 공公으로, 초 지역의 수장은 자子로 불리었다. 공公·후侯·백伯·자子·남男의 오등작五等爵에서 보면 공과 자의 차이는 매우 크다.

전국시대에 오면서 강남지역은 크게 성장하여 초楚나라는 7웅雄의 하나가 되었고, 진秦나라가 멸망한 후에는 유방과 항우의 한초전, 즉 황하유역과 양자강유역의 대결 정도까지 성장하게 된다.

전한시대에도 양자강유역에 있던 오초가 중심이 되어 동부지역의 다섯 나라와 힘을 모아 오초7국이 반란을 일으켜 서부 장안에 있는 한나라 조정과 전쟁을 벌이기도 했다.

그러던 중 후한시대 말이 되면서 황건적의 반란을 계기로 중앙조정이 강제한 힘을 발휘할 수 없게 되자 강남지역의 사람들은 독자적인 세력을 구축하여 독립하고자 하는 것은 당연했다. 그리고 강남지역의 중심 호족인 손씨 집안이 선봉에 선 것이다. 전해지는 말에 따르면 손씨는 병법의 대가로 알려진 손무孫武의 후손이다.

당시 손씨 집안의 대표는 손권의 형인 손책孫策이었다. 손권은 형 손책이 강동지역을 평정할 때에 힘을 보태고 있었을 뿐이었다. 당시 오 지역 사람들은 '중원에 있는 나라가 바야흐로 혼란하니 오吳, 강소성 남부와 월越, 절강성의 무리들과 3강三江의 견고함을 가지면 충분히 성패를 바라볼 수 있다.'는 생각을 품으며 오 지역의 독립을 염원했다.

그러던 건안 5년(200년)에 손책은 사냥을 하던 중 갑자기 나타난 빈객賓客의 화살에 맞았다. 이 사고로 손책은 죽었고, 그 바람에 손권이 손씨 집안의 대표가 되었다. 이때 손책은 자신의 죽음을 직감하고 일곱 살 아래의 동생 손권에게 "강동지역의 무리를 일으켜 두 진영 사이에서 기회를 결단하면, 천하와 더불어 가볍고 무거움을 저울질할 수 있으니 경은 나처럼 하지 마시오. 현명한 사람을 뽑고 능력 있는 사람을 임용하여 각자가 마음을 다하게 하여 강동을 보존하게 하는 것에서 나는 경만 못할 것이오."라며 오 지역의 독립을 부탁했다.

당시 손책은 강남지역의 회계會稽, 절강성 소흥시. 오군吳郡, 강소성 소주시, 단양丹陽, 안휘성 선주시, 예장豫章, 강서성 남창시, 여강廬江, 안휘성 잠산현, 여릉廬陵, 강서성 태화현을 소유하고 있었다. 손책이 커다란 네 개의 군을 장악하고 있으니 강남지역의 강자임에는 틀림없으나 사실 손씨 집안이 강남지역을 완벽히 장악한 것은 아니었다. 강남지역에서도 깊고 험준한 지역에서는 여전히 눈치를 보며 갈피를 잡지 못하고 있었다.

이때 손책의 장사였던 장소張昭와 손책과 함께 이 지역에서 유명세를 떨치던 주유周瑜가 함께 "손권은 함께 큰일을 이룰 수 있는 사람이다."라고 말하자 마침내 강남지역 사람들이 손권을 마음으로 깊이 섬기고 복종하기로 결정했다. 손책과 같은 연배이거나 혹은 함께 했던 사람들이 손책의 동생 손권을 모시기로 한 것은 그만큼 손씨 집안의 세력이 컸기 때문이라고 볼 수 있다.

어쨌든 손권은 중원지역에게 항상 지배를 받던 강남지역이 중원의 혼란을 이용하여 독립하려고 할 때 강남토호라는 배경을 가지고 그 중심이 되었다. 손권 역시 강동지역을 보존하려는 뜻에 따라서 자연스럽게 세력을 형성할 수 있었다. 혼란한 시기, 변화가 극심한 시기에 취할 수 있는 행동양식이었다.

아무런 배경이 없는 유비

마지막으로 조조, 손권과 더불어 삼국시대의 주역이 된 사람은 유비이다. 유비의 내력을 보면 "유비는 어려서 아버지를 잃어 집안이 가난했고, 어머니와 함께 신발을 팔아 생계를 이었다. 다만 그는 큰 뜻을 품고 있고 말이 적었으며 기쁨과 분노를 얼굴에 드러내지 않았다."라는 기록이 있을 뿐 딱히 특별한 점은 없었다.

유비는 조조보다 여섯 살이 어리고, 손권보다는 스물한 살이 많았다. 모두가 들고 일어나던 황건적의 반란이 일어났을 때 열혈 청년이었다는 점과 성이 유劉씨라 황족이라는 점이 유일하게 내세울 만했다. 하지만 황족이라는 것 역시 확실하지 않은 듯하다. 사마광은 《자치통감》에서 "소열제昭烈帝, 유비의 경우 비록 중산정왕中山靖王 유승劉勝의 후예라고 말하기는 하지만 그 가족의 계통이 내려온 지가 멀어서 혈통의 세대수와 이름과 직위를 기록할 수 없었다."라며 증거가 부족하다고 말하고 있다.

유승은 전한 경제 유계의 서자로 경제 3년(기원전 154년)에 중산왕으로 책봉되었고, 시호는 정왕이다. 그 후에 무제 유철 시절에 추은령推恩令으로 인해 유승이 죽자 스무 명의 아들에게 중산국은 나뉘어 분봉되었으며, 그 가운데 열한 명의 아들이 무제 원정 5년(기원전 112년)에 작위를 잃었다.

그런데 유비가 이 중산정왕 유승의 13세손이라고 주장했지만 그 정확한 계보를 찾기 어렵거니와, 설령 진정으로 황족이라고 해도 몰락한지 300년이나 지났으니 그를 뒷받침해 줄 어떤 배경, 즉 집안 세력이나 경제적 여력, 그 어떤 것도 없었다.

한줄기 끈이라고 하면 그나마 유비가 어려서 공손찬과 함께 노식盧植을 스승으로 모신 까닭에 후한 말의 혼란한 시대에 공손찬에게 의지할 수 있었다. 유비는 공손찬의 밑에서 청주를 순시하면서 작은 공로를 세우게 되었고, 이로 인해 평원의 재상을 맡게 되었다. 이것이 그가 후한 말에 활동을 할 수 있는 계기가 되었다.

확실한 배경으로 순조롭게 출발한 조조나 손권에 비해 너무 초라한 출발이었다. 그러나 그마저도 독자적이지 못하고 겨우 다른 사람에 얹혀서 출발한 것이었다. 다만 벗으로 사귄 관우關羽와 장비張飛, 그리고 삼고초려三顧草廬를 거쳐서 군사軍師로 영입한 제갈량諸葛亮이 그나마 그를 위로할 수 있는 배경이라면 배경이었다.

이별하면서 남긴 덕

이렇다 할 세력이 없었던 유비가 할 수 있는 것은 사람들의 마음을 얻어서 다른 사람의 도움을 받아야 하는 일뿐이었다. 유비는 사람의 마음을 얻기 위해서는 덕을 베풀어야 한다는 사실을 알고 있었기에 일찍부터 덕을 베풀며 인의와 의리를 최우선으로 삼았다. 그 예로 형주자사 유표劉表와 그 아들 유종, 그리고 형주사람들에 관한 일화가 있다.

당시 독자적인 세력을 갖지 못한 유비는 여포와 조조 등에게 쫓기던 가운데 건안 6년(201년)에 형주목荊州牧 유표에게로 도망하여 몸을 의탁했다. 유표는 유비를 상빈上賓의 예로써 대우하고 병사까지 보태주며 주둔할 곳도 마련해 주었다. 유표는 유비가 같은 황족이라는 점과 함께 덕망 높은 사람이라는 소문 덕분에 그를 받아들인 것이다. 물론 후에 유표가 유비의 군대를 이용하기도 했지만, 유비가 유표의 신세를 진 것만은 분명한 사실이다.

그런데 건안 13년(208년)에 유표가 죽자, 후계자 선정을 두고 문제가 발생했다. 장남 유기劉琦가 아버지 유표를 모시지 않았다는 이유로 이복동생인 유종劉琮에게 형주목의 자리가 돌아간 것이다. 사실 유종의 생모이자 유표의 후처 채蔡씨 등으로부터 모함을 받은 장남 유기는 어쩔 수 없이 유표의 곁에 있을 수 없었던 상황이었다.

후계자 박탈에 분노하던 유기는 반란을 준비하던 중에 마침 조조 군대의 공격을 받아 장강의 남쪽으로 달아났다. 유기가 조조에게 쫓기자, 형주 내부에서 동조연 부손傅巽이 새로 형주자사가 된 유종에게 조조에게 항복할 것을 권고했다. "첫째, 조조는 한나라 황제의 명을 받은 사람이어서 조조와 싸우는 것은 군주를 거역하는 것입니다. 둘째, 초 지역에 위치한 형주는 중원의 군대, 즉 조조의 군대를 막기에는 힘이 듭니다. 셋째, 형주에 더부살이를 하고 있는 유비에게 형주 방어를 맡긴다 해도 조조를 막지 못할 것입니다. 설사 유비가 조조를 막아내더라도 유비가 독자적 세력으로 성장하여 유종 밑에 있지 않을 것입니다." 부손의 논리적인 설득이었다.

이제 유종은 스스로 독립하여 조조와 대결할 것인지 아니면 대세에 따라 조조에게 귀부하여 안전을 도모할 것인지를 결정해야 했다. 당시 유종은 이미 형 유기와 세력이 나뉘어 전력이 약해진 상태에서 강력한 조조의 군대가 남쪽으로 밀고 내려오는 상황이었기 때문에 현실적으로 독자세력을 유지하기가 어려웠다. 이러한 상황이니 부손은 조조에게 귀부하는 것이 가장 좋은 계책이라고 말한 것이다.

유종도 정세를 파악한 끝에 부손의 말에 동의하고 결국 조조에게 귀부하기로 결정하고, 그해 9월에 조조에게 항복하여 형주를 바쳤다. 유기는 조조에게 쫓겨 도망하고 유종은 조조에게 항복하니, 유표의 근거지 형주가 두 아들에 의하여 두 쪽으로 갈라지게 된 것이다.

이러한 유종의 조치는 유비에게 청천벽력과도 같았다. 이때 유비는 유표의 호의로 형주의 한 귀퉁이인 한수漢水 지역에 있는 번樊에 주둔하고 있던 터라, 형주가 조조의 수중으로 들어가면 유비가 있던 지역도 조조로부터 위협을 받을 것이 뻔하기 때문이었다. 유종의 관속인 송충宋忠이 조조가 형주에 들어와 있는 사실과 함께 유종의 항복 사실을 유비에게 알렸다.

그 소식을 들은 유비는 "유종은 일을 이 지경으로 만들어 놓고 나에게는 일언반구도 하지 않았소. 조조의 군대가 이미 형주 부근까지 내려오고 있는 상황에서 이제야 나에게 알리다니, 이는 너무 심한 처사가 아닌가!"라며 크게 화를 냈다. 유비는 형주를 조조에게 바치더라도 자신에게 일찍 조치를 취할 시간을 주지 않은 것을 나무란 것이다. 화가 난 유비는 칼을 빼어 송충을 향해 말했다. "지금 그대의 머리를 잘라도 나의 분을 풀기에 충분하지 않소. 하지만 장부가 옛 친구와 이별하면서 피를 보이는 것 역시 부끄러운 일이오." 그리고 유비는 송충을 아무 탈 없이 돌려보냈다.

유종이 이처럼 결정한 이상 독자 세력이 없던 유비는 형주에서 떠나야 했다. 유비는 억울하게 쫓겨나가는 상황에서도 철저하게 의로운, 어쩌면 철저하게 계산된 행동으로 일관했다. 자기의 분을 참지 못하고 송충을 죽였다면 다른 사람들과 똑같은 사람이 되었을 터인데, 유비는 반대로 화를 삼키고 덕을 보인 것이다. 살육이 밥 먹듯 자행되던 당시의 분위기에서 보면 더욱 그러했다.

유종을 공격하지 않은 유비

이제 유비는 대책을 세워야만 했다. 부하 장수 가운데 누군가가 "장군, 유종을 공격하십시오. 유종은 유기와의 싸움으로 그 세력이 이미 예전만 못합니다. 게다가 형주자사 유표도 죽고 없는 이상 우리가 공격한다면 유종을 내쫓고 형주를 차지할 수 있습니다."라며 공격을 주장했다. 형제간의 후계자 쟁탈전으로 이미 세력이 반감했으니 공격한다면 충분히 가능성이 있다는 말이다. 게다가 유종은 이미 그 아버지 유표가 유비에게 준 지역을 잃게 하여 그와의 약속을 어겼고, 약육강식의 시대에서 유비가 유종을 공격한다고 해도 누가 뭐라고 할 사람은 없었다.

그러나 유비는 "유표는 죽으면서 나에게 아들 유기와 유종을 부탁했소. 내가 유표의 은혜를 받은 것이 이만큼인데, 신의信義를 등지고 배반한다면, 내가 죽어서 무슨 면목으로 유표를 보겠는가! 이는 나의 길이 아니오."라고 대답했다. 속고 속이는 계략이 판치고, 신의보다는 이익을 따르던 시대에 유비는 남들과 다른 선택을 한 것이다.

유비는 조용히 무리를 거느리고 형주 땅을 떠나기로 했고, 유종은 두려움에 끝까지 모습을 드러내지 않았다. 대신 유종을 좌우에서 보필하던 수하들과 형주 사람 대부분이 유비를 따라나섰다. 이 때 만약 유비가 유종을 공격했더라면 어떻게 되었을까? 이들 모두를 쉽게 얻을 수 없었을지도 모른다. 그러나 유비가 공격을 포기하고 너그러운 태도를 취하는 바람에 사람들은 감동을 받았다. 땅을 버리고 사람을 얻은 셈이었다.

그리고 유비는 마지막으로 죽은 형주자사 유표의 묘에 들러서 인사를 하며 눈물을 흘렸다. 비록 그의 아들 유종에게 배반당했지만 오갈 데 없던 자신을 반갑게 맞이하면서 머물 곳을 제공해준 유표에게 예의를 다 한 것이다. 천하통일을 꿈꾸며 세력을 키우는 사람치고는 너무도 예의바르고 의리 넘치는 모습이었다. 물론 이러한 그의 태도 때문에 유종을 떠나서 유비에게 온 사람이 있었지만 말이다.

함께 길을 떠난 10만 백성

유비가 길을 떠나자 그를 따르는 사람들이 계속 늘어나서 당양當陽, 호북성 당양현에 도착할 즈음에는 그 무리가 10여만 명이 되었다. 이들의 식량과 생활용품을 실은 수레도 수천 량이 되었다. 게다가 그들 대부분이 군대가 아닌 민간인이었으니 이동속도는 자연히 느려져 하루에 겨우 10리를 이동할 뿐이었다. 보통 군대가 하루 이동하는 거리인 30리의 3분의 1밖에 되지 않는 속도였다.

그런데 이 속도가 문제가 되었다. 남쪽으로 내려오고 있는 조조의 군대를 피해 도망가는 처지에 너무 느리게 이동하다 보니 금새 조조에게 잡힐 것이 분명했다. 유비의 수하가 답답한 마음에 유비에게 말했다. "지금은 하루라도 빨리 가서 강릉江陵을 지켜야 합니다. 조조의 군사가 바로 뒤를 쫓아오는데 이렇게 많은 인원들과 함께 이동하는 것은 상책이 아닙니다. 하물며 이들은 군인도 아닌 민간인이 아닙니까? 오늘밤이라도 조조의 군사가 들이닥칠지도

모를 노릇입니다. 훗날을 위해 이번만큼은 이들을 버리셔야 합니다."

당시 유비는 강릉으로 관우를 먼저 보내 새로운 터전을 마련하게 한 상태였다. 따라서 한시라도 빨리 강릉에 도착하여 전열을 가다듬고 조조를 기다린다면 그의 공격도 막을 수 있고, 더불어 유비의 세력도 넓힐 수 있었다. 그러니 일반 백성들을 버리고, 군사들만 골라서 재빨리 강릉으로 가서 관우와 힘을 합쳐서 조조를 대비해야 한다는 이 건의는 전술적으로 보아 천만번 옳다.

그러나 유비는 "무릇 사람이 큰일을 잘 넘기려면 반드시 사람을 근본으로 삼아야 하는 법이다. 그런데 상황이 좋지 않다고 해서 나에게 귀부한 사람들을 버리겠는가. 나는 차마 그럴 수 없다."라며 수하의 건의를 딱 잘라 거절했다. 물론 유비도 빨리 강릉으로 가야 한다는 것을 잘 알고 있었다. 또한 유비에 속한 이들 모두, 하물며 유비를 좇아오는 백성들도 알고 있는 사실이었다. 누가 보아도 빨리 강릉으로 가야할 처지에 있는 유비는 전혀 반대의 행보를 보인 것이다.

그의 논리는 단순하고 간단했다. 백성을 살리겠다고 군사를 일으켰는데, 자기를 찾아온 백성을 버려서는 안 된다는 것이다. 논리적으로는 지당하지만 그렇게 군대를 잃는다면 또 어떻게 백성을 지킬 것인지의 답은 없었다.

하루 밤낮으로 300리를 따라 온 조조

그러나 전쟁판에서 유비처럼 생각하는 사람은 거의 없었다. 유비의 뒤를 바짝 쫓고 있던 조조는 관우가 강릉에 먼저 가서 준비하고 있다는 사실을 이미 알고 있었다. 그래서 유비가 강릉에 도착하여 군대를 재정비하기 전에 유비를 공격하고 싶었다. 유비는 조조가 세력을 넓히는데 장애가 되기 때문이다.

조조는 마음이 급했다. 정상적으로 움직인다면 하루에 30리. 이런 상태로 간다면 유비가 아무리 천천히 간다고 해도 자기보다 먼저 강릉에 도착할 것 같았다. 이런 생각이 미치자 조조는 극단의 선택을 한다. 군량미와 무기를 포함한 군사용품을 실은 수레를 모두 버리기로 한 것이다.

경무장한 군대를 재빨리 움직여 마침내 양양에 도착하니 이미 유비가 그곳을 지나갔다는 소식을 들었다. 다시 조조는 정예의 기병 5천 명을 뽑아서 하루 낮과 하루 밤을 재촉하여 달려 300리를 이동했다. 그래서 당양의 장판長坂, 호북성 당양현 북부에서 유비의 군대를 따라잡았다. 아무리 기병이라지만 보통 군대의 10배나 되는 이동속도로, 그야말로 죽을힘을 다해 유비를 추격한 것이다.

여기에서 《삼국지연의》에서 유명한 장비의 이야기가 나온다. 장비가 조조의 군대를 막으면서 장판교를 헐어버렸다. 장비는 조조의 군대가 강을 건너는 것을 방해할 목적이었겠지만, 조조는 이를 자신을 방어할 군대가 별로 없기에 다리를 헐은 것이라고 해석했다. 장비보다 조조가 한 수 위인 셈이었다. 그리고 유비의 군대는 조조의 군사에게 참패했다.

《삼국지연의》에서 당시의 상황을 어떻게 서술했던지 간에 결과적으로 유비는 패배했고 자기를 따르는 10만 백성은커녕 처자식까지 버리고 도망하는 처지가 되었다. 이로부터 유비가 다시 가족을 만날 수 있게 된 것은 한참의 시간이 흐른 뒤였다. 어쨌든 유비는 겨우 제갈량과 장비, 조운趙雲 등 수십 명의 기병과 함께 달아났고 조조는 유비의 무리와 군사용품을 대량 획득했다. 어찌 생각해 보면 유비의 어리석기 짝이 없는 전술이었다.

바보가 아닌 유비

군웅이 할거하는 당시에는 힘으로 서열을 정했고, 과거의 관계는 한낱 거추장스러운 짐으로 생각하던 시절이었다. 그런 시대조류를 거슬러 유비는 덕을 베풀었다. 유종의 항복을 전한 송충을 살려주고, 배반한 유종에게조차 의리를 지킨다며 공격하지 않았다. 그뿐만 아니라 자기를 따라 온 10만 백성들을 버릴 수 없어 결국에는 가족까지 잃게 되었다. 당시의 세태로 보면 그의 행동은 손해만 보는 바보 같은 결정이었다.

　그러나 거꾸로 생각해 보면 이러한 것이 오히려 유비가 살아가는 방법이었다. 유비는 손권이나 조조처럼 나름대로의 기반이 없었다. 오직 한 왕조의 종친이라는 것뿐이었다. 많은 사람들이 세상이 변하길 원했지만, 유씨 성을 가진 유비는 세상이 변하지 않아야 살 수 있었다. 세상이 바뀌면 유비는 더 이상 황제의 종친이 아니었고, 자기의 유일한 배경이 없어져버리는 것이다.

사실 후한 말의 상황을 보면 꼭두각시 황제로 전락한 지 근 100년이나 되는 처지라 꼭 유씨가 황제여야 한다는 생각은 고리타분하다고 생각했다. 하지만 '힘 있는 자가 황제'라는 공식을 좇는 것이 대세라지만, 일부 변화를 싫어하는 사람들은 그래도 황제는 유씨여야 한다고 생각했다. 유씨 치하의 한 왕조가 400년이나 이어왔기에, 유씨 황제가 자연스러운 일이며 다른 황제는 순리를 거스른다고 생각했기 때문이다. 예나 지금이나 변화의 시대에 변화를 탓하고 시대를 탓하며 과거를 붙잡고 놓지 않으려는 사람은 있게 마련이기 때문이다.

만약 당시 유비가 다른 사람처럼 시류를 따라 변화를 좇으며 이익을 위해 생각하고 행동했다면, 유비는 그 시대에 두각을 나타낼 수 있었을까? 어쩌면 한 목숨은 건질 수 있어도 이렇게 역사에 길이 남는 인물이 되지는 못했을 것이다.

아무것도 가진 것이 없었던 유비는 든든한 배경과 탄탄한 토대를 가진 조조와 손권을 감당하기 위해 시류를 거스르는 정책을 채택했다. 많은 사람들이 인의와 도덕을 버릴 때 유비는 유가의 덕목을 주장하고 몸소 실천했다. 또 많은 사람이 변하는 세월을 반길 때 유비는 복고와 보수의 태도로 일관했다.

여기서 한 가지 더. 만약 유비가 앞서 예로 든 선택에서 덕이 아닌 이익을 좇았다면 어땠을까? 첫째 송충에 대한 처벌에서 송충을 죽여 봤자 자신의 분풀이용 외에 현실적인 어떠한 이득이 없다. 그냥 "너도 나와 별반 다르지 않구나."라는 인식만 심어주었을 것이다. 둘째 유종에 대한 복수를 위해 유종을 공격하더라도 유비가 형주를 차지했으리란 보장은 없다. 물론 유종은 잡았겠지만, 객관적 전력으로 보아 형주를 차지하기 위해 내려오는 조조의 군사를 유비는 이길 수 없었을 것이다. 그래서 어차피 얻지 못할 형주라면 인의를 내세워 자신의 덕망이라도 올리는 편이 현실적인 이익이었을 것이다.

결과적으로 유비는 이익보다 덕을 좇은 것이 아니다. 눈에 보이는 이익이 아닌 사람들의 신망이라는 눈에 보이지 않은 이익을 좇은 것이다. 자기에게 귀부한 사람은 절대로 버리지 않는다는 것을 만천하에 알렸으며, 또한 변화를 싫어하는 보수적인 사람들을 모을 수 있는 태도를 취한 것이다. 그리하여 유비는 조조와 손권과는 다른 모습으로 자기 세력을 구축하여 결국 산서지역인 촉蜀에 근거지를 잡고 촉한을 세우고 황제에 올랐다. 이것이 그의 생존방법이었다.

"아니"라고 할 수 있는 사람

세상은 변한다. 지금 이 순간에도 세상은 변하고 있다. 대다수의 사람들은 변화하는 세상에서 그 변화에 맞추어 살아가는 것이 옳다고 생각한다. 하지만 그 변화에 맞추어 간다고 모두 성공하는 것은 아니다. 오히려 변화의 길을 선도할 힘이 없으면 뒤처지고 만다. 가지고 있는 것도 잃을 수 있다는 것이다. 그렇다면 차라리 반대로 가라. 세상이 변하고 인간의 가치도 변할 때에도 옛것을 지키는 고집스러움은 자기를 살리는 또 다른 방식의 생존방법이다.

실제로 이러한 사람은 그리 많지 않기 때문에 다른 사람의 눈에 띌 수가 있고, 그 나름대로 일가를 이룰 수 있는 것이다. 예를 들면 오래 된 일상은 문명의 발달로 사라져 가고 있지만 아주 소수는 그 전통을 지키고 있다. 그래서 이들이 또 다른 의미에서 사람들의 관심을 받고 성공의 길로 가고 있는 경우도 종종 있다. 이는 마치 유비가 역설적인 행동으로 성공한 것이라고 말할 수 있다.

세상의 변화를 따라가는 것이 일반적인 사람들의 속성이지만 끝까지 이 속성을 거부하는 것도 가치 있는 것이다. 그러므로 우리가 살아가는 방법, 생존방법은 반드시 새로운 것을 좇는 것만이 아님을 익혀 둘 필요가 있다. 그리고 자신이 어떤 길을 선택해야 할지는 자신이 잘할 수 있는 것을 가지고 결정하면 된다.

제5강

방심이라는 유령

비극적인 비수 전투를 이끈 부견

부견 (苻堅, 338~385년)

5호 16국시대 전진(前秦)의 제3대 국군(國君, 재위 357~385년). 박학다재(博學多才)하여 경세(經世)의 뜻을 품었다. 처음에 동해왕(東海王)이 되어 부건(苻建)이 입관(入關)한 뒤 용양장군(龍驤將軍)에 임명되었다. 동진(東晉) 목제(穆帝) 승평(升平) 원년(357년) 부생(苻生)을 죽이고 자립하여 황제의 칭호를 없애고 대진천왕(大秦天王)이라 부르면서 연호도 영흥(永興)이라 하였다. 장안(長安)에서 왕위에 오른 후, 저족(氐族)계 호족의 횡포를 누르고 왕맹(王猛) 등과 같은 한인(漢人)들을 중용했다.

태학(太學)을 정비, 학문을 장려했으며 농경(農耕)을 활발히 일으켰다. 왕권을 강화하면서 수리(水利) 시설을 보수하고, 유학을 장려하면서 군정(軍政)을 개선했다. 특히 왕맹의 보필에 힘입어 국세를 크게 떨쳤다. 건원(建元) 6년(370년) 전연(前燕)을 공격하여 낙양에서 승리하고, 업(鄴)을 공략하여 연왕(燕王)을 잡아 선비족 4만 호와 함께 장안으로 이주시켰다.

이후 전량(前涼)과 대(代)나라 등을 공격해 멸망시키고 이웃 나라를 차례로 정복하여 북방 대부분을 통일하는 한편 동진(東晉)의 익주(益州)까지 장악했다. 강남(江南)까지 병합하고자 19년(383년) 대군을 거느리고 동진을 공략했지만 비수(淝水) 싸움에서 대패했다. 각 민족의 수령이 이 기회를 틈타 반란을 일으켜 자립했다. 21년(385년) 후진(後秦)의 요장(姚萇)에게 잡혀 살해당했다. 27년 동안 재위했는데, 이로부터 전진은 와해되었다.

지키기의 어려움

창업과 수성 가운데 어느 것이 더 어려운지를 가지고 말하는 경우가 종종 있다. 일반적으로 "끝이 좋아야 한다." 혹은 "초년고생은 돈을 주고도 한다."라는 말로 인생의 만년晩年의 중요함을 이야기한다. 젊어서 떵떵거리며 살던 사람이 그 호시절이 지나가고 힘 빠지고 돈도 없게 되면 젊어서 고생하다가 노년에 형편이 나아진 사람보다 불쌍하게 여겨진다.

그래서 역사가들은 한 사람에 대해 기록을 할 때에 "관 뚜껑을 닫은 다음에."라고 말한다. 설혹 초반에 성공가도를 달리더라도 만년에 어떻게 바뀔지 어느 누구도 알 수 없기 때문이다. 특히 힘들고 어려운 상황에서는 한시도 긴장을 늦추지 않고 주변의 의견에 귀를 기울이지만, 일단 성공했다는 마음이 들면 그때부터 지키는 노력을 게을리하고 방심하고 자만하다가 결국 회복할 수 없는 길로 들어서는 경우도 있기 때문이다.

원래 어려운 환경을 타고 난 사람은 성공여부에 대해 관대하다. 성공하지 못했다고 해서 그 사람을 낮게 평가하지 않는다. 누구나 공감할 어려운 환경 때문에 그것을 운명으로 치부할 수도 있기 때문이다. 하지만 성공한 환경을 지키지 못하는 경우는 본인이 좌절감을 갖는 것은 물론이고 다른 사람이 보기에도 실패라고 생각한다. 여기서 원래의 환경이 어려웠는지 아닌지는 중요하지 않다. 가졌던 것을 잃는 것이 핵심이기 때문이다.

그래서 사람들은 언제나 그 끝을 기다렸다가 평가한다. 일시적인 성공은 말 그대로 일시적일 뿐이다. 그러므로 성공하기 위한 전략도 중요하지만 그 성공을 유지하는 전략도 우리에게는 중요하다.

일반적으로 성공을 위한 전략은 장기적이고 구체적으로 차근차근 계획을 세워야 한다. 벼락부자라는 말은 있어도 벼락성공이란 말은 없듯이 하루아침에 성공은 흔치 않은 일이다. 반면에 실패는 별안간 갑자기 닥치는 경우가 많다. 물론 단계를 밟아 서서히 몰락하기도 하지만 보편적으로 하루아침에 몰락한다.

위진남북조시대의 전진왕前秦王 부견符堅에 대해 들어본 적이 있는가. 부견에 관한 《자치통감》의 기록을 보면 그의 인생 초반은 그 누가 보아도 성공한 사람이었다. 하지만 그는 단 한 번의 실수로 오랜 시간 공들여 쌓아온 업적을 순식간에 날려버렸다. 그렇다면 부견은 성공한 걸까, 실패한 걸까?

부견이 살던 시대

부견苻堅, 338~385이 태어난 시기는 서진西晉시대 말년이었다. 위·촉한·오의 삼국을 재통일한 사마司馬씨의 진晉, 서진나라가 5호五胡의 남하로 양자강유역으로 쫓겨 가기 직전이었다. 그가 태어나고 4~5년 만에 서진은 멸망했고, 진나라는 양자강유역으로 내려가서 나라를 재건했는데, 이를 보통은 동진東晉이라고 부른다.

부견은 5호 가운데 하나인 저족氐族 출신으로 그가 태어난 곳은 서북 지역인 약양 임위略陽 臨渭, 감숙성 진안로 한족漢族 출신 이특李特이 세운 성成나라에 속해 있었다. 서진이 왕조로서의 제 기능을 하지 못하자 그곳에 지방관으로 와 있던 이특이 독립하여 나라를 세운 것이다. 하여간 부견이 열세 살 때에 성나라가 망하자 그의 삼촌 부건苻健이 그곳에 진秦나라를 세웠다. 전국시대의 6국을 통일했던 진나라가 있던 곳이어서 국호를 진으로 했던 것이다. 그런데 역사에서는 부건이 세운 진나라를 전진前秦이라고 부르는데, 나중에 국호를 진秦으로 쓴 나라가 다시 등장했기 때문에 위진시대의 전진과 후진으로 나누어 구별하여 부르는 것이다.

그리고 4년 뒤 진나라를 세운 부건이 병들어 죽자 부건의 사촌형 부생苻生이 부건의 뒤를 이어 천왕天王자리에 올랐다. 그러나 부생은 원래 성품이 포악했고, 왕위에 오른 후 논공행상을 제대로 하지 않자 진나라 대신 양평로梁平老가 부견에게 "주상인 부생은 덕을 잃어서 위아래 사람들이 근심 어린 소리를 하며 다른 뜻을 품기 시작했습니다. 이는 전하가 해야 할 일이니 일찍 도모하십시오."라고 조언했다. 부생이 대신들의 인심을 잃자 부견에게 쿠데

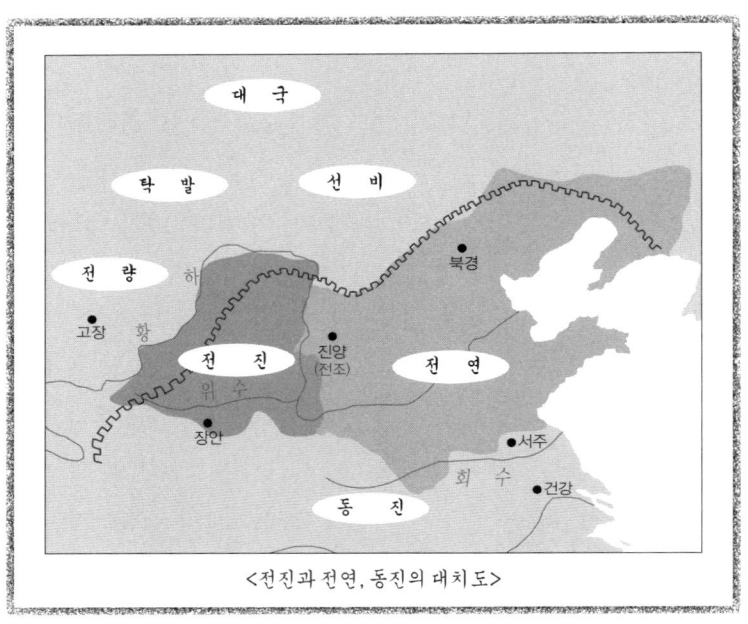

<전진과 전연, 동진의 대치도>

타를 권고한 것이다.

그리하여 부견은 그의 형 부법苻法과 함께 장사 수백 명을 인솔하여 부생을 잡아다 별실에 감금하고는 천왕에서 폐위시켜 제후왕으로 강등시켰다가 바로 죽였다. 그 후 부법이 천왕자리를 동생인 부견에게 양보했기 때문에 부견은 부생의 뒤를 이어 전진의 천왕자리에 올랐다. 쿠데타를 성공시킨 것이다.

부견의 용인 방법

당시 부견이 전진의 천왕자리에 올랐을 때 그의 나이 겨우 열아홉 살이었다. 아무리 능력이 있다고 해도 열아홉 살이라는 나이에, 더군다나 사촌형 부생이 황제로 있는 상황에서 쿠데타를 일으키기는 쉽지 않다. 하지만 그는 열여섯 살에 아버지 동해왕 부웅苻雄이 죽는 바람에 그의 작위를 이어받아서 왕작을 가지고 있었고 그의 곁에는 든든한 조력자들이 있었기에 가능한 쿠데타였다.

사실 부견은 동해왕 시절부터 사람들의 칭찬을 받았다. 그로 인해 요양姚襄, 331?~357의 참군이었던 설찬薛讚과 권익權翼과 더불어 잘 지냈다. 요양은 강족羌族으로 그 아버지 요익중姚弋仲을 좇아서 후조後趙에 귀부했다가 아버지가 죽은 다음에 동진으로 갔다. 그러나 그곳에서도 환영을 받지 못하자 다시 북쪽으로 귀부했고, 전진의 등강鄧羌에게 격파되어 죽은 사람이다. 요양이 죽자 그의 동생 요장姚萇이 그 무리를 이끌고 전진에 항복했다. 그러자 부견은 이들 강족들을 받아들여서 자기 사람으로 삼았다. 이러한 상황에서 부견이 요양의 참군들을 자기 사람으로 만든 것으로 보아 그는 사람을 이끄는 탁월한 능력을 지닌 것으로 보인다.

앞서 말한 것처럼 전진의 천왕 부생의 폭압정치 때문에 설찬과 권익이 부견에게 쿠데타를 권고했을 때 부견은 상서 여파루呂婆樓에게 이에 대해 의견을 물었고, 그는 왕맹王猛이라는 사람을 소개했다. 왕맹은 천왕을 보필하는 상서자리에 있던 인물이었다. 부견은 왕맹을 만나 여러 가지 이야기를 나누면서 "옛날부터 알던 친구를 만난 것 같이 낯설지 않구려. 마치 유현덕劉玄德, 유비이 제갈

공명을 만난 것 같소."라며 크게 기뻐했다.

부견은 이렇게 사람을 끌어당기는 용인술 덕택에 자기 주변으로 사람을 모을 수가 있었고, 그 사람들을 기반으로 쿠데타를 결심한 것이다. 그러나 천왕 부생이 민첩하고 용감하여 선뜻 실행에 옮기지는 못하고 있었다. 그러던 어느 날 밤 부생이 그의 시녀에게 "부법苻法은 형제이지만 믿을 수 없으니 날이 밝으면 마땅히 그를 제거해야겠다."라고 말했고 그녀는 이 이야기를 부견에게 전했다. 부견은 천왕의 시녀까지도 자신의 수하로 두었던 것이다.

자신의 형 부법이 위험하다는 소식을 들은 부견은 마침내 쿠데타를 발동하기로 했다. 그리고 무리를 이끌고 북을 울리며 궁궐을 향해 돌진하니 궁궐을 숙위하던 군사들이 모두 무기를 버리고 부견에게 귀부했다.

모든 사람을 끌어들여 자신의 사람으로 만드는 데 남다른 재능을 지녔던 부견에 대해 역사에서는 "성격이 아주 효성스러웠고, 어려서부터 뜻과 도량을 갖고 있었으며, 많은 공부를 하고 재능도 많았으며 영웅호걸들과 교제를 하여 그들 모두와 잘 지냈다."라고 평가하고 있다. 게다가 부견은 쿠데타에 성공한 다음에도 황제라는 말을 쓰지 않고 자기의 호칭을 천왕으로 부르도록 하는 겸손함도 보였다.

새로운 정치의 실현

부견은 비록 어린 나이에 천왕자리에 올랐지만 새로운 정치를 시도했다. 물론 쿠데타에 참여한 측근들에게 주요 관직을 내려 논공행상을 했다. 그리고 종친 부씨들을 비롯하여 친인척들을 중심으로 정무를 맡게 했다. 그러나 자신의 형인 청하왕清河王 부법을 비롯하여 여러 왕들의 작위는 모두 공公으로 강등시켰다. 즉 종친들을 권력의 중심으로 끌어들이되 그들의 직위를 내린 것이다.

부견은 특히 부씨 가운데 부융과 부비를 중용했다. 부융은 안팎의 나라 살림을 도맡아했는데, 특히 법집행에서 매사가 분명했고, 많은 재주 있는 인재를 천거하여 적재적소에 배치하는 등 나라에 보탬이 되는 일을 많이 했다. 부비 역시 문무文武 재간을 갖고 있으며, 백성들을 다스리고 옥사를 처결하는 것이 부융의 다음으로 공정하고 정확했다.

부견은 통치기간 내내 농사를 장려하고 학교를 설립했으며 가난한 사람을 도왔다. 그리고 전국적으로 효성스럽고 우애 있는 사람, 염치 있고 곧은 사람, 유학을 공부한 사람, 정사를 잘 처리한 사람을 천거하게 했다. 나아가 경작지를 대대적으로 개간하게 하여 국고를 충실하게 했으며, 백성들이 따뜻하게 입고 배불리 먹을 수 있도록 하여 도적의 수를 줄였다. 국력을 키운 것이다.

또한 부견은 많은 인재를 채용했지만 종실이라고 하여 우대하는 일이 없었고 관리라면 누구나 자기가 맡은 일에 충실한 것을 으뜸으로 생각했다. 이른바 다섯 호족이 뒤섞여 있는 북조에 통합정책을 실현하려고 했다. 그러기에 어느 누구에게도 특권을 내리지 않았고 비록 종친인 부씨라도 자기 일에 충실하지 않은 사람은 받아들이지 않았다. 특히 부견은 부법이 불법적으로 청탁과 뇌물을 받은 사실을 알게 되자 곧바로 죽음을 내리기도 했다.

부법은 부견의 친형일 뿐만 아니라 쿠데타에도 동참하여 적지 않은 공로를 세웠고 천왕자리를 양보하기까지 한 사람이다. 그런데도 잘못을 저지르자 여지없이 죽인 것이다. 5호를 통합하여 북조를 통일하고 공정한 정치를 실행하기 위해서 이러한 조치가 필요하다고 본 것이다. 물론 부견은 부법을 영결永訣하면서 피를 토하며 통곡했지만, 형이라도 불법을 용인하지 않았다. 이러한 조치는 이제까지 없던 부견만의 새로운 정치실험이었다.

단호한 공격과 포용적 융화

부견은 언제나 스스로 절제하고 절약하여 많은 금과 옥, 비단 등 귀중품을 군사들에게 나누어 주었다. 또 산택山澤을 개발하여 거기에서 나오는 이로운 것을 관부에 공급하면서 백성들도 사용하게 했다. 자기 자신의 용도用度는 줄이고, 관부와 일반 백성들이 쓸 것을 늘려 주었다. 이러한 정책을 채용한 황제는 흔하지 않다.

특히 부견은 군사를 동원하는 일에 극히 제한적이었으나, 반란을 제압하는 경우에는 단호하게 움직였다. 부견이 천왕에 오르고 난 다음 해에 병주자사로 있던 장평張平이 반란을 도모했다. 장평은 원래 조趙나라의 병주자사였는데 부견이 전진을 세우자 병주를 가지고 전진에 항복한 사람이다. 그런데 부건이 죽고, 부견이 천왕에 오르자 전진으로부터 독립하고자 했던 것이다.

그리하여 장평은 전진의 서북쪽 지역을 모두 점거하여 300여 곳에 성벽과 보루를 쌓았다. 그리고는 이족夷族과 하족夏族 10여만 호에 정征과 진鎭을 임명하고 전진과 대등한 나라를 만들고자 했다. 전진으로서는 대단한 위기를 맞은 것이다. 이때 부견은 친히 기병 5천 명을 인솔하여 반란을 진압하면서, 장평의 양자인 장자張蚝를 생포하여 장평의 항복을 받았다.

단호하고 신속하게 반란을 진압한 부견은 반란의 주모자 장평이 항복하자 그에게 우右장군을 제수하고 그 아들 장자를 호분虎賁중랑장으로 삼았다. 또한 장평에 소속했던 백성 3천여 호를 장안으로 옮겼을 뿐 이들을 처벌하지 않았다. 그리고 그 후에는 유위진劉衛辰 등 흉노의 배반과 침략 등이 일어나기까지 7년 동안 군사를 동원하지 않았다. 반란같은 부득이한 경우에만 전쟁을 치렀을 뿐이었다.

원래 유위진은 흉노족으로 전진에 항복하면서 전진에서 개간한 농지를 달라고 요구했었고, 부견은 천왕이 된 지 3년이 되는 해에 이를 허락했었다. 그러다가 유위진은 전진과 뜻이 맞지 않아서 흉노로 돌아가서 좌현왕左賢王이 되었다.

그 후 전진 건원 원년(365년)에 흉노의 우현왕右賢王 조곡曹轂이 무리 2만 명을 인솔하고 전진을 침략했다. 이때도 부견은 스스로 군사를 거느리고 이를 토벌하고 흉노로 돌아갔던 유위진을 역시 생포했다. 그리고 다음 해 부견은 조곡을 안문공鴈門公으로 삼고, 유위진을 하양공夏陽公으로 삼아 각기 그들의 부락을 통솔하게 했다. 다시금 통합정책을 쓴 것이다.

장평과 유위진의 예에서 보듯이 배반한 경우에는 가차 없이 토벌전쟁을 벌였지만 전쟁에 이기고 나서는 통합정책을 썼다. 이러한 통합정책은 서로 다른 다섯 개의 부족을 하나의 국가 안으로 포용하기 위함이었고, 그것은 동족이든 이족이든 구별함이 없이 배반하면 토벌하고, 인재는 차별 없이 채용하는 것이 주요 핵심이었다.

종족적 한계를 넘어 선 한족의 중용

부견은 같은 북방족인 5호만 채용한 것은 아니었다. 역사적으로 북방족과 대립했던 한족漢族에 대해서도 마찬가지로 통합정책을 채용했다. 앞에서도 거론했던 것처럼 부견이 왕맹을 만나보고 마치 유비가 제갈량을 만난 것처럼 좋아했던 것에서도 이를 알 수 있다.

원래 왕맹은 청주青州, 산동성 창락현 사람으로 진晉나라가 후조後趙에게 산동지역을 잃을 무렵에 태어난 한족이다. 그리하여 후조 석륵石勒의 폭압적 정치에 유리걸식하다 서쪽의 낙양까지 흘러갔고, 그곳에서 광범위한 공부를 했다. 이때 동진의 권력자 환온桓溫을 만나 그의 군사책략가 겸 제사장인 군모좨주軍謀祭酒로 임용됐다. 그러나 환온이 실패하자 더 이상 그를 따르지 않았고, 3년이 지난 시점에 부견을 만난 것이다.

상서 여파루가 쿠데타를 준비하는 부견에게 "저의 마을에 살고 있는 왕맹이라는 사람은 꾀를 내고 전략을 세우는 것에 탁월한 능력이 있습니다. 다만 과거의 일로 세상에 나오기 힘든 사람이니 전하께서 의당 그를 청하셔서 자문하십시오."라며 왕맹을 추천했다. 그 후부터 부견은 한족인 왕맹에게 기밀사항을 관장하는 일에 참여하게 했다. 쉽지 않은 일을 감행한 것이다. 또한 상서에서 문서가 잘 처리되지 않자, 담당 책임자를 면직하고 왕맹으로 하여금 그를 대신하게 했다. 종족이 다르다는 것을 염두에 두지 않고 능력 본위로 왕맹을 중용했다고 할 수 있다.

이렇게 되자 종친인 저족과 공훈을 세웠던 사람들이 권력에서 소외되었고, 그로 인해 한족인 왕맹은 많은 질시를 받았다. 특히 과거 전진을 세웠던 부건을 도와 관중지역을 평정한 저족출신의 고장후姑臧侯 번세樊世는 "우리들은 밭을 갈고 그대는 이를 먹는군요."라며 불평했다. 고생은 부씨들이 했는데 부건시대에 와서 왕맹이 권력을 쥐게 되었다는 말로, 아무런 공로 없이 왕맹이 높은 대우를 받는 것이라고 본 것이다. 이들은 여전히 한족과 북방족과의 대립적 감정을 노골화했다.

그러자 왕맹은 한 발 더 나아가서 "그대에게 밭을 갈게 할 뿐만 아니라 또한 장차 그대에게 밥도 짓게 하겠소."라고 화답했다. 저족 왕조인 전진에서 한 말로는 지나치다 싶을 정도였다. 번세 역시 화를 내며 "네 머리를 장안성의 문에 걸어 놓아야겠다. 만약 그렇지 않는다면 나는 세상에 살지 않겠다."라며 왕맹을 협박했다.

부견이 이를 어떻게 처리하느냐에 따라서 전진이 저족만의 왕조가 될 것인지 아니면 전 종족을 아우르는 왕조가 될 것인지 결정되는 중요한 문제였다. 이때 부견은 능력 있는 왕맹을 두둔하고 같은 저족 출신의 번세가 특별대우를 받으려는 생각을 가진 것에 대해 못마땅하게 생각했다. 때마침 번세가 들어와 부견 앞에서 왕맹과 논쟁을 벌였고, 번세는 일어나 왕맹을 치려고 했다.

이는 자신이 왕조를 일으킨 저족이기에 당연히 특별한 대우를 받아야 할 것으로 인식하고 있었기 때문에 가능한 행동이었다. 이를 지켜보던 부견이 화가 나서 번세의 목을 베었고, 그 후 여러 신하들은 왕맹을 보면 두려움에 모두 숨도 제대로 쉬지 못했다. 이처럼 저족의 반발을 무릅쓰고 유능한 인재를 채용하기란 쉬운 일이 아니었으나 부견은 이를 실천에 옮겼다. 부견은 출신이나 배경보다는 오로지 사람의 능력만을 가지고 판단하고 채용한 것이다.

당시 중국에는 본래 살고 있었던 한족과 또 북쪽에서 내려온 이른바 5호라 불리는 흉노족, 선비족, 강족, 저족, 갈족이 혼재하며 살고 있었다. 따라서 천하통일에는 서로 다른 종족의 통합이 필수적으로 따라야하는데, 그러기 위해서 종족의 구별 없이 채용하고 등용하는 것이 필요하다. 부견은 이미 이러한 종족적 한계를 뛰어넘는 통합정책을 시행하고 있었던 것이다.

당시 전진에서는 태후의 동생 강덕強德이 술에 취해 횡포를 부리며 다른 사람의 재화와 자녀를 노략질하는 일이 잦아 백성들의 원성이 심했다. 이에 왕맹은 강덕을 체포했다. 부견이 사자를 보내 그를 사면하려 했으나, 왕맹은 사자가 도착하기도 전에 먼저 죽여 저잣거리에 사체를 전시했다. 천왕인 부견이 판결을 결정짓기도 전에 자기 마음대로 판결을 내려 법을 집행한 것이다.

사실 부견의 입장에서 왕맹의 이러한 월권 행동은 수용하기 쉽지 않은 일이다. 그러나 왕맹의 입장에서는 부견이 직접 태후 동생의 횡포를 제어하기가 어렵지 않겠냐는 짐작에서 대신 처리해준 것이었다. 그렇다고해도 자신의 허락을 받지 않고 처남을 처형한 왕맹을 용납하기란 쉽지 않았을 것인데 부견은 이를 수용했다. 자신의 친인척에게도 공정한 법집행을 적용한 것이다.

이러한 부견의 통합정책은 왕맹에게만 국한되었던 것은 아니었다. 안정安定 출신의 한족인 등강을 채용한 데서도 찾아볼 수 있다. 부견은 그에게 어사대부의 업무를 맡겼는데 그 역시 부견의 의도를 잘 파악하여 아무런 거리낌 없이 옳고 그름만으로 사건을 규명했다. 그래서 등강이 조정에 등용된 지 수십 일 사이에 권력 있는 호족과 귀한 친척들 가운데 형벌을 받고 면직되거나 죽은 사람이 20여 명이 되었다. 등강을 통해 역시 부견은 종족 구별 없이 사람을 채용했던 것을 재확인할 수 있다.

　하여간 부견의 신임을 독차지한 왕맹은 1년에 다섯 번을 승진했다. 그러자 권력이 그에게로 집중되면서 부견에게 그를 시기하고 헐뜯는 사람이 늘어났다. 하지만 부견은 그들의 말에 현혹되지 않고, 오히려 그들에게 죄를 주었다. 그러자 여러 신하들은 감히 다시 말을 꺼내지 못했다.

　비록 왕맹이 올곧은 사람이고 재능이 있어서 일을 잘 처리한다고 해도 부견이 종족을 차별하고 그를 적극적으로 밀어 주지 않았다면 불가능했을 일이다. 부견은 왕맹이 한족이기는 하지만 그를 철저하게 믿었고, 그렇기 때문에 그를 중심으로 정치적인 쇄신을 단행했다. 그 때문에 전진은 강력한 나라가 될 수 있었고, 북조를 통일할 힘을 비축할 수 있었다.

북조의 통일

이렇게 국력을 기르고 종족을 통합하는 정책은 바로 북조의 통일로 이어진다. 부견은 천왕의 자리에 오른 지 13년 만인 태화 5년(370년)에 동부지역에서 강력한 세력을 가지고 있었던 모용씨가 세운 연燕. 전연을 정벌하는 데 성공한다.

부견은 사실 그 전해에 전연과 힘을 합쳐서 동진의 장수인 환온의 북벌을 효과적으로 방어했었다. 그러면서 전연의 상황을 대체로 파악하게 된 것이다. 이때 왕맹이 앞장서서 전연의 공격을 이끌었다. 반대로 전연의 황제 모용위慕容暐는 전진 왕맹의 공격을 예상하여 그에 대비하자는 상서좌승 신소申紹의 건의를 묵살했다.

어쨌든 왕맹은 전연의 형주荊州자사인 무위왕武威王 모용축慕容筑에게 '이미 전진이 강한 나라가 되었으니 항복하는 것이 유리할 것'이라는 편지를 보냈다. 그래서 모용축은 전진에게 저항하다 잡히는 것보다 바로 낙양성을 가지고 항복하는 것이 낫다고 판단하여 전진으로 귀부하여 왔다.

그 후 전연의 상당 태수인 안남왕安南王 모용월慕容越까지 포로로 잡혔고, 이 소문을 들은 많은 전연의 군현들이 항복해 왔다. 그리고 결국 어리석은 전연의 황제 모용위는 전진의 군사들에게 붙잡혔고, 전진은 전연을 통합했다.

전연을 멸망시킨 전진은 다시 그 서북쪽에 위치한 전량前涼을 합병해 나갔다. 전량은 서진의 약화로 양주목으로 독립한 장궤張軌. 255~314로부터 시작된 나라이다. 전량은 그 위치가 서북쪽에 비켜 있었다는 것 때문에 전쟁의 소용돌이에서 비교적 안전할 수가 있었다. 그 후 장궤의 후손 장무張茂가 석륵의 후조로부터 양왕으로 책봉받아서 정식 왕조가 되어 있었다.

그러나 전량의 장씨 왕조가 대를 이어가면서 전진의 서북쪽에서 왕조를 유지하는 것은 전진의 입장에서는 자기 뒤통수를 전량에게 내어주는 형국이었다. 그래서 부견은 전연을 합병한 이듬해(364년)에 바로 전량에서 쿠데타를 일으킨 장천석을 대장군·양주목涼州牧·서평공에 임명하여 전량을 번국으로 삼으려고 했다. 그러나 장천석이 전량에서 통치권을 장악하고 나자 전진에 대한 번국이 아님을 선언함으로써 전진과 전량은 적대국이 되었다. 우려대로 등 뒤에 적국을 두게 된 것이다.

이에 부견은 이 근처 지역에서 어느 정도 독립적인 지위를 갖고 있었던 농서隴西, 감숙성 농서현사람 이엄李儼과 강족羌族인 염기斂岐와의 다툼을 이용하여 다시 전량을 압박했다. 그리하여 전량은 다시 전진의 번국이 되었지만, 장천석은 이미 전진을 배반한 전력을 가지고 있었다. 전진의 입장에서는 그가 언제 다시 배반할지 모르기 때문에 반드시 이를 정벌해야 했다. 결국 장천석은 수천 기병과 더불어 고장姑臧, 감숙성 무위시으로 도망했고 뒤이어 전진의 병사가 고장에 이르자 장천석이 군영의 문에서 항복했다.

이 모든 정복계획을 세우고 실천한 왕맹은 전량을 정복하기 1년 전에 죽었지만 전진의 부견은 왕맹의 도움을 받아 천왕이 된 지 19년 만인 전진 건원 12년(376년)에 전연과 전량을 합병하여 북조北朝를 완전히 통일하게 되었다.

성공한 다음에 시작한 사치

전진의 부견은 후한 말 이후 삼국으로 나뉘었던 중원을 통일한 서진西晉이 8왕의 난을 거치고 5호가 남하하여 북조가 분열된 지 74년 만에 전연에 이어 전량까지 멸망시킴으로써 드디어 북조 통일이라는 위대한 업적을 완성했다. 이제 남은 것은 장강유역에 머물고 있는 동진東晉뿐이었다. 그러나 북조를 통일한 부견은 신기한 기물器物에 관심을 기울이기 시작하여 전연에게 멸망한 후조後趙에서 궁중의 기물을 만들던 웅막熊邈을 가까이 했다.

웅막은 부견에게 "석씨가 세웠던 후조의 궁궐에서는 매일매일 진기한 기물이 쏟아져 나왔습니다. 그리하여 후조의 궁궐은 진기한 완구로 가득 차 있었습니다."라고 말하며 부견을 유혹했다. 후조가 사치하다가 멸망한 사실을 본다면 그것이 왕조를 약화시키는 것임을 알아야 했지만, 이 말을 들은 부견은 주함舟艦, 배과 병기를 크게 수리하고 금과 은으로 장식하게 했다. 어느 정도 성공을 거두자 안일한 마음으로 사치에 빠지기 시작한 것이다.

이를 보고 전연에서 전진으로 망명 온 모용농慕容農이 그 아버지 모용수慕容垂에게 말했다. "왕맹이 죽고 난 후 전진의 법과 제도가 나날이 쇠퇴하며 무너지고 있습니다. 더불어 황제 부견은 공정함을 잃고 스스로 사치에 눈이 멀었으니, 장차 이 나라에 재앙이 덮쳐 올 것입니다." 부견이 사치해 지자 모용농이 이를 보고 그 말로를 짐작하여 예언한 것이다.

그리고 한 걸음 더 나아가서 모용농은 모용수에게 "예언서 도참圖讖에서 이르기를 하늘의 뜻이 다시 우리 모용씨에게 효험이 있다고 합니다. 대왕께서는 마땅히 영웅호걸들을 불러 하늘의 뜻을 받들어 때를 놓치지 마십시오!"라고 하였다. 전진에게 멸망한 전연의 재건을 독려한 말이었다.

자신이 장차 황제자리에 오른다는 예언의 말에 모용수는 웃으며 말했다. "천하의 일은 네가 알 수 있는 것이 아니다." 당연히 전진에 망명해 와 있는 입장에서 신중을 기한 말이었지만, 그로부터 7년 뒤 모용수는 결국 자기의 고향으로 돌아가서 다시 연나라를 재건하여 후연後燕을 세웠다.

초심을 잃기 시작한 부견

사실 부견의 일탈 행동은 전연을 멸망시킨 다음부터 간헐적으로 일어나기 시작했다. 전연이 망한 후 모용수의 처리 문제를 두고 비서시랑 조정趙整은 "모용씨는 반란의 불씨입니다. 따라서 선비족鮮卑族은 반드시 씨를 말려야 합니다."라며 전연에서 망명 온 모용수를 포함한 황족들을 죽이자고 강력하게 주장했다. 조정은 환관이었지만 두루 넓게 공부한 사람이다. 기억력이 좋으며 글을 잘 짓고 직언하기를 좋아하여 앞뒤로 간언한 것이 50여 가지에 이를 정도였다. 하지만 조정의 이런 조언에도 부견은 귀를 기울이지 않았다.

하루는 부견이 모용수의 부인과 함께 가마를 타고 궁궐 뒷 정원에서 놀고 있었다. 이를 본 조정이 노래를 불렀다. "참새가 제비집으로 들어가서 보이지 않고 다만 뜬 구름이 해를 가리는 것만 보이더라." 여기서 참새는 부견을, 제비집은 전연['燕'은 제비라는 뜻] 출신인 모용수의 부인을 은유적으로 가리키는 말이다. 부견이 당장의 즐거움을 위해 모용수의 부인과 노는 것을 노래에 빗대어 부견에게 간언한 것이다. 조정의 뜻을 알아차린 부견은 얼굴빛을 고치고 모용수 부인을 가마에서 내리게 했다.

물론 부견은 조정의 이 노랫말을 따르기는 했지만 잠정적인 위험인물인 모용수를 제거해야만 한다는 안목이 없었다. 이미 초심을 잃기 시작한 모습을 보인 것이다.

간언을 듣지 않은 부견

부견의 사치는 점점 심해졌고, 그 와중에 부견은 서역 정벌계획을 세우기 시작했다. 서역 정벌은 사치의 또 다른 표현이었다. 사실 천왕자리에 막 올랐을 때 부견은 되도록 군사를 동원하려 하지 않았고 자신도 지극히 겸손했었다. 하지만 시간이 흘러 북조를 통일한 부견에게 어디에서도 더 이상 겸손을 찾아 볼 수 없게 되었다.

초심을 잃은 부견은 여광呂光을 포함한 여러 장군들로 하여금 군사 10만 명과 철기 5천을 모아서 서역을 정벌하게 했다. 막대한 비용과 전력을 쏟은 것이다. 이에 대해 부견의 어린 동생 양평공 부융苻融은 "서역은 거칠고 멀어서 그 백성을 얻는다 해도 부릴 수 없으며, 그 땅을 얻는다 해도 먹고 살 수 없습니다. 한 무제가 그곳을 정벌했으나 얻은 것으로 잃은 것을 보충하지 못했습니다. 지금 만 리 밖에서 군사들을 수고롭게 하여 한나라의 과실을 뒤쫓으려 하시는 것이니 신은 남몰래 이를 애석하게 여기고 있습니다." 라며 서역 정벌은 백해무익하다고 간했다.

한 무제의 서역 정벌은 한 왕조의 대외확장으로 평가하는 경우가 많지만 실제로 그것 때문에 한 왕조는 피폐하기 시작했고, 결국 멸망으로 이르게 했으니 부융의 간언은 옳은 말이었다. 그러나 정복이라는 또 다른 사치에 빠진 부견에게 이러한 간언은 들리지 않았다. 훗날의 일이긴 하지만 부견의 명령을 받아 서역 정벌에 나섰던 여광은 돌아오던 길에 전진이 멸망시킨 전량의 터인 감숙지역에서 다시 후량을 세웠다. 합병했던 전량지역이 다시 독립하게 되는 단초를 만든 것이었다.

또 부견은 전연 출신 사람들을 대거 등용하여 전진의 조정에서 자리를 잡게 했다. 이를 본 태사령 장맹張孟은 천시天時를 들어서 선비족인 전연 출신들을 잘라내라고 간언하면서 모용수가 연나라를 재건할 것을 걱정했다. 물론 부견은 다양한 종족들로 구성된 통일된 북조를 이루려는 생각에서 전연 출신을 조정에 들인 것이겠지만, 각기 다른 종족 다섯이 모두 통합하여 통일을 이루기에는 여전히 이른 시점이었다. 전연의 선비족과 전진의 저족 사이의 반목이나 차별감이 남아있어 완전한 화합을 이루지 못한 상태에서 통일국가를 만들기란 쉽지 않다. 불안요소가 남아있으니 선비족을 경계하라는 말이었다.

또 장맹이 이어서 부견에게 말했다. "전연의 인사들이 전진의 조정에 계속 남아있는다면 10년 뒤에 전연의 인사가 전진을 멸망시킬 것입니다. 모용씨들이 우리들을 원수로 여기는데 우리 조정에 귀한 자리에 널리 늘어서 있으니 신은 이 점이 걱정입니다. 폐하께선 의당 그들의 우두머리를 잘라내어 천변天變을 없애셔야 합니다."

이처럼 종족 간의 갈등이라는 측면에서 다섯 호족은 아직 화합한 상태가 아닌데도 부견은 북조를 통일했다고 하여 마치 이 다섯 호족이 자기 앞에서 화합한 것으로 착각하고 있었다. 북조를 통일하고 권력을 장악한 부견은 각 종족들이 면종복배하는 상황을 제대로 살피지 못하고 있었다. 그래서 부견은 장맹의 의견을 듣지 않았다. 부견은 전진으로 망명 온 모용씨를 후하고 귀하게 대접했기에 자기를 배신하지 않을 거라고 생각했던 것이다. 그는 자신을 너무 과신하면서 더 이상 사람들의 간언을 듣지 않았다.

반대 속에 세운 동진 정벌 계획

부견은 드디어 남조 동진을 토벌하기로 마음먹었다. 전연과 전량을 정복하고 그외의 작은 세력들도 정복하여 북조를 통일했으니, 남조 동진만 정벌한다면 천하통일은 눈앞에 이루어지는 것이라고 생각했다. 부견은 더 이상 겸손하지도 신중하지도 않았다. 단지 북조를 통일했다는 것을 자랑스럽게 생각하며 명성을 얻기 위해 중원을 통일하려 한 것이다.

 전량을 정복하고 6년이 지난 건원 18년(382년)에 부견은 여러 신하들에게 동진 정벌에 관해 의견을 꺼냈다. "내가 왕업王業을 이어받은 지 30년이 다 되어 가는데, 사방으로 경략經略하고 평정했으나 오직 동남쪽의 한 모퉁이만은 아직도 나의 교화를 적시지 못하고 있소. 지금 97만 명의 나의 병사들로 이를 토벌하고자 하는데 경들의 생각은 어떠한가?" 당시 근 100만 명에 다다른 전진의 군사력은 동진의 군사력과 비교할 수 없을 정도로 강력했다. 그래서 부견은 자신 있게 동진 정벌을 주장했다.

그러나 상서좌복야 권익權翼은 "옛날에 주왕이 무도無道했으나 세 명의 어진 사람이 조정에 있었기에 무왕은 오히려 군사를 돌렸습니다."라며 정벌은 함부로 계획하는 것이 아니라고 전제했다. 이어서 분명하게 동진 정벌을 반대했다. "지금 남조의 동진은 비록 작고 약하나 아직 크게 악한 일을 한 적이 없고, 군주와 신하가 화목하며 안과 밖이 한 마음입니다. 따라서 신이 보건데 아직 도모할 때가 아닙니다."

태자좌위솔太子左衛率 석월石越 역시 "지금 세성歲星과 진성鎭星이 두성斗星를 지키고 있으므로 복과 덕이 오吳, 동진에 있습니다. 지금 그들을 정벌하시게 되면 반드시 하늘의 재앙이 있을 것입니다. 또 저들은 양자강의 험준한 곳을 점거하고 있고 백성은 그들을 위해 사용되니 아직은 정벌할 수가 없습니다."라며 별자리를 들어서 부견의 뜻에 거부의사를 표시했다.

이렇게 반대 의견이 나오자 부견은 이들의 논리를 비판하면서 자기의 뜻을 관철하려고 했다. "옛날에 무왕이 주왕을 정벌할 때도 세성歲星을 거역하고 점괘를 어겼다. 하늘의 길은 그윽하고 멀어서 쉽게 알 수가 없다. 또한 부차夫差, 월왕와 손호孫晧, 오의 마지막 황제는 모두 강과 호수를 점거하고 굳게 지켰으나 멸망을 면하지 못했다. 지금 나의 군사가 양자강에 채찍만 집어던져도 그 흐름을 끊기에 충분한데 무슨 말이 더 필요하겠는가!"

강남지역에 있던 월나라 부차나 삼국시대 오나라도 정벌된 일이 있으니 별자리라는 것은 믿을 수 없다고 하면서, 많은 전진의 군사들이 그들의 말채찍을 양자강에 모두 던지기만 해도 강물이 흐르지 않을 것이라는 과장된 말까지 한 것이다.

그러나 반대하는 사람들의 뜻도 완강했다. "삼국의 군주는 모두 음란하고 포악하여 도道가 없었습니다. 그런 까닭으로 적국이 그들을 빼앗는 것이 길거리의 물건을 줍는 것보다 쉬웠던 것입니다. 지금 동진은 비록 덕이 없다 하나 아직은 커다란 죄를 짓지 아니했으니 바라건대 폐하께서는 병사를 돌보시고 곡식을 쌓으면서 그들이 틈새가 생길 때를 기다리십시오."

여기서 삼국이란 고대의 상商. 은나라과 춘추시대의 오吳, 그리고 삼국시대 손씨가 세운 동오東吳를 말한다. 역사적으로 보았을 때 북쪽에서 남쪽에 자리한 이들을 모두 정복했지만 그 시대에는 그들의 군주가 모두 음란했기 때문이라는 의미였다. 이 말은 지금 동진의 군주는 음란하지 않으니 그 조건과 상황이 다르다고 말린 것이다.

묵살된 논리적인 반대

여러 반대에 부딪친 부견은 동생 부융과 이 일을 논의하고자 했다. "옛날부터 커다란 일을 결정하는 사람은 한두 사람의 신하에 불과했을 뿐이다. 지금 많은 사람들의 말이 분분하여 헛되이 사람의 마음만 어지럽게 할 뿐이니 나는 마땅히 그대와 더불어 이 문제를 결정해야 하겠다." 동생 부융의 의견을 존중하겠다고 하지만 진정한 그 속뜻은 동진 정벌에 찬성해 달라는 말이었다.

그러나 부견의 예상과는 달리 부융은 반대의 뜻을 보였다. "지금 동진을 정벌하는 데는 세 가지의 어려움이 있습니다. 하늘의 길에 순응하지 못한 것이 첫 번째이며, 동진에 아무런 틈새가 없는 것이 두 번째이고, 우리 전진의 병사들이 잦은 싸움으로 지쳐 있고 백성들은 적을 두려워하는 것이 세 번째입니다. 여러 신하들 가운데 동진을 정벌할 수 없다고 말하는 사람은 모두 충신이니 바라건대 폐하께서는 이를 들어주십시오."

찬성하리라 믿었던 부융이 조목조목 논리적으로 반대하자 부견은 얼굴에 불쾌함을 나타내며 "너 또한 그와 같다면 내가 다시 누구를 바라보겠는가!"라고 말했다. 그리고는 "나의 강한 병사는 100만 명에 달하고 물자와 무기가 산처럼 쌓여 있다. 또한 나는 비록 아직은 선량한 군주는 아니지만 또한 사리에 어둡고 약하지도 않다. 계속하여 승리한 기세를 타고서 망해가는 나라를 치고자 하는 데 어찌 이기지 못한다는 걱정을 하며 이 나머지 도적을 남겨놓아 나라의 근심을 오래가게 한단 말인가?"라고 동진정복이 가능하다며 자신의 의견을 피력했다.

부융이 "동진은 멸망시킬 수 없음이 아주 분명합니다. 전진의 위대한 장군 왕맹은 '동진이 비록 장강의 남쪽 외딴 곳에 있기는 하지만 정삭正朔을 계승하고 있기 때문에 위아래가 편안하고 화목하니, 신이 죽은 뒤에도 동진을 도모하려고 하지 마시기를 바랍니다. 선비족과 서강족西羌族은 우리의 원수가 되는 적들이니 끝내는 사람들의 근심거리가 될 것입니다. 의당 차츰 그들을 제거하셔서 사직을 편하게 하십시오.'라고 유언을 남겼습니다. 동진 황실은 정통성이 있지만 우리 전진은 정통성이 없어 기회만 있으면 다른 종족이 황제자리를 넘본다고 했습니다. 잠시 힘이 없어 움츠리고 있는 것을 오해해서는 안 됩니다. 다른 종족은 믿을 수가 없다는 왕맹의 유언을 상기하십시오."라며 울면서 간곡하게 말했다. 부견이 크게 믿었던 왕맹의 유언까지 거론하며 확고부동한 반대 의사를 내놓았다.

이번에는 태자 부굉苻宏이 다시 별자리를 들먹이며 반대했으나, 부견은 듣지 않았다. 부견이 총애하는 장張 부인까지 나서서 "지금 조정과 재야에 있는 사람들이 모두 동진을 정벌할 수 없다고 말들을 하는데 폐하께서 홀로 뜻을 결정하여 이를 시행하시니, 첩은 폐하께서 어떤 이유를 갖고 계신지 알지 못하겠습니다."라고 반대하면서 백성들이 총명하니 백성들의 말을 따르라고 했다. 그러나 부견은 "군사에 관한 일은 부인이 참견할 일이 아니오."라고 일축했다. 또 부견이 가장 총애하는 어린 아들 중산공中山公 부선苻詵 역시 간했지만, 이 또한 "천하의 큰일을 어린 아이가 어찌 알겠는가!"라는 말로써 잘라 버렸다.

수용 안 된 타협안

사실 부견의 동진 정벌에 찬성한 사람이 없었던 것은 아니었다. 비서감祕書監 주융朱彤은 적극적으로 "동진을 정벌하는 일은 곧 하늘을 대신하여 우리 전진이 동진에게 징벌을 내리는 것과 같습니다. 우리가 동진을 공격한다면 반드시 동진의 황제를 잡을 수 있을 것입니다."라며 동진 정벌을 권고했다. 그러면서 "산동에 있는 영산靈山·태산에서 봉선封禪의 제사를 지내면 천하통일을 하늘에

고할 수 있습니다. 이는 천년에 한번 오는 기회이니, 이를 놓쳐서는 안 될 것입니다."라며 부견의 뜻에 적극 찬성했다.

또 전연에서 전진으로 망명 온 모용수도 찬성했다. "약한 것이 강한 것에 합쳐지고 작은 것이 큰 것에 합쳐지니 이것은 이치의 형세로 보아 자연스런 것이므로 알기 어려운 것이 아닙니다." 아울러 "전하께서 천하를 통일하시어 그 천하를 후손에게 물려주시면 그 이름을 역사에 길이 남길 수 있습니다. 게다가 지금 전진에는 덕망 높은 명장들이 많이 있습니다. 그러한데 전하께서는 지금 무엇을 두려워 망설이고 계신 것입니까?"라고 말하며, "진晉이 삼국을 통일하면서 손권의 오吳나라를 공격할 때에도 장화張華와 두예杜預 등 두세 명의 신하와 논의했을 뿐, 조정의 모든 사람에게 묻지 않았습니다."라는 말로 부견에게 힘을 실어 주었다.

이 말을 들은 부견은 크게 기뻐하며 "나와 더불어 천하를 평정할 사람은 오로지 경卿뿐이오."라고 말하며 비단 500필을 모용수에게 하사했다. 자기의 뜻에 찬성하는 사람의 말만 귀에 들어 온 것이다. 결국 부견은 "이러한 것은 이른바 지나가는 자에게 집 짓는 일을 묻는 것과 같으니 오직 내가 스스로 결단해야 할 뿐이다."라며 신하들의 반대 의견을 마치 지나가는 사람들의 의견으로 취급했다. 그리고는 "내가 동진을 치고자 하면서 그 강함과 약함의 형세를 헤아려서 본다면 마치 센바람이 가을의 낙엽을 쓸어내듯이 할 것인데 조정의 안팎에서 모두가 안 된다고 하니 참으로 나는 이해할 수 없다."라는 말로 자신의 결정을 합리화했다.

부견은 이미 동진 정복을 마음으로 결정한 상태였기 때문에 이러한 중대한 일을 공론으로 결정하기 어렵다는 것을 깨달았다. 마침내 부견은 동진 정복을 선언했다. 그러자 신하들은 당시 부견이 불교 승려 도안道安을 믿고 따르는 것을 이용하여 도안으로 하여금 부견에게 넌지시 동진 정벌을 중지하라는 건의를 하도록 부탁했다.

이 부탁을 받은 도안은 부견과 같이 수레를 타고 동원東苑에서 노닐던 중 부견에게 우회적으로 말을 돌려 이야기를 꺼냈다. "폐하께서는 하늘에 순응하여 세상을 거느리고 한가운데 땅에 살면서 사방을 다스리니 스스로 요堯와 순舜만큼 융성하다고 비교해도 충분할 것입니다. 어찌하여 반드시 즐풍목우櫛風沐雨하며 먼데 있는 지방을 다스리려 범하시는 것입니까? 또 동남쪽은 땅이 낮고 축축하여 찬 기운이 쉽게 생기므로 우순虞舜께서도 여행하다 돌아오지 못했으며 대우大禹께서도 갔으나 다시 오지 못했는데, 어찌 주상께서 대가大駕를 수고롭게 할 만하다 하겠습니까?"

그러나 도안의 진의를 파악하지 못한 부견은 오히려 자기가 수고하는 것을 염려한 말로 받아들이고서 자기는 괜찮다고 대답했다. 도안은 애써 타협적인 방법을 제시했다. "도저히 어찌 하는 수가 없다면 폐하께서는 마땅히 낙양洛陽에 머무르면서 사자를 파견하여 앞에서는 한 자되는 편지를 받들게 하고, 뒤에서는 제장들이 6사師를 거느리게 하면 저들은 반드시 머리를 조아리며 신하로 들어올 것이니, 꼭 친히 양자강과 회수淮水를 건너가실 필요가 없습니다."

직접 군대를 이끌고 동진 정벌 전쟁을 할 것이 아니라 외교적인 방법으로 동진을 압박하여 굴복시키는 것이 좋겠다는 의견이었다. 그러나 부견은 이 말 또한 듣지 않았다.

허장성세의 전진의 군사

드디어 해가 바뀌었다. 부견은 전연과 전량을 정복한 이후 자신감에 차 있었다. 그래서 많은 사람이 반대했고, 타협적 방법도 제시했으나 받아들이지 않았다. 이제 부견에게는 군사를 직접 이끌고 동진을 정벌하러 가는 길만 남았다.

전진 건원 19년(383년) 정월에 앞서 결정한 대로 부견은 여광을 파견하여 서역을 정벌하게 했다. 다시 4개월이 지난 뒤에 동진과 충돌이 있었고, 동진의 장수 환충桓沖은 물러났다. 이를 계기로 부견은 동진 정벌을 위한 준비에 들어갔다. 부견은 서역과 남쪽 두 곳에서 전쟁을 치를 생각을 가지고 있었다. 무리한 전쟁 계획인 것이다.

부견은 전쟁을 위해 대대적으로 군사를 징발하기 시작했다. 장정 열 명 당 한 명씩의 병사를 차출하게 했고, 또 양민의 자식 중에서 나이 스무 살 이하의 재능과 용맹이 있는 자는 모두 우림랑羽林郎, 초급지휘관으로 임명했다. 그러면서 "형세로 보아 돌아올 날도 멀지 않을 것이니 동진 황제 사마창명司馬昌明을 상서좌복야로 삼고, 동진의 재상 사안謝安을 이부상서로 삼고 환충을 시중으로 삼고서 우선적으로 그들의 저택을 새로 만들어줄 것이다."라고 허풍을 떨며 적을 경시했다.

그리하여 부견은 전진의 백만 대군과 함께 정벌전쟁을 개시했다. 그러나 백만 대군은 허울 좋은 수치였을 뿐이다. 많은 군사를 차출하기 위해 양민을 동원했는데 이들은 군사훈련을 받지 않아 싸울 줄 모르는, 군대에 짐이 될 뿐이지 보탬은 되지 않는 그저 백성이었다.

　부견은 8월에 양평공 부융을 파견하여 장자張蚝와 모용수 등의 보병과 기병 25만 명을 감독하여 이로 하여금 선봉에 서게 하고, 연주자사 요장을 용양龍驤장군·독익양주제군사로 삼았다. 부융이 왕맹의 말을 인용하며 염려한 대로 선비족 모용수와 강족 요장에게 중요한 임무를 맡긴 것이다. 한편 부견은 군사 60여만 명과 기병 27만 명과 함께 장안을 출발했다. 깃발과 북소리가 서로 바라보이는 것이 앞뒤로 천 리에 이르렀다. 동원한 군사의 숫자만을 가지고 본다면 동진은 이들을 감당할 수 없을 것이기 때문에 부견은 자신만만했다.

　9월에 부견이 항성項城, 하남성 침구현에 이르렀을 때 전진의 군사는 동서로 1만 리에 걸쳐 있었다. 육지와 바다로 일제히 진군했는데, 운반하는 배도 1만 척이었다. 서북쪽의 양주涼州와 동쪽의 유주幽州와 기주의 군대를 함께 모아 놓은 것이다. 하지만 전통적으로 앙숙인 동서의 군대를 함께 모아 놓았으니 서로 간의 소통을 기대하기 어려웠다. 어쨌거나 이렇게 많은 군사를 동원하긴 했지만 서로 간의 연락이나 정보의 교환 같은 것의 어려움은 고려되지 않은 거친 계획이었다. 더구나 1만 리를 달려 온 군사들의 피로문제도 전혀 생각하지 않은 듯 했다.

　이렇게 근 100만 명을 동원했는데, 이때 그 가운데 양평공 부융 등의 군사 30만 명이 먼저 영구穎口, 안휘성 영상현 동남의 정양관에 도착했다. 동진과의 경계선에 다가간 것이다.

겁에 질린 동진의 대응

어찌되었든 전진의 백만 대군이 동진의 국경지대로 몰려가니 동진 역시 부랴부랴 군대를 모아 방어준비를 차렸다. 하지만 동진의 군사는 8만5천 명밖에 되지 않았다. 100만 대 8만5천. 세력으로 보아 도저히 전진의 남하를 막을 방법이 있어 보이지 않았다. 동진의 도읍인 건강에서는 이 소식을 듣고 모두가 놀라고 두려워했다.

이때 동진에서 이 전쟁의 총책임을 진 사람은 재상 사안과 장군 환충이었다. 하지만 사안은 너무나 큰 전력의 차이로 아무런 대책을 세울 수 없었다. 그래서 그는 수레를 타고 나가 산중에 있는 별장에서 친척들과 친구들을 모아 놀면서 밤이 되어야 돌아왔다. 마치 모든 전쟁 준비를 끝마친 양 아무런 걱정이 없는 듯 태평함을 가장했다. 최소한 사람들의 동요를 막기 위한 행동이었다.

이때 불안에 떨던 환충이 사안에게 "지금 이러한 상태로 계속 간다면 도읍 건강建康, 남경이 심히 위태롭습니다. 저에게 정예의 병사 3천 명을 파견하여 경사京師를 지키도록 허락해 주십시오."라고 건의했다. 그러나 사안은 "고작 군사 3천 명으로 경사를 지킨다면 이는 경사가 위태롭다는 것을 모든 사람에게 광고하는 꼴일 뿐, 실제적으로 경사는 막을 수 없습니다."라고 말하며 이를 거절했다.

이를 본 환충은 답답한 마음에 탄식하며 말했다. "사안은 조정의 기량은 있으나 군사의 계략에는 익숙하지 못하다. 지금 많은 적군이 코앞까지 닥쳐왔는데, 바야흐로 노닐며 담소하는데 겨를 이 없다. 또 아무런 경험이 없는 어린 소년을 파견하여 막게 하고, 그 숫자 또한 적고 약하여 천하의 일은 이미 알 수 있으니 우리는 옷깃을 왼쪽으로 여미고는 항복하게 될 것이다."

환충은 전쟁을 총 지휘하는 사안이 나이 어린 장수를 일선으로 보내고, 그 숫자도 적은 것을 보고 전진의 군대를 도저히 막을 수 없다고 판단한 것이다. 그래서 결국 북쪽에서 내려오는 5호들이 옷 입는 관습을 따라하게 될 것이라고 절망적으로 전망한 것이다.

자신만만한 전진의 군대

예상대로 전진의 군사는 파죽지세로 동진을 공략했다. 동진의 수양壽陽, 안휘성 수현과 운성鄖城, 호북성 안륙시이 함락되었고, 동진의 장수 사석謝石과 사현謝玄 등이 전진의 군사를 막기 위해 진을 쳤으나 두려워하여 감히 나아가지 못했다. 전쟁의 상황은 모든 것이 동진에게 불리했다.

이때 동진의 장군 호빈이 은밀히 사석에게 전령을 보냈다. "지금 적군은 강성한데 양식이 다했으니 아마 다시는 대군을 볼 수 없을 것입니다." 병사의 수도 적을뿐더러, 그 적은 군사를 먹일 양식조차 없어지자 스스로 죽는 길밖에 없다고 판단하여 사석에게 결별의 인사를 한 셈이었다. 결국 전진의 군사들은 동진의 장군 호빈을 사로잡고는 "적군이 적어 쉽게 사로잡을 수 있습니다만, 단지 도주할까 두려우니 마땅히 신속히 그곳으로 가야 합니다."라고 부견에게 보고했다. 전진의 승리를 의심하는 사람은 아무도 없었다. 연전연승의 전과였다.
 부견이 마침내 경무장한 기병 8천 명을 이끌고 밤낮으로 길을 달려서 동진으로 들어갔다. 부견은 자신감에 차 있었고, 동진도 전의를 잃은 상태였기 때문에 싸우지 않고도 이길 수 있으리라는 기대로 동진이 항복하는 것을 직접 보고자 했다.
 이때 부견은 동진 출신으로 전진에서 탁지상서의 벼슬을 하고 있는 주서朱序를 동진에 파견하여 동진의 장군 사석에게 "강함과 약함의 기세가 다르니 빨리 항복하는 것만 못합니다."라며 항복하도록 권고하게 했다. 형세로 보아 동진이 버틸 수 없을 것이니 빨리 항복하는 것이 유리하다고 전한 것이다.

부견이 미처 알지 못한 사실

공식적으로는 동진에게 항복을 권유한 주서가 사사로이 사석에게 묘한 말을 했다. "만약 전진의 백만 무리가 다 도착하면 진실로 대적하기 어려울 것입니다. 하지만 아직 전진의 군사가 모두 모이지 않았습니다. 만약 동진의 군사들이 이 틈을 노려 신속히 이를 공격하여 그 선봉을 패배시킨다면 저들은 기세를 빼앗기게 될 것입니다. 분명 전진을 격파할 수 있습니다." 주서는 자기 고국 동진을 위해 방책 하나를 제시한 것이다.
 주서는 이미 2년 전에 전진에 항복하여 그곳에서 벼슬까지 하고 있었기 때문에 전진의 정벌군의 구성을 잘 알고 있었다. 그 수가 백만 명이라고 하지만 동서남북에서 급히 징발했고, 또 일부는 전혀 훈련되지 않은 사람도 있다는 것을 알았다. 그래서 초기에 동진이 승리하기만 하면 후방에서는 소문만 듣고도 무너질 수 있다고 본 것이다.

그러나 부견은 이런 주서의 행동을 알지 못했다. 공식적으로는 항복을 권유하는 말을 정확히 전달했기 때문이다. 다섯 호족과 한족이 뒤엉켜서 실질적인 통합을 이루지 못한 상황인데도 부견은 동진의 정벌에 중요한 임무를 선비족 모용수와 강족 요장에게 맡겼다. 잠시 힘 앞에 굴복하고 있는 척하는 것을 파악하지 못하고 진정으로 자기에게 넘어왔다고 생각한 부견의 착각이었다.

하지만 동진의 장군 사석은 주서의 말을 듣고도 부견이 동진에 들어왔다는 소식에 두려워 싸우지 않고 그저 전진의 군사를 지치게 하려고 했다. 전형적인 전술로 방어군이 오래 버티기만 한다면 보급로가 긴 정벌군은 제풀에 지쳐 결국 물러나게 된다는 이론이다. 동진은 방어하는 입장이므로 사석이 전진의 군대와 맞부딪치지 않고 오래 버티려고 한 것은 옳은 판단이라고 할 수도 있다. 하지만 동진의 또 다른 장군 사염謝炎의 생각은 달랐다. 초반에 전진의 군대를 공격하여 이길 수만 있다면 그 후방은 저절로 무너질 수 있을 것이라는 주서의 말에 새로운 전술을 구사하기로 했다.

동진이 선택한 전술

동진에서는 두 가지 전술, 즉 사석의 버티기 전략과 사염의 선제공략이 대두되었고, 논의 끝에 이 두 요건을 적절히 이용하기로 했다.

그리하여 11월에 동진에서는 유뢰지劉牢之를 파견하여 정예 병사 5천과 함께 진을 치고 대담하게 전진을 먼저 공격하기 시작했다. 이 싸움에서 전진의 보병과 기병이 붕괴되어 다투어 도망하니 병사 중에 죽은 자가 1만5천 명이었다. 동시에 전진의 장군과 현령을 포로로 잡고 그들의 무기와 군장비 등을 다 빼앗았다. 동진이 초반에 큰 승리를 하자, 이에 힘을 얻은 동진의 모든 군사는 수로와 육로로 계속 나아가면서 전진을 기습하기 시작했다.

부견은 전진의 군사가 동진에게 패배했다는 소식과 함께 동진 병부兵部의 진지가 엄격히 정돈된 것을 보았다. 게다가 멀리 보이는 초목들을 동진의 군사로 오인하는 어처구니없는 착각을 하고 "동진의 군사는 강한 적인데, 어찌 약하다고 했는가!"라고 한탄했다. 부견은 처음으로 동진에 대해 두려운 생각을 갖게 되었다.

동진의 선제공격으로 상황은 역전되어 이제 전진에서 진을 치기 시작했다. 단 한 번의 패배로 인해 전진이 오히려 공격적 자세에서 방어적 자세로 바꾼 것이다. 그리고 이어서 전진의 군사들은 황하와 양자강 중간에 있는 회하의 남쪽 지점인 낙간에서 패하여 다시 비수淝水로 물러났다.

이제 비수를 사이에 두고 전진과 동진의 군사가 대치하는 상황이 되었다. 양쪽 군사들은 어떤 전술을 쓸지 고민에 빠졌다. 이때 동진의 장군 사현이 전진의 부융에게 사절을 보내 말했다. "전진의 군대는 멀리서 원정을 왔기에 군량미 보급이 항상 위태롭소. 그렇기에 오래 버틸수록 불리해지는데, 그대의 군대가 물에 근접하여 진지를 세웠으니 이는 곧 오래 버티려는 계책으로 속전속결의 전략은 아니군요." 전진의 군대가 취한 조치를 꿰뚫어 보는 평가를 내놓으며 정벌하려고 온 전진의 자존심을 건드린 것이다. 그리고는 "만약 그대가 진지를 조금만 뒤로 물러나 우리 동진의 병사가 강을 건너 그곳에서 바로 승부를 결정하는 것이 그대의 군사에게도 좋지 않겠습니까?"라며 전진에게 유리한 제의를 했다.

원정 군대에게는 속전속결이 최상의 계책인데, 버틸수록 유리한 동진에서 오히려 먼저 싸우자고 하니 전진의 입장에서 이 제의를 거절하기는 쉽지 않았다. 만약에 이 제의를 거절한다면 전진은 정벌군이 아니라 방어군의 태도를 취하게 되는 것이고 이 같은 태도를 취한다는 것은 정벌군의 명성을 크게 떨어트리는 것이었다.

그래서 전진의 장군 부융은 이 제의를 받고 고민했다. 물론 원정군인 전진의 군대는 전투가 오래될수록 불리한 것은 사실이지만, 비수를 막고 있는 이 상황에서 동진의 군사들 역시 더 이상 전진하여 공격할 수 없었고, 조금만 버티면 후방에서 전진의 지원군이 오기 때문이다. 정답이 없는 상황이었다.

이때 전진의 장수들은 "우리 전진의 군사는 많고 저들 동진의 군사는 적습니다. 그들을 막아 만전을 기할 수 있도록 해야 합니다."라며 만사를 안전하게 끌고 가야한다는 의견을 내놓았다. 정벌군은 속전속결해야 한다는 일반적인 전술과 반대되는 주장이었다. 그러나 부견은 그와 반대로 정벌전쟁을 빨리 끝낼 수 있는 방법을 내놓았다. "아니다. 우리 군사를 조금 물러나는 척하다 그들이 절반쯤 강을 건너올 무렵, 전진의 철기鐵騎로 그들을 쫓아 죽이면 동진의 군대를 섬멸할 수 있다." 이는 병법에 맞았고 또한 전술적으로도 가능했다.

예상 못했던 혼란

부견의 의견에 부융 역시 찬성하고 마침내 군사를 물러나게 했다. 그러나 이미 동진과의 전투에서 패한 경험이 있던 병사들은 후퇴 명령을 받자 당황했다. 그래서 후퇴명령을 거둔 시점에서도 병사들은 여전히 혼란하여 조직적으로 명령이 전달되지 않고 제대로 지휘되지 않았다. 게다가 후방에서 전진의 군대를 지원하던 동진 출신의 주서가 "전진의 군사가 패했다."라고 소리치니 전진의 병사들은 더욱 우왕좌왕했다. 그리하여 한번 후퇴하기 시작한 전진의 군대는 멈추지 못하고 혼란에 빠져 계속 도망했다.

한편 동진에서는 사현과 사염이 군사를 인솔하여 강을 건너 전진을 공격했다. 부융은 말을 타고 진지를 순행하면서 후퇴하는 군사들을 통솔하다가 결국 동진의 병사에게 죽고 말았다. 부융은 황제 부견의 친동생이자, 왕맹이 죽은 이후로 실제로 전진의 군사를 지휘하던 사람이었다. 전진 군대의 중추적 인물이었던 부융의 전사는 전진에게 치명적이었다. 그렇게 전진의 군사는 붕괴되었다.

서로 짓밟고 밟혀서 죽은 전진의 군사들이 들을 덮고 내를 메웠다. 달아나던 군사들은 바람소리와 새 울음소리만 듣고도 모두 동진의 병사가 다가온 것으로 여기고 두려워했다. 그들은 낮과 밤을 쉬지 않고 풀숲을 헤치며 걷고 이슬을 맞으며 잠을 잤는데, 굶주리고 얼어서 죽은 사람이 열에 일고여덟이나 되었다. 동진의 군대는 승리의 기세를 타고 추적하여 전진의 군대를 몰살시켰다. 전진의 대패였다. 동진은 그들의 땅에서 전진의 군사를 모두 몰아내고 빼앗겼던 땅도 되찾는 의외의 대승을 거두었다.

상황이 이렇게 되자 전진 황제 부견은 자신의 마차를 버려두고 허겁지겁 도망하다가 떠도는 화살을 맞는 등 수난을 당했다. 또한 동진과의 경계지역인 회수淮水를 건너 북쪽에 이르자 배고픔이 심해졌다. 이때 백성 한 명이 밥과 돼지 넓적다리를 진상하자 부견은 허겁지겁 이를 먹고 비단 10필과 솜 10근을 하사했다.

그러나 그 백성은 "폐하께서는 안락함에 싫증을 느끼셔서 스스로 위험과 곤경을 차지하게 되셨습니다. 신은 폐하의 자식이고 폐하는 신의 아버지이시니 어찌 자식이 그 아버지를 봉양하고서 보답을 바라겠습니까!"라며 선물을 사양했다. 일개 백성에게조차 황제가 불쌍하게 보인 것이다. 이 백성도 부견이 실패할 것을 알았을지도 모른다. 다만 부견 자신만이 자기의 행동이 실패할 것이라는 것을 짐작도 못하다가 결국 처절한 실패를 맛보고 나서야 그 어리석었음을 깨달았다.

진 사람과 이긴 사람의 끝

비수의 전투에서 전진의 모든 군사들이 패배하여 무너졌으나 오직 선비족 모용수가 거느리는 3만 명만은 유일하게 어떠한 피해도 없이 온전했다. 모용수는 부견에게 동진 공격을 권고했었지만, 당시 모용수는 동진과의 전투에 참여하지 않고 별도로 운성을 공격하고 있었고, 그의 군대는 군기가 엄격하고 정연했기 때문에 무사했던 것이다.

모용수의 아들 모용보慕容寶가 그에게 말했다. "집안과 나라가 기울어지고 엎어졌지만 하늘의 명命과 사람의 마음은 모두 아버지에게 돌아왔습니다. 단지 지금은 아직 때에 맞는 운수에 이르지 않았으니 모습을 드러내지 말고 스스로 감추어야 합니다." 모용수의 고국 전연은 전진왕 부견에게 망했고, 또 그가 의탁한 전진도 망하게 되었으니 이를 하늘이 모용수에게 기회를 준 것으로 인식하라는 말이었다.

이어서 "지금 전진의 주군 부견이 패배하여 우리에게 몸을 위탁했으니 이것은 하늘이 그를 빌려서 곧 전연의 복록을 회복시키려는 것입니다. 이 기회를 놓쳐서는 안 됩니다. 바라건대 마음속에 있는 사소한 은혜를 가지고 사직이 중대하다는 것을 잊어버리지 마십시오."라며 말했다. 이에 모용수는 모용보에게 "아들아, 너의 말이 옳다. 하지만 전진의 왕 부견은 내가 어려울 때 도와주었으니 그 보답을 먼저 해야 한다. 그리고 그 다음의 일은 천천히 생각하기로 하자."라고 대답했다.

이 말을 들은 모용덕慕容德이 "전진은 전연을 병합했으니 은혜를 베푼 것으로 보면 안 됩니다."라고 다시 충고했다. 이에 대해 모용수는 "만약 전진의 운명이 궁색하게 된다면 산동지역에 전연을 다시 건설하겠지만 원래 전진의 영토인 산서지역에서는 욕심을 내지 않겠다."라고 말했다. 모용수의 입장에서 자기의 망명을 받아주고 보살펴 준 전진에 대한 최소한의 예의였을지도 모른다.

이러한 상황에서 후에 강족인 요장은 후진後秦을 세웠고, 선비족인 모용수는 후연을 재건했다. 이들 두 사람은 모두 부견의 동진 정벌에 동원된 사람이었다. 실제로 부견의 군대가 패배하여 후퇴할 때에 그들은 자신들의 군대를 온전하게 갖고 있었다. 결국 북조를 통일한 저족의 전진은 망하고, 다시 강족과 선비족이 북조를 나누어 갖게 되었다.

군사적 통일을 이루고 다른 종족의 지도자가 복종해 오자 그것을 정말로 서로 다른 다섯 종족을 통합시킨 것으로 잘못 알고 성급하게 믿었다가 벌어진 일이었다. 이제 다시 북조의 통일은 기약없는 일이 되고 말았다.

한편 동진의 군사 총지휘자였지만 아무 대책이 없어 전쟁 중에도 산속에서 하릴없이 노닐던 동진의 재상 사안은 여전히 손님과 더불어 바둑을 두고 있었다. 이때 전진의 군사를 물리쳤다는 승전보를 받았으니 얼마나 기뻤을까? 그러나 사안은 아무런 대책이 없었음에도 불구하고 마치 어떤 묘수가 있는 것처럼 말했던 노련한 정치가였다. 승전보를 받은 마당에도 그 노회함은 여전했다. 사안은 기쁜 마음을 감추고 아무런 기색이 없이 계속 바둑을 두었다.

사안의 태도에 함께 바둑을 두던 손님은 전방에서 온 급보의 내용이 궁금했다. 그리하여 손님이 "전방에서 파발이 온 듯한데, 전방의 상황이 어떠합니까?"라고 사안에게 묻자, 사안은 그제야 "마침내 어린 자식들이 적군을 모두 격파했다는군요."라고 천천히 대답했다. 마치 당연히 이길 것을 이긴 것처럼 말이다. 전쟁을 시작할 때에 아무런 방법도 없으면서 무슨 묘안이라도 가진 양 허풍을 떨면서 바둑을 두던 모습 그대로였다.

그러나 동진이 전진의 침략을 방어했을 뿐만 아니라 오히려 전진을 격파했으니 사안에게는 예상치 못한 결과였고 엄청난 기쁨이었다. 바둑을 마치고 기쁜 마음으로 집안으로 돌아오던 사안은 문지방을 넘다가 그만 나막신의 굽이 문지방에 걸려서 부러졌다. 하지만 사안은 흥분된 마음에 그 사실조차 알아차리지 못했다. 이 고사故事는 극치지절展齒之折, 즉 '나막신의 굽이 부러지다'라는 말로 지금까지 사람들의 입에 오르내린다.

동진 정벌에 실패하고 다친 몸을 이끌고 장안으로 돌아온 부견은 장 부인에게 눈물을 흘리며 말했다. "내 그대의 말을 듣지 않고, 또 많은 신하들의 말을 따르지 않아 이 모양이 되었소. 내가 이제 다시 무슨 면목으로 천하를 다스리겠는가!"

그리고는 재기조차 불가능하다는 말투로 동진 정벌을 말렸던 모든 사람들의 말을 무시했던 것을 후회했다. 마지막으로 실패한 사람의 모습이었다. 한때 북조를 통일하고 천하를 호령하던 사람의 마지막치고는 너무도 초라했다. 결국 동진과의 전쟁으로 전진의 기둥이었던 동생 부융을 잃었고, 그를 떠받들던 사람들은 하나둘 부견의 곁을 떠났다.

마지막 실패의 결과

젊어서 성공하여 이를 끝까지 지키기란 말처럼 쉽지 않다. 물론 계속해서 발전시키는 것이 가장 좋다. 그러나 발전하기 위해서는 먼저 얻은 것을 잘 지키는 게 먼저이다. 이미 이룩한 것을 온전히 지킬 수 있을 때에 가서야 다시 더 큰일을 도모할 수 있다.

전진 황제 부견은 북조 통일이라는 엄청난 성공에 스스로 대단한 업적을 이뤘다고 방만하고 방심하면서 명성을 얻으려는 사치한 생각이 앞섰다. 승승장구하는 세월 속에 너무 자신에 차 있었던 것이다. 그리하여 북조의 통일이라는 위대한 업적을 끝까지 지키기 못했다. 이는 전력이 부족해서가 아니었다. 단지 그가 성공한 이후에 사치하고, 입맛에 맞는 말, 아첨하는 말만 듣기 좋아하며 남의 충고를 귀담아 듣지 않은 것이 실패의 원인이다.

비수에서 동진과의 전쟁에서 대패한 다음에도 전진은 한동안 그 명맥을 유지했다. 하지만 앞에서도 이미 언급한 바와 같이 부견에게 항복했던 요장은 2년 뒤에 후진을 세웠고, 모용수도 후연을 세웠다. 많은 사람의 반대를 무릅쓰고 서역정벌을 떠났던 여광은 돌아오다가 후량을 세웠다.

그뿐 아니라 흉노족으로 전진에 속했던 걸복국인乞伏國仁이 서진西秦을 세우고, 선비족 가운데 탁발규拓跋珪는 북위北魏를, 선모용홍慕容洪은 서연西燕을 세웠다. 부견이 실패한 뒤에 북조는 사분오열되었다. 수성을 하지 못한 결과는 성공하지 아니함만 못하다. 그 결과가 더욱 처참하기 때문이다. 북조는 몇 년 사이에 7개의 나라로 쪼개졌고, 남쪽의 동진을 포함하면 8개의 나라가 중원에 병존하게 되었다.

그리고 이후 수隋나라가 통일할 때까지 남조 안에서 왕조가 바뀌었다고 해도 북조에게 점령되지는 않았다. 남조와 북조가 고착된 것이다. 북조의 입장에서 보면 부견은 후에 등장하는 북조의 왕조들로 하여금 감히 남조를 넘보지 못하게 하는 나쁜 선례를 남겼다. 수성을 못하면 그것만으로 끝나는 것이 아니라는 것을 보여준 역사적 사건이었다.

이러한 점에서 보면 공격하여 승리하고 창업할 때도 생존방법이 필요하지만 있는 것을 잘 지키는 것도 그 방법이 중요하다는 것을 알 수 있다. 일단 성공한 다음에 자신을 추스르며 한 템포 쉬어야 한다는 것을 몰랐던 때문일까?

제6강

우물쭈물할 수 없다

현무문의 비극과 이세민의 쿠데타

이세민(李世民, 598~649년)

당나라의 제2대 황제(재위. 626~649년). 시호는 태종(太宗)이다. 아버지는 이연(李淵)이고 어머니는 두(竇)씨다. 중국 역사상 최고의 영주(英主)로 알려져 있으며, 북방민족의 피가 섞인 무인(武人) 귀족 집안에서 태어났다. 수나라 양제(煬帝)의 폭정으로 내란의 양상이 짙어지자 수나라 타도의 뜻을 품고 태원(太原) 방면 군사령관이었던 아버지를 설득하여 거병, 장안(長安)을 점령하고 당나라를 건립했다. 왕위 쟁탈전을 치르면서 무덕(武德) 9년(626년) 아버지의 양위를 받아 즉위했다. 수 양제의 실패를 거울삼아 명신 위징(魏徵) 등의 의견을 받아들여 사심을 누르고 백성을 불쌍히 여기는 지극히 공정한 정치를 하기에 힘썼다. 그의 치세는 '정관(貞觀)의 치(治)'라 칭송받았고, 후세 제왕의 모범이 되었다.

위대한 제왕 당 태종

역사상 훌륭한 제왕을 꼽을 때 보통은 한 고조와 당 태종을 꼽는다. 그래서인지 동아시아의 여러 제왕들은 당 태종의 정치를 배우려고 했다. 특히 당 태종의 정치는 완벽한 것으로 이해되었고, 그의 치세 중에 정치의 도리에 관해 쓴 《정관정요貞觀政要》는 오늘날 민주사회에서도 지도자들이 좋아하는 책이다. 김영삼 대통령 역시 좋아하는 책으로 《정관정요》를 꼽기도 했다.

정관貞觀이란 당 태종시대에 사용하던 연호로 당시의 정치를 '정관지치貞觀之治' 즉 정관시대의 정치라고 했다. 그만큼 당 태종의 정관시대를 가장 모범적으로 다스리던 시대라고 하여 정치의 표본으로 삼고자 한 것이다.

그래서 후대에 명나라의 영락제永樂帝도 정관시대의 정치를 흠

모하여 천하의 관원들에게 정관의 정치를 본받으라고 칙유勅諭를 내렸다.

"짐朕이 생각건대, 하늘이 한 시대의 인군人君을 내면 반드시 한 시대의 정치政治를 이루나니, 예로부터 그렇지 않음이 없다. 그러나 그 사이에 다스림[治]에는 성쇠盛衰가 있고, 정사政事에도 득실得失이 있는 것은 또한 인군이 사람을 잘 쓰고 잘 쓰지 못하는 소치로 말미암는 것이다… 당 태종이 어지러운 것을 다스려서 바른 데로 돌리는 재주가 있고, 세상을 구제하고 백성을 편안히 하는 덕德을 갖고 있어, 능히 정관貞觀의 정치를 가져왔다. 그래서 쌀 한 말[斗]에 3전錢을 하고, 바깥문을 닫지 않았으며, 사방이 조용하고 편안하며, 오랑캐가 복종하여, 근고近古에 비교할 이가 없다. 그 까닭을 찾아보면, 당 태종이 능히 천하의 어진 이를 써서, 왕규王珪와 위징魏徵은 혐의와 원망에서 벗어나게 했고, 이정李靖과 울지경덕尉遲敬德은 원수와 적敵 가운데에서 들어 썼고, 방현령房玄齡과 두여회杜如晦는 다른 대代에 채용했으며…"

이러한 명나라 영락제의 칙유는 놀랍게도 조선 태종시대에 그대로 들어와서 모범으로 삼고자 했음을《태종실록太宗實錄》에서 확인할 수가 있다. 이처럼 당 태종이 죽은 지 근 800년이 지난 시점에서도 명나라와 그 이웃하는 조선에서 다 같이 칭송하고 있으니, 이를 두고 성공적인 제왕이 아니라고 할 수 없을 것이다.

일반적으로 보통 사람들은 당 태종의 성공을 보면서 자신도 성공하기를 바란다. 시대도 다르고 사람도 다르고 직업도 다르지만 당 태종처럼 성공하여 자기를 본받을 정도의 업적을 쌓고 싶은 것이다. 그러나 큰 성공 뒤에는 반드시 간난艱難이 있게 마련이고,

이 간난을 이겨낸 결과가 바로 업적이다. 따라서 성공의 열매를 바라보기보다는 열매를 만들어내기까지의 간난을 살펴볼 필요가 있다. 과연 위대한 제왕 당 태종 이세민은 어떠한 간난을 이겨냈을까?

혼란의 시대

당 태종 이세민李世民, 599~649은 수隋나라 문제 양견楊堅, 541~604이 후한後漢 이후 근 400년간 분열되어 있던 중원中原을 통일한 지 10년이 되는 해에 태어났다. 그러나 수 왕조는 양제煬帝 양광楊廣 시절에 와서 고구려 침략 과정에 일어난 양현감楊玄感의 반란을 시작으로 혼란 속에 빠진다.

당시 이세민의 아버지 이연은 수나라 국성國姓인 양楊씨와의 인척관계로 수나라에서 벼슬을 하고 있었다. 그러던 중 고구려 침략 전쟁에서 군수품운반 감독을 맡았던 양현감의 반란이 일어나자 이연은 조정의 정치에 관여하게 되었다. 이때 열네 살이던 이세민은 아버지 이연 때문에 당시의 혼란한 사정을 잘 알 수 있었다.

이러한 혼란 때문에 이연은 수나라 황실과 인척관계이며 고관을 지내고 있었음에도 안전하지 못했다. 게다가 이연이 중앙 정치에 참여하면서 필요한 인재를 불러 적재적소에 배치하는 것이 오히려 수 양제 양광의 눈에 거슬려서 시기를 받았다.

똑똑한 사람이 권력자의 견제대상이 되는 것은 운명적인 일. 하는 수 없이 이연은 일부러 술을 먹고 흉포한 짓을 하거나, 뇌물을 받아서 스스로 '희망 없는 사람'으로 보이려고 했다. 폭군이 다스리는 혼란의 시대에 살아남기 위해서는 권력자의 관심밖에 나야만했다. 변화가 심한 혼란의 시대에는 그 누구에게 기대어 자신의 안전이나 출세를 보장받을 수 없기 때문이다.

오늘날처럼 급변하는 시대에도 자기의 배경이란 그렇게 믿을 만한 것이 못된다. 1945년 일제로부터 해방이 되었을 시기의 100대 기업 가운데 70여 년이 지난 오늘날까지 그 명성을 유지하며 원래 위치를 지키고 있는 기업은 거의 없지 않은가. 따라서 당태종 이세민이 살던 시대나 그로부터 1500여 년이 흐른 지금이나 똑같이 한 치 앞을 내다보기 힘든 변화무쌍함이 우리가 살아가는 일생동안 기다리고 있는 것이다.

약관에 세상에 나간 인물

양현감의 난을 간신히 진압한 수 양제는 대업 11년(615년)에 북쪽으로 요새지역을 순시하러 떠났다가 돌궐의 공격을 받아서 포위되었다. 포위망을 뚫고 나가기 위해 군사를 모집하기에 이르렀는데, 젊은이들이 앞다투어 지원했다. 이때 이연의 아들 이세민 역시 군대에 응모했고, 그는 둔위屯衛장군 운정흥雲定興에게 예속되었다.

당시 열여섯 살이던 이세민은 전세戰勢를 파악하여 운정흥에게 계책을 내놓았다. "돌궐의 오랑캐 시필가한始畢可汗이 감히 군대를 일으켜 천자를 포위했습니다. 그들은 우리가 창졸간에 가서 구원할 수 없다고 생각할 것입니다. 하지만 낮에는 깃발을 수십 리에 걸쳐 늘어놓고, 밤이면 징과 북을 두드리며 서로 호응하게 한다면 오랑캐들은 구원군이 대규모로 도착했다고 생각하고 풍문만 바라보고는 도망갈 것입니다. 그렇지 않다면 저들은 많고 우리는 적으니 만약에 모든 군사가 와서 싸운다면 그 결과는 참담할 것입니다."

시필가한은 동돌궐의 11대 대가한大可汗으로 아사나돌길阿史那咄苾을 말한다. 이세민은 어린 나이에 벌써 적을 속이는 전술을 구사한 것이다. 운정흥은 이세민의 건의를 좇았고, 그 후 시필가한은 포위를 풀고 돌아갔다. 이것이 모두 이세민의 이러한 의병疑兵 때문만은 아니라고 하더라도 전장에서 일정 부분 기여했던 것은 분명하다.

또 대업 12년(616년)에 이세민의 아버지 이연은 진적아甄翟兒를 토벌하는 일을 맡았다. 진적아는 수말의 혼란기에 산서지역 북부에서 군사를 일으킨 역산비歷山飛의 별장別將인데, 그는 무리 10만 명을 이끌고 있을 만큼 강한 군사력을 가지고 있었다. 그러나 이연이 거느린 군사란 겨우 5천~6천 명에 지나지 않아서 형세로 보아 대적하기 힘든 상태였고, 결국 진적아가 이연을 포위하고 말았다. 그러자 이세민이 정예의 병사를 거느리고 아버지 이연을 구출했다. 그리고 마침 수나라에서 지원군이 도착하여 이연과 힘을 합쳐서 진적아를 공격하여 대파했다. 이세민은 아버지를 곤경에서 구해 낸 전공을 세운 것이다.

혼란했던 수나라 말기

사실 이연이 당 왕조를 건국한 것은 수 양제의 고구려 침략 실패로 나라가 혼란에 빠진 것과 밀접한 관계를 갖는다. 이때 수나라 각지에서는 많은 사람들이 군사를 일으켰다. 제일 먼저 군사를 일으킨 것은 대업 7년(611년)에 추평鄒平, 산동성 추평현에 사는 백성 왕박王薄이었다.

왕박은 무리를 모아서 장백산長白山을 점거하고 제濟, 산동성 치평현 서남쪽의 교외에서 약탈을 일삼았다. 그리고 스스로를 모든 일을 다 알 수 있는 사람이라는 의미의 지세랑知世郞이라고 칭했다. 나아가 '요동으로 가서 방랑하다 죽지 말라[無向遼東浪死歌].'라는 노래를 지어 부르게 했는데, 이는 고구려 침략전쟁에 참가하는 것은 바로 죽음이라고 생각한 당시 사람들의 생각을 꿰뚫는 노래로 많은 사람들의 공감을 이끌어 내었다. 왕박의 이러한 교묘한 술책으로 사람들은 수나라의 징발을 피하여 그에게 귀부했다.

이렇게 수나라에 반발한 왕박을 시작으로 산동지역의 6개 지역, 중부지역의 4개 지역, 남부지역의 7개 지역, 서부지역의 2개 지역에서 반란이 일어났다. 제일 먼저 전통적으로 서북세력에 대해 반대하던 산동지역에서 반란이 시작되었고 점차적으로 남부지역으로 전이되어 번져나갔다. 그러다가 서부와 북부지역에서도 반란이 일어났으니, 전국적인 반란이었다.

당시 반란을 일으킨 사람들 가운데 유원진劉元進과 향해명向海明이 황제를 자칭하기 시작하면서 이홍지李弘芝는 당왕唐王, 유가론劉迦論은 황왕皇王, 유묘왕劉苗王은 천자라고 스스로 칭했다. 그리고 왕수발王須拔과 주찬朱粲, 조사걸操師乞, 임사홍林士弘, 격겸格謙이 독립하여 스스로 왕이라 했다. 거기에 두건덕竇建德, 노명월盧明月, 이밀李密, 유무주劉武周, 양사도梁師都, 곽자화郭子和, 설거薛擧, 소선蕭銑이 독립했다. 그래서 이연이 당 왕조를 건설할 무렵 17명이 스스로 황제라 칭하면서 군사를 일으켜 독립한 상태였다.

공제의 선양을 받은 이연의 정통성 문제

이연이 당나라를 세울 당시 그는 아직 스스로를 황제라고 칭하지 않았다. 그러던 고제 무덕 원년(618년)에 수나라 공제가 당왕唐王 이연에게 조서를 내려서 '검을 차고 신을 신고 전각殿閣에 오르고, 찬배贊拜할 때에 이름을 대지 않게' 했다.

일반적으로 황제 앞에서는 검을 찰 수 없고, 신발도 벗어야 했다. 그리고 황제에게 절을 할 때에는 자기 이름을 대야 했다. 그런데 이 조서의 내용대로라면 공제는 이연에게 황제인 자신과 버금가는 지위를 인정한 것이었다. 고려 말 무렵 창왕昌王이 이성계에게 이와 같은 조치를 취한 적이 있다.

사실 공제 의녕 원년(617년)에 이연은 수나라 양제의 셋째 손자인 대왕代王 양유를 황제자리에 오르게 했고, 양제를 태상황에 오르게 했다. 수 양제의 태자 양소楊昭는 일찍 죽었기 때문에 양소의 셋째 아들을 황제에 오르게 한 것이다. 새로 황제에 오른 양유는 이연의 작위를 올려 당왕唐王에 책봉했다.

이연이 실제로 장안에서 수나라의 권력을 완전히 장악하여 전권을 휘두르고 있었지만, 명목상으로는 수 왕조의 제후였다. 그리고 4개월 후 공제 양유는 당왕 이연에게 선위禪位하고 원래의 대저代邸로 거처를 옮겼다. 이렇게 이연은 합법적으로 수나라의 황제 자리를 물려받았다. 하지만 엄밀히 속사정을 들여다보면 공제 양유는 이연이 황제로 세운 사람으로, 양유를 황제로 세울 때부터 선양받을 것을 구상했다고 볼 수 있다. 역사에는 종종 선양을 받기 위해 징검다리 역할을 하는 꼭두각시 황제를 세우는 일이 있기 때문이다.

어쨌거나 이연은 형식상으로는 수나라 황제를 이어 받아 황제가 되었다. 그럼에도 불구하고 공제 양유가 정통성 있는 황제인가 하는 근본적인 문제가 아직 남아 있었다. 우선 수 양제가 비록 전국을 장악하지 못하고 도읍이 아닌 남쪽의 양주로 내려가 있지만 여전히 살아있으며, 또 양제가 공제에게 직접 황제자리를 넘기지 않았기 때문이다.

게다가 앞서 말했듯이 공제 양유는 수 양제의 태자 양소의 셋째 아들이다. 양소의 첫째 아들 양염楊倓은 수 양제와 함께 양주에 있었고, 둘째 아들 월왕越王 양동楊侗이 살아있었다. 수 양제의 첫째와 둘째 손자를 놔두고 셋째를 황제로 삼은 이연의 태도가 옳다고 우길 수 없을 터였다.

그러던 중 수 양제가 죽자 문제가 발생했다. 유수관留守官들이 수 양제의 둘째 손자인 월왕 양동을 받들어 황제자리에 오르게 하고, 연호를 황태皇泰라고 고친 것이다. 양동은 그 할아버지 수 양제와 그의 형 양염이 죽은 다음에 황제에 올랐으므로 오히려 정통성을 주장할 근거가 더 있었다.

따라서 이연은 공제 양유에게서 선양을 받기는 했으나 크게 정통성을 내세울 처지는 아니었다. 하지만 정통성이 정국政局을 장악하는 데 필요한 절대 조건은 아니었다. 오히려 필요한 것은 실제적인 힘이었다.

위기를 희망으로 바꾼 이세민

앞에서 말했지만 이연은 수 양제의 고구려 침략전쟁이 실패한 후 일어난 여러 무장세력을 진압하는 임무를 받았다. 그리고 수나라 조정은 무장세력을 감당할 수 없는 상황으로 빠져가고 있었다. 이때 이연의 아들 이세민은 이연에게 독립할 것을 강력하게 권고했다. 수 공제 의령 원년(617년)에 이연은 돌궐을 치고 있었다.

이때 이연과 협공을 하던 진양晉陽 궁감宮監 배적裵寂과 진양 현령 유문정劉文靜이 함께 잠을 자다가 성위에 있는 봉화를 보았다. 그리고 배적이 "가난하기가 이와 같은데 다시 난리를 만나면 장차 어떻게 스스로 목숨을 보존하겠는가!"라고 탄식했다. 이에 대해 유문정이 웃으며 말했다. "아무리 혼란한 세상이 되었을지라도 우리 두 사람이 서로 힘을 합치면 어찌 간난을 벗어나지 못하겠소!" 이렇게 서로가 이 시대를 보는 눈이 반대였지만, 결국 이들은 뜻을 모아 이세민과 결합했다.

그리고 유문정은 이세민에게 "황제 양광이 강남으로 갔고, 낙양은 이밀이 포위하고 있으며, 도적이 들고 일어난 상황에서 그들을 이용하면 천하를 빼앗는 것은 손바닥을 뒤집는 것과 같습니다.

서북쪽에 위치한 진양에서 거사를 하면 군사 10만을 얻을 수 있으니, 이연이 거사만 하면 성공할 것입니다."라고 수나라에서 독립할 것을 강하게 권고했다.

마침 돌궐과의 싸움에서 이연이 파견한 장수가 실패했고, 이연은 수나라 조정으로부터 실패에 대한 책임을 져야하는 상황이 되었다. 이로 인해 근심에 쌓인 이연에게 이세민은 "지금이 군사를 일으킬 때입니다. 아버지가 스스로 일어선다면 조정으로부터 받을 문책이 문제가 되겠습니까?"라고 말했다.

수나라의 입장에서 본다면 이는 분명하게 반란을 권고한 것이다. 아무리 반란이 만연해 있다고는 하지만, 그래도 반란은 목숨을 걸어야 하는 일이었다. 아들 이세민의 권유에 이연이 마침내 "내가 하루 저녁 동안 너의 말을 생각했는데, 역시 크게 이치에 맞는다. 오늘 집안을 깨뜨리고 몸을 망치는 것 또한 너로 말미암은 것이고 집안을 변화시켜 나라를 만드는 것 또한 너로 말미암은 것이다!"라며 결단을 내렸다. 반란의 실패도 성공도 모두 이세민의 권유 때문이라는 것이다. 이세민은 돌궐의 토벌 실패로 위기에 처한 아버지 이연을 왕조의 창업자로 만든 것이다. 이것이야말로 전화위복 轉禍爲福 이 아니겠는가.

완벽한 준비

하루는 배적이 이연과 함께 술을 마시다가 이세민의 계획을 말했다. "둘째 아드님이신 이세민이 몰래 병사와 말을 기르며 반란을 도모하고 있습니다. 일이 발각되면 모두 죽을까 두려워 공에게 긴급히 알려드립니다." 그러자 이연이 "우리 아이가 진실로 이런 꾀를 가지고 만반의 준비를 하고 있는데, 아비 된 자로 어찌 따르지 않을 수 있겠소."라고 대답했다. 실제로 당 왕조를 건설한 숨은 주역은 이세민이라는 말이었다.

그런데 상황이 묘하게 진행되었다. 수 양제가 돌궐과의 패배에 대한 책임을 물어 이연을 잡아 오라고 명령한 것이다. 상황이 급박해지자 이연은 이세민의 말대로 군사를 일으키기로 마음먹었지만, 반란을 일으키기엔 시간이 너무 촉박했다. 수 양제에게 잡혀갈 것인지 바로 군사를 일으킬지 기로에 서 있었다.

이세민이 다시 아버지 이연에게 말했다. "지금 주군은 아둔하고 나라는 어지러우니 충성을 다하지만 이익이 없습니다. 편장이나 비장이 규칙을 어겨도 죄는 밝으신 공께 미칩니다. 일이 이미 급박하게 되었으니 의당 조속히 계책을 결정하여야 합니다. 또 진양에 있는 병사와 말은 날래고 강하며 궁감 배적이 저축한 것이 수만이니, 이것을 가지고서 일을 일으키는데 어찌 성공하는 일이 없을까 걱정하십니까!"

당시 이 지역을 담당하던 최고 책임자는 수 양제의 셋째 손자인 대왕代王 양유였는데, 그의 나이가 열세 살로 대代 지역을 이끌기엔 너무 어렸다. 게다가 군사를 일으킨 사람들이 관중지역에 많지만 이들이 귀부할만한 뛰어난 인물이 없었다. 이세민은 이러한 상황을 말하면서 다시 한 번 이연에게 재촉했다. "북을 치면서 행군하여 서쪽으로 가서 어루만지고 차지하는 것은 주머니 속에 있는 물건을 찾는 것과 같을 따름입니다." 거사만 하면 성공할 수 있다는 말이었다.

이연이 이세민의 말이 옳다고 여기고 은밀히 부하를 모아 일을 진행하려는데, 마침 수 양제가 사자를 파견하여 이연을 사면하여 옛날의 직무에 돌아가도록 했다. 그래서 일단 반란 일정은 취소했다. 그런데 수 양제가 다시 이연을 처벌한다고 하자 이세민은 다시 거사를 준비했다.

이연의 기병과 그 자녀들

서둘러 세웠던 반란 계획이 잠시 늦춰졌을 뿐 반란을 포기한 것은 아니었다. 하지만 이연은 쉽사리 거사 일정을 잡지 못했다. 그러자 이연의 밑에 있던 많은 부하들이 거사를 종용하기 시작했다.

양제 대업 11년(615년)에 부관 하후단夏侯端이 별자리를 들어보이며 수 양제가 이연을 죽일 터이니 하루 빨리 거병하라고 했다. 허세서許世緒도 도참비록圖讖秘錄을 이용하여 역시 거사할 것을 유세했다. 그 외에도 무사확武士彠, 당검唐儉도 군사를 일으킬 것을 권했다. 이때 당검은 "먼저 동돌궐과 맹약을 맺고 남으로 호걸을 거두어 천하를 빼앗으면 탕왕湯王과 무왕武王의 거사나 다름없을 것입니다."라며 구체적인 정책도 제시했다.

부하들의 계속된 요구에 이연은 "사적으로 목숨을 이어야하고, 공적으로 혼란한 시대를 구제할 거사를 곧 생각해 보겠다."라고 대답했다. 마음으로 결정은 했으나 조금 미루자는 말이었다. 그러자 유문정이 "일이라는 것이 먼저 시작하면 다른 사람을 지휘하게 되지만 나중에 시작하면 다른 사람에게 통제를 받습니다."라고 강력하게 권고했다. 그리하여 이연은 드디어 거사를 행동으로 옮기기 시작했다.

먼저 유문정으로 하여금 가짜 수 양제의 칙서를 만들어 거사의 빌미를 만들게 했다. "산서지역의 백성 중에 나이가 스무 살 이상에서 쉰 살 이하의 사람들을 모두 군대에 입대하라. 그리하여 연말에 탁군涿郡. 북경시에 모여서 고구려를 토벌하라." 산서지역은 이연이 근거로 삼고 있는 지역으로, 이미 고구려 침략전쟁으로 백성들은 고통을 받고 있었다. 그런데 다시 고구려를 친다니 백성들의 원성이 높아짐은 불 보듯 뻔했다. 이렇게 유문정의 가짜 칙서는 수 양제가 형편없는 폭군임을 조장하는 데 기여했다. 그리하여 백성들의 반발심을 더욱 커지도록 자극했다.

그런데 마침 일찍 기병하여 천자를 자칭하던 유무주가 이연의 주둔지 근처의 분양궁汾陽宮. 산서성 영무현을 점거했다. 이연은 이 상황을 자연스럽게 이용하여 반란세력 유무주를 토벌한다는 명분으로 군사를 모을 수 있게 되었다. 수나라 조정의 눈을 속이면서 군사를 일으킬 기회를 잡은 것이다. 그리하여 이세민은 아버지 이연을 도와 군사를 모집하기 시작했는데, 모집한 군사의 수가 열흘 사이에 만 명에 가까웠다. 대단히 많은 사람이 호응한 것이다.

그러나 이연의 밑에 있던 부하들 가운데 수 양제를 따르는 사람도 있었다. 이연의 부관 호분랑장虎賁郎將 왕위王威와 호아랑장虎牙郎將 고군아高君雅는 이연이 군사를 모으는 것이 토벌이 아닌 반란을 위함임을 눈치채고, 이연을 제거하려고 했다. 이연은 기병에 앞서 내부를 먼저 정리해야 했고, 이세민이 앞장서서 군사조치를 취해 이들을 체포했다. 장애물은 모두 사라지고 이제 거사만이 남은 시점에서 이세민의 공로는 다른 형제들과 비교해서 월등한 것이었다.

진양에서 도망한 이원길

이연은 스스로 군사를 일으키면서 돌궐과의 대치를 끝냈다. 일단 거병한 이상 돌궐과의 적대적 관계는 엄청난 부담이 되기 때문에 이연은 돌궐에게 칭신稱臣을 하는 정치적인 조치를 취하여 돌궐과의 대결을 중지했다. 그리고 군사를 이끌고 수나라의 도읍 장안으로 진출했다.

이제 이연에게 제일의 적은 수 왕조가 된 것이다. 그리고 공제 의녕 원년(617년)에는 수 양제의 셋째 손자 대왕代王 양유를 황제로 세우고 양제를 태상왕으로 삼는 조치를 단행했다. 양제를 비록 상왕으로 높이기는 했지만 실제로는 황제에서 쫓아낸 것이나 다름없었다. 그리고 양유에게 황제자리를 선양받았다.

이연이 장안은 장악했지만, 전국적으로 여전히 군사를 일으키고 칭왕하거나 칭제하는 세력이 많아 천하통일까지는 여전히 갈 길이 멀었다. 게다가 앞서 말했듯이 수 양제 양광이 죽자 양제의 둘째 손자 월왕越王 양동이 낙양에서 황제자리에 올랐다. 그러니까 이연이 세운 양유는 장안에서 황제가 되어 있고, 양동은 낙양에서 황제가 된 것이다.

이렇게 되니 장안과 낙양에 각기 한 명 씩 두 명의 수나라 황제가 있었고, 그 외에도 산동과 북부지역에 있는 세력들이 호시탐탐 전국적으로 세력을 확대하려고 하고 있었다. 특히 이연이 기병한 진양 옆에서 세력을 키우던 유무주가 가장 큰 문제였다.

당시 유무주는 스스로 황제라 부르며 독립 연호를 사용했고, 돌궐로부터 정양가한定陽可汗으로 책봉될 만큼 돌궐의 지원을 받고 있었다. 유차楡次, 산서성 유차에서 승리한 여세를 타고 유무주가 병주幷州, 산서성 태원시를 압박했다. 당시 이연은 아들 이원길에게 병주를 지키도록 했지만 이원길은 유무주를 감당할 자신이 없었다. 그래서 그는 "나는 강한 군사를 가지고 나가서 싸우겠소."라고 거짓을 말하고 밤중에 출병하여 부인과 함께 곧장 장안으로 도망했다. 싸워보지도 않고 도망친 것이다.

그렇게 병주와 그 치소인 진양을 유무주에게 빼앗김으로 해서 이연이 군사를 일으킨 본 고장을 잃은 것이다. 이 소식을 들은 이연은 말했다. "이원길은 어리고 약하며 지금 해야 할 일을 익히지 못했기 때문에 두탄竇誕과 우문흠宇文歆을 파견하여 그를 보필하게 했던 것이다. 진양은 강한 군사가 수만이고 식량도 10년은 지탱할 곳이고 왕을 일으킨 터전인데 하루아침에 이를 버렸다. 듣건대 우문흠이 이 대책을 먼저 획책했다고 하니 그의 목 베어야 마땅할 것이다."

이연은 아들 이원길의 실패를 그를 보좌했던 우문흠에게 그 책임을 지우려고 했다. 그러나 다음날 이연은 다시 "이원길이 스스로 훌륭하지 못한 짓을 했으니, 두 사람이 금지할 수 있는 것은 아니었다."라며 책임전가를 포기했다. 이연은 이원길을 두둔하려 했지만, 사세로 보아 두둔할 방법이 없었던 것이다.

유무주를 격파한 이세민

이원길이 두려워 했던 유무주의 세력은 나날이 커졌다. 유무주는 진양을 접수하면서 회주澮州, 산서성 익성현와 우주虞州, 산서성 운성시 동북쪽 안읍진, 태주泰州, 산서성 만영현 서남쪽 영하진를 함락하고 하현夏縣, 산서성 하현과 포반蒲反, 산서성 영제현을 점거했다. 산서지역을 유무주에게 빼앗긴 것이다. 이연으로서는 위기가 아닐 수 없었다.

이연이 말했다. "도적의 형세가 이와 같아서 날카로운 칼날을 부딪치기가 어려우니, 의당 대하大河, 황하의 동쪽을 포기하고 관서關西, 함곡관 이서를 지킬 뿐이다." 진양이 있는 황하의 동쪽 평야지대를 포기하고 서쪽의 좁은 지역이나 지키겠다는 이연, 스스로 힘이 부족함을 인정한 것이다. 그러나 진양은 이연이 처음으로 군사를 일으켜 당나라를 세운 곳으로 남다른 의미를 지닌 곳이었다. 따라서 진양을 포기한다는 것은 당의 존립 자체를 위협하는 것이 분명했다.

이때 이세민이 "태원太原, 산서성 태원시은 왕업王業의 터를 닦은 곳이며 나라의 근본입니다. 하동河東은 부유하고 알찬 곳이어서 경읍京邑, 장안의 밑천이 되는 곳인데, 만약에 이를 버린다면 너무나도 아깝고 애석합니다. 바라건대 신에게 정예의 병사 3만 명을 주시면 반드시 유무주를 평정하여 없애고 분주汾州와 진주晉州에서 이겨서 수복하겠습니다. 기대해주십시오."라며 표문을 올렸다. 빼앗긴 산서지역을 수복하겠다는 말이었다.

그리하여 이연은 이세민에게 관중지역의 모든 군사를 징발해서 통솔하도록 하여 유무주를 치게 했다. 당나라를 위기로 몰아넣은 진양을 회복하려고 이세민이 나선 것이다.

이세민은 유무주의 군대가 병주 깊숙이까지 들어가 있어 군량과 군수물자의 보급이 원활하지 않다는 것을 알았다. 그래서 먼저 보급로를 차단하여 유무주의 군대를 궁지에 몰아넣었다. 당시 유무주의 군대는 유무주의 부하 송금강이 책임지고 있었는데, 그가 작서곡雀鼠谷, 산서성 영석현 서남쪽 분수의 골짜기에 도착했을 즈음에 이세민이 그를 따라잡아서 하루에 여덟 번을 싸웠고 그때마다 모두 그들을 격파하고 수만 명을 사로잡거나 목을 베었다. 결국 유무주는 병주를 포기하고 북쪽으로 도망하여 돌궐로 들어갔다. 이세민의 완벽한 승리였다.

한편 유무주의 남은 무리를 거두어 개휴介休, 산서성 개휴시를 지키고 있던 울지경덕은 개휴와 영안永安, 산서성 효의시 동쪽을 들어가지고 이세민에게 항복했다. 또 이세민이 진양에 도착하니 복야僕射 양복념楊伏念이 성을 가지고 이세민에게 항복했다.

그리하여 이세민은 산서지역에 퍼져있던 유무주의 남은 무리들로부터 항복을 받아내었다. 유무주가 차지했던 주현은 모두 당나라에 편입되었고, 진양을 포함해서 이원길이 빼앗겼던 산서지역도 되찾은 것이었다. 병주에서 승리한 이세민은 이중문李仲文을 남겨 그곳을 지키게 하고 도읍 장안으로 돌아왔다. 이제 이세민이 세운 공로는 당 왕조에서 아무도 따라올 수 없게 되었다.

낙양을 두고 벌인 왕세충과의 대결

이세민이 진양에서 승리를 거두었다고 해서 당 왕조가 반석 위에 선 것은 아니었다. 중원을 차지하기 위한 가장 중요한 지점은 동도東都로 불리는 낙양이었다.

앞서 말했지만 낙양에서는 왕세충이 세운 수 양제의 둘째 손자인 양동이 수나라의 황제 노릇을 하고 있었다. 왕세충은 양제의 셋째 손자인 양유를 황제로 세웠다가 선양받은 이연을 법통法統의 측면에서 부정하고 있었다. 어찌되었든 양제의 친손자 양동과 양유로부터 선양받은 이연 중 누가 무어라고 해도 양동이 더 정통성을 가진다.

왕조에 있어서 정통성은 중요하다. 정통성을 인정받는다는 것은 그만큼 정치적으로 우위를 차지하는 것이며, 통일의 주도권을 갖는 데도 유리하다. 정통이 인정된다면 싸우지 않고도 많은 사람을 자기편으로 끌어들일 수 있는 장점이 있기 때문이다.

게다가 왕세충의 세력은 이연을 압박할 정도로 결코 적지 않은 규모였다. 거기에다 왕세충은 초제楚帝를 자칭했다가 당나라에 투항했던 주찬朱粲까지 받아들였다. 주찬은 원래 수나라 시절에 지방의 관리였는데, 후에 무리 10여만을 모았고, 안휘 지역에서 호북, 섬서, 사천까지 전전轉戰하며 악서鄂西, 호북 서부에서 무리 20만명을 거느렸던 세력이다. 이런 세력이 이연에게 왔다가 왕세충에게 갔으니 이연의 당 왕조로서는 크게 실망할 사건이었다.

또 왕세충은 수말隋末에 최초로 군사를 일으켜서 강력한 와강군瓦崗軍을 만든 적양翟讓 세력을 이어받은 이밀李密과 낙양을 두고 자웅을 다투다가 끝내 이밀을 밀어냈다. 그만큼 강한 세력을 가진 것이다.

이연과 왕세충, 이들은 정통성 측면에서나 군사세력 측면에서나 우열을 다투기 어려웠다. 어쨌거나 낙양의 황제는 수나라의 혈통이었으니 시간이 지날수록 정통성에서 밀리는 이연에게는 불리해진다. 하루빨리 왕세충의 낙양을 평정하지 않는다면 이연의 당나라는 군소반란군으로 떨어질지도 모른다. 따라서 이연의 입장에서는 낙양 점거가 시급했다.

이연은 당 왕조를 건국하고 3년이 지난 무덕 3년(620년)에 왕세충을 공격하기로 결정했다. 이 소식을 들은 왕세충은 날래고 용감한 사람을 선발하여 모두 낙양에 집합시켜 낙양성의 동서남북에 있는 네 성을 지키게 했다. 이에 이연은 이세민에게 조서를 내려서 모든 군사를 감독하여 왕세충을 치게 했다. 이제 이세민과 왕세충의 정면 대결이 시작된 것이다. 다른 말로 하면 장안세력과 낙양세력의 충돌이라고 할 수 있고, 산서의 이연과 산동의 왕세충의 동서 대결로도 볼 수 있다.

드디어 이세민이 장안을 출발하여 낙양으로 향했다. 이세민이 출동했다는 소식을 들은 왕세충은 동원할 수 있는 모든 병력을 다 동원했다. 왕세충은 직접 전투 병사를 거느리고, 좌보左輔대장군 양공경楊公卿에게 좌용양左龍驤 28부府의 기병을 내주었다. 또 우유격右游擊 대장군 곽선재郭善才에게 내군 28부의 보병을, 좌유격左游擊 대장군 발야강跋野綱에게 외군 28부의 보병을 인솔하게 했는데, 모두 3만 명이었다. 이세민을 대비하기 위한 왕세충의 군대는 그 규모가 컸고, 또 장안에서 낙양으로 들어가는 요소요소를 막고 지키고 있었다.

반면에 이세민을 지원하는 세력은 분열되어 있었다. 이세민이 평정한 병주의 총관으로 임명된 이중문은 돌궐과 왕래하고 있었다. 그래서 낙양에서 전투가 벌어지는 날에 장안의 빈틈을 타서 호족기병을 인솔하고 장안을 공격할 것이라는 소식이 들려왔다. 힘써 병주를 빼앗아 두고 이를 지키라고 했더니 이세민이 동쪽에서 낙양을 치는 틈을 타서 오히려 그 후방으로 들어와서 장안을 치겠다는 것이었다.

이연은 하는 수 없이 태자 이건성에게 포반蒲反, 산서성 영제현에서 진수하면서 이를 대비하게 했다. 또 예부상서 당검을 파견하여 병주를 안무하게 했다. 그리고 잠시 병주총관부를 폐지하고 이중문을 불러서 입조入朝하게 했다. 이처럼 낙양의 왕세충과 정면으로 싸워야 하는데, 세력은 양쪽으로 나누어졌으니 당나라로서는 앞뒤로 어려움을 만난 셈이었다.

힘든 낙양전투에서의 승리

장안에서 낙양으로 들어가는 길목에서 이세민은 왕세충을 정탐하고 있었다. 그러던 가운데 이세민은 예상치 못하게 갑자기 왕세충의 군대와 만났다. 단지 정탐 중이었던 이세민은 수적으로도 열세였고, 길이 좁고 험해 결국 왕세충에게 포위되고 말았다. 객관적인 전력이 모두 이세민에게 불리했지만, 이세민은 용감하게 전투에 임했다.

이세민의 입장에서는 포위당해 죽나 싸우다가 죽나 매한가지, 목숨을 건 한판 싸움이었다. 이세민은 좌우로 말을 달리며 활을 쏘아 왕세충 진영의 좌건위左建威장군 연기燕琪를 붙잡았다. 이렇게 되자 왕세충은 더 이상 이세민을 포위하지 않고 물러났다.

그 전투가 얼마나 치열했던지 이세민이 군영으로 돌아왔을 때에는 먼지와 티끌이 얼굴을 덮어서 군사들조차 그를 알아보지 못했다. 그래서 그를 막으려 하니 이세민이 갑주甲冑를 벗고 스스로 자기가 이세민이라고 말하여 겨우 영내로 들어올 수가 있었다.

다음날 이세민은 보병과 기병 5만 명을 인솔하여 왕세충의 군사를 낙양성 안으로 몰아넣는 데 성공했다. 이렇게 되자 이세민은 적절히 군사를 배치하여 양도糧道를 끊어서 낙양으로 양식이 공급되는 것을 막고 공격을 감행할 수 있었다. 이제 이세민은 직접 낙양성 안으로 들어가서 시가전을 시작하려고 했다. 하지만 이세민의 제장들은 낙양시내에서의 전투를 두려워했다. 낙양은 왕세충의 본거지이므로 자신들에게 불리할 것으로 생각했기 때문이다.

교전이 시작되자 이세민은 정예의 기병 수십 명과 더불어 분투하여 많은 적을 죽이고 다치게 했다. 그러나 바로 성안에 있는 긴 제방堤防에 막혀서 많은 기병들이 서로의 위치를 잃어버리는 일도 허다했다. 이세민 역시 그의 말이 떠도는 화살에 맞아 죽어 위험을 만나기도 했지만 다시 분투하여 대군大軍과 합류할 수 있었다. 왕세충도 무리를 거느리고 결사적으로 싸우니 흩어졌다가 다시 합친 것이 여러 번이었다. 처절한 혈투였다.

이듬해까지도 역시 이세민의 군사들은 왕세충을 격파하지 못하고 여전히 낙양을 포위하고 있으면서 참호를 파고 보루를 쌓아 이를 지키고 있었다. 장기전에 들어간 셈이었다. 이렇게 오래 낙양을 포위하고 있자 왕세충은 곤경에 빠졌다. 이세민이 양도를 끊었기 때문에 왕세충이 있는 성 안에는 먹을 것이 부족하여 비단 한 필의 값이 도정하지 않은 곡식 석 되가 되었고, 포布 열 필의 가치는 소금 한 되가 되었으며, 의복과 장식물 노리개는 천賤하기가 검불과 같았다. 곧 왕세충이 무너지게 될 상황이었다.

이때 두건덕이 왕세충을 지원하기 시작했다. 두건덕은 산동에서 기병하여 하夏나라를 세운 하북지역의 대표적인 세력이다. 이세민에게 위기가 닥친 것이다. 낙양성 안에는 왕세충이 버티고, 밖에는 두건덕이 돌진해 오니, 앞뒤로 적을 맞게 되는 상황이 되었다.

이러한 상황이라면 낙양의 포위를 푸는 것이 일반적이지만, 이세민은 함락직전의 낙양성을 포기할 수 없었다. 이세민은 낙양 포위를 풀지 않은 채 직접 두건덕의 군대를 치러갔다. 정공법으로 유인책을 써서 두건덕의 군사들을 대파하여 300여 급의 목을 베고 결국 두건덕을 포로로 잡았다.

이세민은 두건덕 등을 죄인을 가두어 운반하는 함거에 넣어서 낙양성 아래에서 왕세충에게 보였다. 왕세충은 자기를 지원하러 왔다가 포로가 된 두건덕을 보며 눈물을 흘렸다. 왕세충은 더 이상 버티기 힘들다는 것을 알았고, 결국 흰 옷을 입고 태자 왕현응王玄應과 여러 신하 2천여 명과 함께 이세민 군대의 영문營門에 와서 항복했다.

이세민은 드디어 험난한 싸움을 끝냈다. 이로써 수나라 말기에 군사를 일으킨 세력 가운데 하북 세력과 하남 세력을 이세민이 모두 평정하게 되었다. 당 왕조가 천하를 통일하는 데 결정적인 역할을 한 것이다. 왕세충의 세력이 지휘하던 38개 주의 옛날 땅이 모두 당의 관할로 들어왔다. 또 두건덕의 근거지인 산동지역의 30여 개의 주도 모두 제압했다. 이세민은 이렇게 하북지역과 하남지역, 동부지역도 손에 넣은 것이다.

개선한 이세민의 사람들

무덕 4년(621년) 7월에 이세민이 장안에 도착했다. 낙양을 평정하고 개선한 것이다. 이세민은 황금갑옷을 입었고 제왕齊王 이원길과 이세적 등 25명의 장군들이 그 뒤를 좇았다. 철기鐵騎가 1만 필이었고 앞뒤 부部에서 북을 치고 나팔을 불며 포로로 잡은 왕세충과 두건덕 그리고 수나라의 승여乘輿와 어물御物을 태묘太廟에 바치니, 이연은 행음行飮하는 지극한 예로 그들을 맞이했다.

당나라가 건국한 이후 처음으로 베푼 성대한 의식이었다. 어쩌면 그보다도 실질적으로 당나라가 반석 위에 서게 된 것을 알리는 의식이라고 해야 할 것이다.

이연은 이 전쟁에서 세운 공로를 치하하기 위해 낙주洛州, 병주并州, 유주幽州, 익주益州 등 여러 주에 전감錢監을 두었다. 전감이란 돈을 만드는 것을 감독하는 권한을 말한다. 그리고 진왕 이세민과 제왕 이원길에게는 세 개의 노鑪, 주전하는 용광로를, 배적裴寂에게도 한 개의 노鑪를 주고 주전鑄錢을 허락했다. 이러한 조치는 이세민과 이원길 그리고 배적에게 필요한 돈을 만들어 쓰라는 것과 다름없었다.

이세민은 국내가 차차 평정되자 전국 사방에서 문학文學하는 선비를 궁궐로 불러들여 문학관文學館을 세워 정치교육을 시작했다. 아울러 이들에게는 본래의 관직을 유지하면서 문학관 학사學士의 업무를 수행하게 했다. 또 이들에게 진기한 음식을 공급하는 등 예우가 아주 후했다. 본격적으로 인재를 모아 휘하에 두기 시작한 것이다.

이세민은 시간이 날 때마다 틈을 내어 문학관에 가서 여러 학사들을 이끌고 문적文籍을 토론했는데, 늦은 밤까지 이어지기도 했다. 사대부 가운데 선발되어 문학관에 들어갈 수 있었던 사람을 당시 사람들은 '등영주登瀛州, 출세를 의미'라고 부르기도 했다.

이때 이들 가운데 이세민의 핵심 멤버인 두여회뿐만 아니라 왕부의 막료幕僚들은 대부분 외직外職에 보임되었다. 그들 개개인으로는 승진한 것이 분명하지만, 이세민의 입장에서 본다면 그동안 애써 모아놓은 인재가 하나씩 흩어지는 것을 의미했다. 이것은 이세민의 세력을 약하게 만들고자 그의 사람들을 흩어놓으려는 의도가 있는 조치였다.

이세민의 걱정에 방현령은 "나머지 사람들은 애석해 할 것이 없습니다만, 두여회만은 제왕을 보좌할 인재로 왕께서 사방을 경영하실 때에 반드시 필요합니다. 따라서 어떻게든지 왕에 곁에 남겨두셔야 합니다."라고 했다. 이에 이세민은 "공公이 말하지 않았더라면 이대로 그를 잃을 뻔했구려."라고 대답하면서, 그 즉시 아버지 이연에게 주문을 올렸다. 이에 이연은 두여회를 외직으로 보내지 않고 진왕부의 소속으로 그대로 두었다.

이후 두여회는 방현령과 함께 항상 이세민을 좇아서 모든 작전과 기밀을 모의하는 데 참여했다. 그리하여 두여회는 군대 안에서 일어나는 크고 작은 많은 일들을 물 흐르듯 자연스럽게 해결했다. 이세민은 다행히 이러한 유능한 인재를 그의 곁에 둘 수 있었다.

산동을 이원길에게 맡긴 이연

한편 이연의 밑으로 들어와 항복했던 서원랑이 반역을 꾀한 사건이 일어났다. 서원랑은 연주兗州, 산동성 연주시 총관이었는데, 산동지역에 뿌리를 두고 있는 유흑달劉黑闥과 몰래 연락하며 난을 일으킨 것이다. 그러자 동북쪽 여덟 주에서 세력 있는 사람들이 모두 그에게 호응했다. 그들의 세력이 점점 커지자 이세민은 그들을 평정하고자 했다.

이세민은 산동에 도착하여 서원랑을 공격하여 10여 개 성을 함락시켰고, 그의 위엄이 회수淮水와 회하 하류에 있는 사수泗水 일대를 흔들었다. 이 소문은 강남지역까지 퍼지게 되었고, 이곳에 근거를 두고 있던 오왕 두복위杜伏威는 이세민에 관한 소문만을 듣고 항복했다. 서원랑을 공격함으로써 두복위까지 항복시키는 결과를 낳은 것이다. 이세민이 서원랑을 공격하며 산동과 강남지역인 회수와 제수濟水의 사이를 평정했다. 하지만 유흑달의 세력은 아직 제압하지 못한 상태였다.

그런데 이번에는 북쪽에서 돌궐의 군사가 당나라를 위협해 왔다. 돌궐 힐리가한의 15만 기병이 산서지역의 안문鴈門, 산서성 대현과 병주井州, 산서성 태원시, 원주原州, 영하성 고원현를 노략질했다. 그리하여 다시 이세민은 산동지역을 제왕 이원길과 태자 이건성에게 맡기고 산서지역을 평정하러 떠났다. 결과적으로 이세민 혼자서 담당하던 산동지역은 이건성과 이원길 둘이서 맡게 되었고, 이세민은 산서지역을 책임지게 된 것이다.

이원길과 이건성은 유흑달을 토벌하기 위해 힘썼다. 이때 이건성의 부하 위징魏徵은 유흑달이 끝까지 저항하는 이유를 분석하여 이건성에게 말했다. "전에 유흑달을 격파하고서 그 장수들은 모두 사형에 처하면서 처자식들은 포로로 잡았습니다. 그때 제왕 이원길이 그 무리들의 죄를 사면한다는 조서를 내렸지만 모두가 믿지 않습니다. 지금 태자께서 그들의 죄수와 포로를 모두 풀어주고 위로하고 타이른다면 그들은 항복할 것이니 앉아서 그들을 맞이하시면 됩니다." 유흑달 세력을 정치적 방법으로 토벌하라는 것이었다. 이건성은 위징의 말을 좇기로 했다.

이건성과 이원길이 대군을 데리고 도착하니 유흑달은 물을 등지고 진을 치고 있었다. 이른바 배수의 진을 친 것으로 이는 결사항전을 의미했다. 하지만 유흑달은 자기 혼자만 유유히 다리를 건너 서쪽으로 넘어갔다. 부하들에게는 죽기를 각오하고 싸우라고 명령해 놓고서 자기는 도망하는 모습을 보인 것이다.

그러자 유흑달의 군사들은 크게 동요하며 당나라 군대에 항복했다. 그리고 고제 무덕 6년(623년) 정월에 유흑달을 생포했다. 이건성과 이원길이 산동지역에 있던 유흑달의 군사세력을 진압한 것이다. 이로써 당 왕조는 수나라 말기에 일어났던 중요한 세력을 모두 진압하는 데 성공했다. 물론 아직 강남 쪽에 양사도와 동북쪽에 고개도, 그리고 1년 전에 다시 세력을 만든 보공석이 있지만 그다지 큰 위협적인 존재는 못 되었다.

이세민을 견제하는 사람들

태자 이건성과 제왕 이원길이 산동지역의 유흑달을 토벌함에 있어 지지부진하자 황제 이연은 이세민에게 "만약에 일이 성사되면 천하는 모두 네가 이룩한 것이니 마땅히 너를 태자로 삼을 것이다."라고 말했다. 이는 천하통일이 완성되면 이세민을 후계자로 삼겠다는 말이다.

이미 장남 이건성을 태자로 세운 마당에 황제 이연의 이런 말은 정치적 분란을 가져 올 만한 사안이었다. 이세민은 극구 사양했다. 사실 이연이 수나라로부터 당왕唐王으로 책봉되었을 때부터 장군과 보좌하는 사람들은 이세민을 세자로 삼을 것을 청했고, 이연도 그를 세우려고 했던 일이 있었던 터였다.

물론 이연의 말을 곧이곧대로 받아들이지 않더라도, 이세민의 경쟁자인 다른 형제 즉, 이건성과 이원길의 입장에서는 위기였다. 하지만 이연의 아들 가운데 이세민만큼 공로를 세운 아들은 없었다. 또한 장남이라는 이유로 태자가 된 이건성은 성격이 꼼꼼하지 못하고 술과 여색女色과 사냥을 좋아했고, 이원길은 과실이 많았다. 그래서 이 두 사람은 모두 이연에게 총애를 받지 못했는데, 이러한 상황은 이세민을 집중적인 경계 대상이 되게 만들었다.

이건성은 마침내 동병상련을 앓고 있는 동생 이원길과 함께 이세민을 제거하기로 모의했다. 이 둘은 같이 활동한 시간이 많았기 때문에 연합하기 쉬웠는데, 각기 사람을 끌어들여 당우黨友를 심어두었다. 이세민을 견제하려는 연합세력이 형성된 것이다.

이들과 별도로 황제 이연에게는 많은 후궁들과 더불어 나이 어린 아들이 스무 명에 이르고 있었다. 이연의 후궁들은 이연의 장성한 아들 세 명 가운데 누가 후계자가 되느냐에 따라서 자기와 자기가 낳은 아들의 운명이 달라질 수도 있다는 것을 잘 알았다. 그렇기 때문에 이연에게 후계자 문제에 은연중에 의견을 드러내고 있었다.

한편 이건성과 이원길도 이들 이연의 젊은 후궁들 가운데 이연의 총애를 받는 비빈들을 각각 섬기며 아첨했다. 이는 말할 것도 없이 기회를 봐 가며 이연에게 자기들이 좋게 보이도록 해달라는 것이다. 이들은 이러한 관계를 유지하다가 아버지 이연의 후궁과 간음했다는 말까지 나돌게 되었다. 이는 중대한 사안이었지만 궁중 깊숙한 곳에서 일어난 비밀스런 일이라 밝힐 수는 없었다.

이세민에게 닥친 위기

결국 당 왕조를 세우는 데 혁혁한 공로를 세운 이세민은 이건성과 이원길로부터 끊임없이 도전을 받았는데, 이제 이들 삼형제는 같은 장안長安에 살면서 서로 경쟁하고 경계하는 상황이 되었다.

이러한 상황에서 이세민은 홀로 여러 비빈들을 받들지 않았다. 이세민이 낙양을 평정했을 때에 이연은 이세민에게 수나라의 궁인과 진귀한 물건 등의 전리품을 수습하게 했다. 이때 비빈들은 이세민에게 낙양의 궁궐에 있는 진기한 보물과 자기들의 친한 권속들을 위해 관직을 달라고 요구했다. 이들의 요구를 적당하게 들어 준다면 이세민은 궁중에서도 자기의 세력을 늘릴 수 있는 절호의 기회였다.

그러나 이세민은 "보화는 모두 기록하여 이미 상주했습니다. 또 관직은 마땅히 현명하고 재주가 있어서 공로를 세운 사람에게 내릴 것입니다."라며 이들의 요구를 거절했다. 이 일로 인해 여러 비빈들은 이건성과 이원길을 칭찬하고 반대로 이세민을 깎아내리기 시작했다. 그리고 그러한 분위기는 황제 이연에게 전달되면서 궁궐 안에서 이세민의 입지는 더욱 궁지에 몰리게 되었다.

그러던 중 어느 날 이연에게 총애를 받던 장張 첩여婕妤의 아버지가 자기 딸을 이용하여 회안왕 이신통李神通에게 내린 전지田地를 자기에게 달라고 하는 사건이 벌어졌다. 사실 그 땅은 예전에 이세민이 공로를 세운 이신통에게 내렸던 땅이었다. 이연은 후궁 장 첩여의 베갯머리송사에 넘어가 이신통에게 칙서를 내려 장 첩여의 아버지에게 땅을 줄 것을 명했다.

하지만 이신통은 "황제의 칙서가 내리기 전 진왕 이세민이 교서를 내려 저에게 하사하신 땅입니다. 이미 저의 소유이기에 땅을 내어줄 수 없습니다."라며 거절했다. 이 말을 들은 이연은 자기의 칙서가 시행되지 않은 것에 대해 화를 냈다. 그리고 이세민에게 "황제인 내가 손수 직접 쓴 칙서가 너의 교서만도 못하는 모양이구나."라고 말했다. 황제의 칙서가 제후왕인 이세민의 교서에 밀린 상황이었기 때문이다. 이 사건은 보기에 따라 이세민이 전횡하는 것으로 해석될 수도 있기 때문에 이세민으로서는 중대한 위기였다.

또 다른 사건도 있었다. 이연이 총애하는 윤尹 덕비德妃의 아버지 아서阿鼠는 교만하고 횡포했다. 하루는 이세민의 진왕부에 소속된 두여회가 그 집의 문 앞을 지나가는데, 아서의 하인들이 두여회를 말에서 끌어내려 구타하며 기어이 손가락 하나를 부러뜨렸다. 그러고는 "건방지기 짝이 없구나. 여기가 뉘 댁인줄 알고 어찌 감히 말에서 내리지 않고 우리 집 앞을 지나가는가!"라고 말했다. 일개 하인이 관직에 있는 두여회를 끌어내려 구타하는 것은 그 정도로 윤 덕비의 아버지 아서가 전횡하고 있다는 것을 의미하는 것이었다.

이 사실을 알게 된 아서는 자기의 전횡이 황제 이연에게 알려질 것이 두려워졌다. 이세민이 이연에게 호소하여 이 사실이 알려진다면 처벌을 받게 될지 모르기 때문이다. 그래서 아서는 윤 덕비로 하여금 이세민보다 먼저 황제 이연에게 "진왕 이세민의 좌우에 있는 사람들이 첩의 집안을 능멸하면서 폭행을 했습니다."라고 사실을 반대로 보고하게 했다.

이 말을 들은 이연은 "나의 비빈 집안도 네 좌우에 있는 사람들에게 능멸되는데, 하물며 힘없는 백성들이야 오죽하겠느냐!"라고 화를 내며 이세민을 책망했다. 이세민은 사실이 아님을 절실하게 해명했으나, 이연은 끝내 이세민의 말을 믿지 않았다.

이처럼 이연의 후궁들은 기회가 있을 때마다 이세민을 비난하는 말을 했다. 궁중에서 연회를 열 때면 이세민은 여러 비빈들의 모습을 보면서 천하통일을 보지 못하고 일찍 죽은 어머니 태목황후太穆皇后를 생각하며 눈물을 흘리곤 했다. 이 모습을 지켜본 비빈들은 눈물을 흘리며 태자 이건성을 두둔했다. "진왕 이세민은 태목황후를 생각하는 것이 남다릅니다. 이에 황제께서 세상에 안 계시면 이세민은 분명 우리 처첩들을 용납하지 않아서 한 점 혈육도 다 없앨 것입니다. 반면에 황태자 이건성은 어질고 효성스러워서 폐하께서 첩의 모자를 그에게 부탁하시면 반드시 보전할 수 있을 것입니다."

이연은 비빈들이 이세민을 참소하는 말을 듣고는 이세민을 태자로 삼으려는 생각을 바꾸었다. 그리고 이세민을 점점 멀리 하고 이건성과 이원길을 가까이 했다. 이세민에게 절체절명의 위기였다. 여기서 위기란 단순히 태자가 되지 않는다는 것 이상의 문제였다. 정치적 경쟁에서 진다는 것은 바로 죽음을 의미하는 것이기 때문이다.

거부된 이세민의 회피

이렇게 이세민은 죽느냐 사느냐의 기로에 서서 살아나갈 방법을 찾고 있었다. 이미 황제 이연을 포함하여 궁궐 곳곳에 자신을 모함하고 위해하려는 세력이 포진해 있었기 때문에 이세민은 어느 날 갑자기 변고가 생길까 걱정이 되었다. 그래서 일단 이들을 피해 장안에서 낙양으로 이동하기로 마음 먹었다. 낙양은 이세민 본인이 정복한 곳이며, 지리적 조건으로 보아도 방어와 공격하는 데 유리한 형승形勝의 땅이라는 점을 감안한 것이다.

이세민은 진왕부의 거기장군 장량張亮을 낙양으로 파견하여 산동지역의 호걸들과 은밀히 관계를 맺게 했다. 그리고 그들에게 많은 금과 비단을 주어 마음대로 사용하게 했다. 이건성과 이원길의 근거지인 산동지역을 조금씩 잠식하려는 의도였다.

이원길이 이 사실을 알고 이세민이 낙양에 보낸 장량이 불궤한 짓을 한다고 고발하여 조사하게 했으나, 장량이 끝내 자백하지 않아 하는 수 없이 그를 풀어주었다. 이원길은 이 기회에 이세민의 꼬투리를 잡아 이세민의 세력을 제거하고자 했으나, 심증만 있을 뿐 물증을 잡지 못하여 그대로 마무리되었다.

이원길의 이러한 기도가 실패하자 이번에는 이건성이 이세민을 직접 죽이려고 했다. 이건성이 이세민을 불러서 짐주酖酒, 즉 독주를 마시게 했는데, 피를 몇 되 토하기는 했지만 다행히 죽지는 않았다.

이연은 이렇게 삼형제가 서로 받아들이지 못하는 사실을 알게 되었고, 이들을 떨어뜨려서 다툼을 막아보려고 했다. 그래서 이세민이 원하는 대로 그를 낙양으로 보내 섬주陝州의 동부지역을 모두 주관하게 했다. 사실 산동지역은 이건성과 이원길의 근거지인데 이세민에게 산동지역에 대한 지배권을 준 것이다. 이렇게 되면 이건성과 이원길의 입장에서 영원히 이세민을 감당할 수도, 제압할 수도 없게 된다.

그러자 이건성과 이원길은 이세민을 낙양으로 보내지 않기 위해 이연에게 참소하기 시작했다. "진왕 이세민의 좌우에 있는 사람들이 낙양으로 간다는 소식을 듣고 기뻐서 뛰지 않는 사람이 없다고 합니다. 그들의 뜻하는 것을 보건대 아마도 다시 오지 않을까 걱정입니다." 이세민 일파가 다시 장안으로 오지 않는다는 말은 반란을 획책할 것이라는 말과 같은 뜻이었다. 이 말은 들은 이연은 이세민이 낙양으로 가는 것을 중지시켰다.

그뿐이 아니었다. 이건성과 이원길이 비빈들과 함께 밤낮으로 황제 이연에게 이세민을 참소하니 이연은 이를 믿고 장차 이세민에게 죄를 주려고까지 했다. 그때 진숙달陳叔達이 이연에게 이세민을 너무 강하게 압박하면 죽을지도 모른다고 설득했다. "진왕 이세민은 천하에서 큰 공로를 세웠으니 쫓아낼 수 없습니다. 또 성격이 강직하고 매서우니 만약에 옭아매어 억누르기만 한다면 그 분을 이기지 못해 혹 헤아릴 수 없는 병에 걸릴까 걱정됩니다. 그러면 폐하께서 이를 후회한다 해도 어떻게 돌이키겠습니까?"

그러나 이원길은 끝내 이세민을 죽이라고 이연에게 요구했다. "진왕 이세민은 처음에 낙양을 평정하고 관망하면서 돌아오지 않으려고 했습니다. 게다가 돈과 비단을 나누어 주어 사사롭게 은혜 베풀었으며, 또 칙명을 어겼습니다. 이것이 반란이 아니고 무엇이 겠습니까? 응당 속히 죽여 그 죄를 물어야할 것입니다." 이원길은 이세민을 반란세력으로 몰아갔다. 이세민을 옥죄어 오는 강도는 나날이 강해졌다.

위기를 만난 이세민과 그의 사람들

이세민을 반란세력으로 몰면서 그를 죽이라고 한 이원길의 요구는 이연에게 받아들여지지 않았지만 그러한 일이 언제 다시 일어날지 몰랐다. 이러한 상황에서 이세민을 따르는 사람들도 생존방법을 강구하기 시작했다.

방현령이 이세민의 처남 장손무기長孫無忌에게 말했다. "하루아침에 화가 닥칠 기미가 드러난 것입니다." 이세민을 공격하려는 화의 싹이 드러났다고 본 것이다. 이 말을 들은 장손무기는 이세민에게 "저의 생각도 이와 같습니다. 지금이야말로 움직일 때입니다."라고 동의했다.

이세민이 이를 가지고 상의하니 방현령이 대답했다. "대왕의 공로가 천지를 덮었으니 대업을 이어야 함이 마땅합니다. 오늘의 위기는 오히려 하늘이 돕는 기회입니다. 바라건대 대왕께서는 의심하지 마십시오." 이세민에게 이건성과 이원길을 주살할 것을 권고한 것이다.

한편 이건성과 이원길은 이세민의 수하에 있는 날랜 장수들을 꾀어내어 자기편으로 만들고자 했다. 재물로 유혹하거나 회유하고, 그래도 넘어오지 않는다면 겁박하고 죄를 덮어 죽여서라도 이세민에게서 떼어내려고 했다.

그 가운데 선비족鮮卑族 출신으로 '싸움의 신'으로 불린 울지경덕尉遲敬德과 단지현段志玄에게는 재물을 가지고 회유했고, 정지절程知節의 경우에는 참소하여 강주康州자사로 보내려 했다. 그들이 거절하고 이세민의 방어로 계획이 실패하자, 이번에는 자객을 보내 죽이려고 했다. 특히 이세민의 최측근 방현령과 두여회의 경우 황제 이연에게 참소하여 이들을 쫓아내려 했다. 이세민의 팔다리를 모두 자르려는 음모가 계속된 것이다.

이러한 상황이 벌어지고 있을 즈음에 돌궐의 장군 아사나욱사

阿史那郁射가 수만의 기병을 거느리고 황하의 남쪽으로 들어와서 오성烏城, 섬서성 정변현의 남쪽을 포위했다. 태자 이건성은 이를 기회로 삼고 이원길을 추천하여 돌궐족을 정벌하게 하자고 건의했다. 그리하여 군대를 징집하기에 이르렀는데, 이세민의 군대마저 징발 대상이 되었다. 이세민은 앉아서 자기의 군대를 이원길에게 빼앗길 위기에 처한 것이다.

　이건성과 이원길은 거기에 그치지 않고 이원길의 출정에 맞추어 전별하는 이세민을 납치하여 죽이고는 사고사로 위장하려는 계획을 세웠다. 이세민의 수하인 울지경덕 등도 모두 죽여 파묻는다면 황제 이연도 믿을 수밖에 없다고 생각한 것이다. 여러 가지 정황이 이세민을 코너로 몰고 있었다.

거사의 결단과 현무문의 비극

형제들의 음모를 사전에 입수한 이세민은 이제 결단을 내려야했다. 하지만 결단은 곧 형제간의 싸움이었다. 이세민은 "골육 사이에 서로 해치는 것은 커다란 악이다."라는 생각을 가지고 있었기에 형제간의 해치는 일을 해야 하는 거사에 신중하지 않을 수가 없었다.

　그러나 그의 막료인 울지경덕과 장손무기 등이 "이 일을 앞서서 도모하셔야 합니다. 그렇지 않다면 대왕께서 먼저 당하십니다."라며 강력하게 거사를 권고했다. 또한 "지금 이원길과 이건성이 힘을 합하고 있지만, 먼 훗날 반드시 제왕 이원길이 거사하여 태자 이건성을 죽이고, 대왕 역시 도모할 것입니다."라고 예측했다. 누가 일으키건 결국 골육상쟁은 피할 수가 없는 상황이라는 것이다.

이세민은 드디어 거사를 결심했다. 구체적인 거사 계획은 장손무기와 방현령 등과 함께 상의하기로 했는데, 방현령은 이미 황제 이연으로부터 이세민을 받들지 말라는 명령을 받은 상태였다. 이제 아버지까지 자기를 견제하고 있다고 생각하니 더 이상 거사를 늦춰서는 안 된다고 판단했다. 이세민은 차고 있던 칼을 울지경덕에게 내주며 "방현령과 두여회가 배반하고 오지 않는다면 머리를 베어가지고 오라."고 말했다. 울지경덕은 그들을 설득하는 데 성공했고, 이로써 방현령 등은 황제의 명령에도 불구하고 드디어 진왕 이세민의 결정을 돕기로 했다.

이때 천기天機를 보는 태사령이 별자리를 보고 "태백성이 하늘을 긋고 갔습니다. 이는 진왕 이세민이 천하를 갖게 된다는 의미입니다."라고 해석하여 황제 이연에게 올렸다. 황제자리는 부자 사이에서도 나눠 가질 수 없는 것이다.

이세민이 천하를 갖게 된다는 말은 곧 이연이 황제자리에서 물러난다는 말로써, 이연으로서는 듣기 좋은 보고는 아니었다. 그렇다고 태사령의 말만으로 이세민을 처리하기도 어려운 상황이었다. 이연은 이세민에게 넌지시 별자리 운수를 일러줄 수밖에 없었고, 이 말을 들은 이세민은 움찔하지 않을 수 없었다.

그러나 마음을 굳힌 이세민은 선제공격에 나섰다. 이세민은 이건성과 이원길이 비밀리에 비빈들과 음란한 짓을 했다고 이연에게 보고했다. 만약 자신의 비빈과 아들들의 사통私通이 사실이라면 이는 참을 수 없는 모욕이었다. 이세민은 일단 사통의 내용으로 이연의 화를 돋운 다음에 "신은 형제들에게 조금도 죄를 짓지 아니했는데, 신을 죽이려고 하니 마치 왕세충과 두건덕을 위해 원수를 갚는 것 같습니다."라고 말했다.

이세민에게서 새로운 소식을 들은 이연은 크게 놀랐다. 이연은 이세민에게 "내일 마땅히 국문鞠問해야 할 것이니 너는 의당 일찍 참석하도록 하라."라고 대답했다. 이건성과 이원길이 비빈들과 음란한 일을 한 사실을 조사하기 위해 친히 국문하겠다는 것이었다.

이번에는 이건성과 이원길이 궁지에 내몰렸다. 이들은 황제 이연이 후궁과의 사통 문제를 국문할 것이라는 소문을 듣고 조회에 나가지 않으려고 했다. 그러나 적당한 핑계를 댈 수 없었던 이들은 정면으로 대결하기로 마음먹고 군비를 삼엄하게 하여 입궐하기로 했다.

이건성과 이원길은 이세민이 황제 이연을 통해 자기들을 제거하려고 하는 것쯤으로 생각했다. 그래서 무력의 호위를 받으면 무사할 것이라고 생각한 것이다. 하지만 이세민은 이미 그들에 앞서 정손무기 등을 인솔하여 현무문玄武門에 군사를 숨겨 놓았다. 궁궐로 들어가려면 누구나 이들이 현무문을 통과해야 하기 때문이었다.

다음날 날이 밝고 황제 이연의 부름을 받은 이건성과 이원길이 함께 현무문으로 들어갔다. 물론 무장 호위를 따르게 한 상태였다. 그들이 현무문에 가까이 이르렀을 때 그곳에 이상한 변고가 있음을 알았다. 그리하여 그 즉시 말을 돌려서 자기들의 궁부宮府

로 돌아가려고 했고, 이세민은 그들을 부르며 쫓았다. 그러자 이원길이 활을 당겨 이세민을 쏘려는데 두 세 번이나 활이 당겨지지 않았다. 이세민은 위기에서 벗어났고 반대로 이원길과 이건성을 화살로 쏘아 맞혔다.

마침 울지경덕이 70여 명의 기병을 거느리고 달려와 이 광경을 보고는 그 좌우에 있던 사람들이 이원길을 쏘아서 말에서 떨어뜨렸다. 이때 이세민이 타고 있던 말이 놀라서 숲속으로 뛰어 들어갔고, 이세민은 나뭇가지에 걸려 말에서 떨어졌다. 멀리서 화살을 맞은 이원길이 좇아와서는 이세민이 갖고 있던 활을 빼앗고 한바탕 육탄전이 벌어졌다. 그러는 사이에 울지경덕이 달려와 이세민을 돕자 이원길은 도망했는데, 울지경덕이 끝까지 좇아가 활을 쏘아 죽였다.

한편 태자 이건성의 사람인 설만철薛萬徹과 제왕 이원길의 사람인 사숙방謝叔方이 각기 정예의 병사 2천 명을 인솔하고 말을 달려서 현무문으로 달려왔다. 이제 이세민의 군대와 이건성과 이원길의 군대가 현무문에서 전투를 벌이게 되었다. 이때 울지경덕이 이건성과 이원길의 수급首級을 그들에게 보여주었다. 주군主君 없는 싸움이 무의미하다는 것을 안 궁부의 군사들은 순식간에 무너져 도망했다. 이세민이 완전히 승리한 것이다.

당시 황제 이연은 해지海池에서 배를 타고 놀고 있었는데 이세민은 울지경덕을 보내 황제를 호위하게하게 했다. 보통 황제 곁에서 숙위하는 사람은 황제가 가장 신임하는 사람이 맡는다. 만약에 숙위하는 사람이 황제의 뜻에 따라 정해지지 않는다면 숙위하는 사람은 도리어 황제를 감시하는 역할을 하게 되는 것이다. 역사에서 쿠데타를 성공한 사람이 제일 먼저 숙위병을 바꾸는 것은 바로 이러한 이유 때문이다.

황제 이연은 숙위하는 책임자가 이세민의 수하로 바뀌었다는 사실을 알고 나서 어찌할 바를 몰랐다. 이는 바로 이세민이 황제인 자신을 통제하겠다는 다른 표현이라는 것을 잘 알았기 때문이다. 그리하여 자신의 곁에 함께 있던 소우蕭瑀와 진숙달에게 "숙위가 울지경덕으로 바뀌었는데, 경들은 이 사실을 아는가?"라고 물었다. 이들은 "폐하, 이미 사태의 진실을 알고 있습니다. 진왕 이세민에게 나라의 일을 위임하셔야 합니다."라고 대답했다. 이 말을 들은 이연도 "그것은 내가 옛날부터 갖고 있던 마음이다."라고 에둘러 말했다.

실제로 이연이 이세민에게 황제자리를 넘겨줄 생각이 있었는지는 알 수 없다. 물론 한때 이세민을 후계자로 생각한 적도 있었던 것은 분명하지만, 그것이 행동으로 옮겨지지는 않았다. 특히 만년에 젊은 비빈들의 말에 휘둘렸던 정황을 봐서는 이세민에게 후사를 물려주겠다고 마음먹었다는 말은 믿기 어렵다.

단지 사태가 이연에게 불리하게 돌아가니 이세민과 타협한 것이라고 볼 수 있다. 이세민의 후사를 인정하는 대신 자기와 당 왕조의 안전을 확보한 것이다. 이세민이 생존을 위해 내린 결단과 그 실천이 결실을 맺는 순간이었다.

참을 수 없을 때에 내리는 결단

세상에는 이세민과 이건성, 이원길과 같은 경우가 심심치 않게 보인다. 비록 이들은 형제라는 특수한 관계였으나 그들을 둘러싼 세력은 결코 핏줄이기 때문에 끝나는 것이 아니었다. 또 세상에서는 실력과 공로만으로 사람을 평가하지 않는 경우도 많다. 바로 이세민의 경우가 그러하다. 업적과 공로에서 이건성과 이원길은 이세민을 따를 수 없었지만 이들은 권력을 얻고자 하는 마음을 버리지 않고 수단과 방법을 가리지 않고 반칙하는 방법을 사용했다.

물론 세상을 살아가면서 어느 정도의 불합리한 일을 당하는 경우는 흔하다. 능력이 있다는 이유로 오히려 질시를 받는 경우가 그러하다. 이러한 경우 정면 승부를 하기 힘든 경우가 대부분이라서, 그저 참을 수 있을 만큼 참을 수밖에 없다. 생존경쟁에서는 생존하는 것이 최대의 목표이기 때문이다. 그러다가 마지막 벼랑 끝까지 내몰리는 상황이 벌어지면 자신의 전부를 내던져 승부수를 띄운다. 죽기 아니면 까무러치기. 마지막까지 참는다는 것은 패배를 의미하며, 패배는 곧 죽음을 의미하기에 목숨을 걸고 꿈틀하는 것이다.

이세민도 참을 만큼 참았다. 참고 또 참다가 상대가 여전히 음해와 공격을 멈추지 않자 목숨 걸고 결단을 내린 것이다. 이 결단을 실천하지 않으면 100퍼센트 앉아서 죽고, '죽을 마음이면 무엇을 못하겠느냐?'라는 말처럼 결단하여 행동으로 옮기면 다만 얼마라도 승리의 확률을 갖는다. 설사 실패하더라도 그 결과는 가만히 앉아서 죽는 것과 같기 때문에 더 나빠진 것은 아니다.

이순신은 "살겠다고 하면 죽고, 죽겠다고 하면 산다."라는 유명한 말을 남겼다. 하지만 어떤 일을 할 때에 목숨을 걸만큼 전력투구하지 않으면 성공할 수도 살아남을 수도 없다. 한 자락 도망칠 길을 남겨 놓는다는 것은 안전을 확보한다는 면이 있기는 하지만 이러한 경우는 살고 죽는 문제와 같은 백척간두百尺竿頭에 서있는 경우가 아니다. 백척간두에 서서 한걸음 더 나아가는 결단은 죽음을 삶으로 바꿔 줄 수 있다.

제7강

역사에서 길을 찾다

술잔으로 군권을 녹인 조광윤

조광윤(趙匡胤, 927~976년)

송나라를 창건하여 5대10국의 분열된 중국을 거의 통일한 초대 황제(재위 960~976년). 태조(太祖). 처음 후주(後周)의 세종(世宗) 밑에서 금군(禁軍)의 장이 되었고, 거란(契丹)·남당(南唐)과의 싸움에서 공을 세워 금군총사령이 되었으며, 세종의 사후 북한(北漢) 침입의 위기를 당하여 금군에 옹립되어 제위에 오르며 송을 건국했다.

즉위 후 후주(後周) 유신의 반란을 진압하여 화북의 땅을 확보하고 963년 이후 형남(荊南)·호남(湖南)·후촉(後蜀)·남한(南漢)·남당(南唐) 등의 강남(江南) 및 사천(四川) 지역에 있는 국가들을 병합하였다. 무인정치를 폐하고 문치주의에 의한 중앙집권적 관료제를 확립하기 위하여, 절도사(節度使) 지배체제를 폐지하고, 중앙에 민정·병정·재정의 3권을 집중하며 금군을 강화하여 황제의 독재권을 강화하였다. 또한 지방통치를 위해 전국에 파견되는 관료의 채용을 위한 과거제도를 정비하고 최종시험을 황제 스스로 실시하는 전시(殿試) 또는 어시(御試)를 시작하였으며, 개혁을 실행함에 있어 점진적이고 온건한 수단을 사용하였다.

창업과 수성의 차이

생존이란 끊임없이 새로운 일을 시작하려고 하고[創業] 이루어 놓은 것을 지키려고 하는[守成] 과정의 연속이다. 생존의 과정에서 어떤 때에는 창업적 태도로 살아가야 하고 어떤 때는 수성적 태도를 가져야 한다. 한 개인으로서도 자기가 목표하는 지점에 도달했다면 충분히 창업에 성공했다고 할 수 있을 것이다. 이렇게 일정한 목표에 도달하면 수성의 태도로 돌아서야 한다. 끊임없이 목표를 수정해 가며 도전하는 창업은 성공하기가 어렵기 때문이다. 그래서 지족知足하라는 말을 하는데, 이는 적당한 정도에서 이미 이룩해 놓은 것을 지키라는 말이기도 하다.

   전국시대에 조나라 무령왕은 외래 문명을 과감히 들여와 성공했고, 한나라 시대의 한신은 자기가 잘하는 것과 잘못하는 것을 구별하지 못하여 실패했다. 유비는 자기에게 맞는 창업을 위해 오히려 보수적인 방법을 선택했으며, 부건은 창업 후 방심하다가 실패했다. 그리고 당 태종 이세민은 과감한 결단으로 성공했다.

사실 역사를 보면 왕조가 바뀔 때마다 수많은 사람이 천하를 제패하고자 들고 일어나기 때문에 스스로 제왕이라 칭한 사람만 따져 보아도 무수히 많다. 진秦 시황제가 통일하기 전 7개 나라가 각기 천하통일하겠다는 목표로 쟁투를 벌였다. 또 유방이 한 왕조를 세울 때만해도 유방과 어깨를 나란히 하거나 혹은 그보다 앞섰던 사람들이 적지 않다. 물론 그 후로도 이러한 현상은 끊이지 않았다.

역사에는 잠시 성공했으나 마지막까지 지키지 못하고 실패한 경우도 많다. 진秦나라가 천하를 통일한 지 15년 만에 망하여 역사에서 사라졌고, 또 항우는 천하를 자기중심으로 분봉分封했으나 5~6년 만에 실패했다. 왕망도 황제가 되는 데는 성공했으나 역시 15년 만에 망했다.

그렇다면 역사에서 창업과 수성을 함께 이룩한 사람이 누가 있을까? 후한 광무제의 아들 효장제 유달의 경우에는 아버지가 이룩한 천하통일을 지키기 위해 무력으로 모든 문제를 해결하려던 시대에 반대되는 유학을 들고 나와서 불안을 잠재우고 후한 왕조의 수성을 성공시켰다. 그러나 한 사람이 창업과 수성을 이룩한 예는 아주 드물다. 그 가운데 여기에서 소개할 송宋나라를 건국한 조광윤趙匡胤은 창업과 수성을 함께 이룩한 사람이다. 그것이 지금까지도 그가 칭송을 받고 있는 이유이다.

200년간 지배해온 무인세력

조광윤이 오대 후주後周의 절도사節度使로서 선양을 받아 송나라를 건국한 것은 서기 960년이었다. 당나라 중엽에 안록산安祿山과 사사명史思明이 산동지역에서 군사봉기를 한 지 205년이 흐른 뒤의 일이었다. 이른바 안사安史의 난이라고 불리는 이 사건으로 인해 개원開元의 정치를 이룩하여 영웅으로까지 불리던 당 현종玄宗은 도읍 장안을 버리고 서쪽에 있는 촉蜀으로 도망하는 수모를 당했다. 현종은 몽진하는 도중에 그가 아끼는 양귀비楊貴妃를 죽여야 했을 만큼 위급한 상황이었다.

그 후 많은 군사세력들이 당 왕조를 지키고 보호한다는 명목으로 일어나서 안사의 군대와 싸웠다. 결과적으로 안사의 난은 평정되었지만, 당 왕조의 황제권은 이미 유명무실해져 버린 후였다. 당 왕조가 절도사 주전충朱全忠에게 공식적으로 멸망하는 907년까지 당나라 황제는 명목상으로 존재할 뿐, 이들 군사세력들이 절도사가 되어 각 지방에서 할거하며 세상을 지배하고 있었다.

당시 절도사는 전국 각지에서 반독립적 세력을 형성했다. 절도사들은 하나의 도道 혹은 몇 개의 주州를 통일하여 군사와 민정, 관리임명과 징세를 독립적으로 수행했다. 게다가 절도사가 죽으면 아들이 이를 계승했으니 작은 왕조나 다름없었다. 이러한 시스템을 중앙 조정을 보호하는 울타리라는 뜻의 번진藩鎭이라 불렀는데, 조정에서는 절도사들을 통제할 힘이 없기에 그들이 하고자 하는 대로 이를 승인하고 있었다. 명칭상으로 조정의 지배를 받는다고 하지만 실제로는 반독립半獨立한 상태였다.

구체적인 예를 들자면 안사의 난 이후 덕종德宗 시기에 하북 지방 일대의 번진에서 반란을 일으키자 반군을 진압한 군대가 다시 장안을 점령하는 사태가 벌어졌고, 덕종은 한중漢中, 섬서성 한중시으로 피난해야 했다. 일시적으로 헌종憲宗이 번진의 할거割據를 평정했지만, 그 후에 많은 번진들은 민변民變을 평정한다는 명목으로 군사를 일으켜서 그 세력을 확대했다. 물론 당 조정에서는 계속적으로 각 번진의 군사를 감축시키려고 노력했지만 그것은 노력만으로 끝났고, 번진의 반란은 계속되었다. 결국 계속적으로 새롭게 할거하는 세력이 등장했을 뿐이었다.

당 말기에 왕선지王仙芝와 황소黃巢 등이 군사를 일으킨 이후 그나마 남아있던 절도사의 통제는 무너졌다. 황소의 장수였던 주온朱溫, 후에 주전충으로 바꿈은 당나라에 투항하여 옛 주군인 황소를 소탕하고 스스로 절도사가 되었다. 그리고 주온은 당시 최대의 번진세력인 사타족沙陀族 출신의 이극용李克用을 압도했고, 이들 번진들이 서로 세력을 다투는 사이 결국 당 왕조는 멸망했다.

그 후 53년 동안 다섯 왕조가 교체되었고, 지방에 10개의 나라가 세워지면서 5대10국이 전개되었다. 안사의 난 이후부터 오대 말까지 군벌세력들이 서로 세력다툼을 벌였던 분열의 시대였다.

권력을 장악한 환관의 등장

당나라 말기에 권력을 쥔 사람, 특히 황제는 절도사들이 가진 군사적인 힘을 없애거나 아니면 자기의 통제 하에 두려고 노력했다.

절도사들이 군사를 가지고 있다고 하더라도 황제가 이를 마음대로 움직일 수만 있다면 문제될 것이 없었다. 그래서 고안해 낸 방법이 이른바 감군監軍제도이다. 감군이란 원래 지방에 나가 있는 군대를 감독하는 직책인데, 직접 군사를 지휘하는 것은 아니지만 군대 안에서 상벌을 주는 일과 황제에게 보고하는 권한을 가지고 있어서 실제로 군대를 통제하는 역할을 할 수 있는 자리였다.

당 중기 이후에 부병제府兵制가 와해되자 군사는 모병募兵으로 충당하게 되었다. 모병을 하려면 응모자에게 그에 상응하는 대우가 있어야 하고 이를 대우하는 것은 모두 그 지휘관인 절도사의 능력에 달려 있었다. 그렇기 때문에 모병한 군대는 그 절도사의 군대라고 할 수 있지 조정의 군대라고 할 수 없었다. 그래서 황제는 이를 적절히 통제하기 위해 자기가 가장 신임하는 환관을 감군으로 파견하기 시작했다. 그 결과 의도와는 다르게 환관들이 권력을 잡게 되었다.

후한 말기에도 10상시라 불리는 환관들이 전횡한 일이 있었다. 당시의 환관은 명목상이지만 황제의 밑에서 움직였다. 반면 당 말기의 환관들은 황제의 최측근이라는 점을 이용하여 황제를 호위하는 금군禁軍을 장악하기에 이른다. 군사력을 지휘하면서 권력을 가진 환관들은 결국 당 경종 보력 2년(826년)에 경종敬宗 이담李湛을 밤중에 살해하고, 후임 황제 문종文宗 이앙李昻을 세우는 일까지 벌였다.

문종 이앙의 입장에서는 환관들 덕분에 황제자리에 오르긴 했지만, 그들의 권력이 부담스러운 것이 사실이었다. 또 자신들의 군권을 환관에게 빼앗긴 무신武臣들 역시 환관들이 눈엣가시였다.

이에 문종 태화 9년(835년)에 문종 이앙은 무신 정주鄭注와 이훈李訓과 함께 환관들로부터 권력을 뺏기 위해 환관들의 우두머리를 제거하기로 모의했다. 그런데 그 공로를 독식하고 싶었던 이훈은 혼자서 아침에 궁 뒤뜰에 있는 석류나무에 상서로운 이슬[甘露]이 내렸다고 알려 환관들을 부르고는, 환관들이 모였을 때 미리 배치해 놓은 군사들로 하여금 일망타진하려는 계획을 세웠다.

거사 당일 석류나무에 감로가 내렸다는 보고에 환관들이 모여들었다. 여기까지는 계획대로 진행되는가 싶었는데, 정작 숨겨놓은 군사가 환관들에게 발각되어 오히려 환관들의 공격을 받게 되었다. 환관들은 도적이 나타났다고 하면서 문종 이앙을 볼모로 잡고 백관들을 보이는 대로 살육했다. 이른바 '감로甘露의 변變'이다. 이 사건으로 환관의 기세는 더욱 등등하여 황제는 허수아비에 지나지 않게 되었다.

이렇게 환관 제거 계획이 수포로 돌아가자 당나라에서 더 이상 환관을 대적할 만한 세력이 없었다. 이후 환관들은 자기의 구미에 맞는 사람을 골라서 황제를 세우는 일까지 감행했다.

예컨대 문종 이앙은 아들 이성미李成美를 태자로 세웠으나, 문종 이앙이 죽자 환관 구사량은 거짓조서를 만들어 문종 이앙의 동생을 태제로 삼아 황제자리에 올렸다. 그가 무종武宗 이염李炎이다. 구사량은 태자 이성미가 문종의 뒤를 이어 황제가 된다면 권력을 잃을까 두려워 자기 주관 하에 황제 계승자를 바꾸어서 황제를 세운 공로자가 되려고 한 것이다. 다시 무종 이염이 죽자 환관들은 황제 계승권에서 완전히 벗어나 있던 무종의 숙항叔行인 선종宣宗 이침李忱을 세운다.

이처럼 환관들은 자기가 휘두를 수 있는 사람, 되도록 나이가 어린 사람을 골라서 황제로 앉히는 일을 자행했다. 이를 위해 황제 유언의 위조는 너무도 쉽게 자행되었다. 그리하여 경종 이담이 환관에게 살해된 후 문종 이앙, 무종 이염, 선종 이침, 의종毅宗 이최李漼, 희종僖宗 이현李儇, 소종昭宗 이엽李曄에 이르기까지 모두 환관이 세운 황제였다.

환관이 감당하지 못한 반란

당나라 말기에 이르자 비록 삼공三公에 이른 사람일지라도 황제를 제멋대로 세울 만큼 권력이 막강한 환관들의 눈치를 보며 그들의 말을 따랐다. 그리고 관리들은 오로지 서로 높은 자리를 차지하려고 당쟁黨爭을 벌였다. 이제 중앙 조정 안에서 환관의 세력을 잠재울 사람은 아무도 없었다. 오직 제도권 밖에 있는 누군가가 이들의 권력을 잡아주길 바라는 것이 유일한 희망이었다. 그러나 그들 역시 환관들의 막강한 권력에 대항하기 힘든 것은 분명했다.
　그러던 희종 건부 원년(874년)에 드디어 군사가 일어났다. 바로 소금판매업자 왕선지王仙芝였다. 왕선지는 조정에서 재정 확충을 위해 소금판매에 타격을 주자 군사를 일으킨 것이다. 그리고 그 다음 해에 역시 소금판매업자 황소黃巢가 왕선지의 기병에 호응하여 산동지역에서 군사를 일으켰다. 중간에 먼저 군사를 일으켰던 왕선지가 중앙 조정으로부터 관직을 받으면서 반조정 군사 활동은 주춤해졌으나, 그의 무리들이 대거 황소에게 흡수되어 황소의 세력은 전국적으로 퍼졌다.

이들의 군사 활동은 요원의 불꽃처럼 번져나갔다. 궐기를 시작한 산동지역은 물론이고 강남지역 그리고 그보다 더 남쪽인 복주, 조주, 기주에 이르렀고, 낙양과 장안을 함락시켰다. 그리하여 희종 광명 원년(880년)에는 황소가 장안에서 황제자리에 올라, 국호를 대제大齊라고 하고 연호를 금통金統이라고 하기에 이르렀다.

이때 권력을 쥐고 있던 환관들은 이 반란을 감당할 수가 없었다. 분명 자신들도 군권을 가지고는 있었지만 그들의 군사는 단순한 직업일 뿐 목숨 걸고 충성하는 그런 부류는 아니었다. 권력을 유지하기 위한 군사일 뿐 반란을 감당할 만큼의 훈련은 되어 있지 않았다.

이때 바로 지방의 절도사들이 반란을 진압한다는 명목으로 군사를 일으키면서 자신들의 세력을 확장시킬 계기를 마련하게 되었다. 일찌감치 황제의 권위를 상실한 당 왕조는 황소의 난을 계기로 황제권을 대신하던 환관마저 힘을 잃어버리게 되었다. 그 대신 절도사들이 자신들의 무력을 가지고 반란세력을 토벌하면서 힘을 얻었다.

절도사들의 시대

당시 절도사들은 왕선지와 황소의 반란 군대와 적극적으로 싸웠다. 그들은 당나라의 합법적 군대였기 때문에 불법적인 이들 왕선지 등의 군대와는 달랐다. 처음으로 왕선지와 싸워 이긴 사람은 천평天平절도사 설숭薛崇이었다. 뒤를 이어서 희종 건부 3년(876년)에 평로절도사 송위宋威가 표문을 올려서 도적을 토벌하게 해 달라고 했다. 이에 조정에서는 송위에게 높은 관직과 함께 금병禁兵 3천 명과 갑옷 입은 기병 500명을 지원해 주었다.

반란군 진압에 급급했던 중앙 조정에서는 자진해서 왕선지와 싸우겠다는 절도사가 고마울 따름이었다. 그리고 앞으로 반란군을 토벌하는 사람에게 송위와 같은 대우를 하겠다고 선포했다. 당시 당나라 조정에서 할 수 있는 것이라곤 관직을 내리는 것밖에 없었으니, 상급을 내걸어 반란군을 토벌하려고 한 것이었다.

이때부터 왕선지의 난을 진압하기 위해 조정에서는 절도사들을 적극 활용했다. 그래서 소의昭義절도사 조상曹翔은 보병과 기병 5천 명을 거느리고 낙양의 궁궐을 지키게 했다. 또 산남동도절도사 이복李福에게 조서를 내려서 보병과 기병 2천 명을 선발하여 여주汝州와 등주鄧州 같은 중요한 길목을 지키게 했다. 왕선지가 여주를 압박하자 빈녕邠寧절도사 이간李侃과 봉상鳳翔절도사 영호도令狐綯에게 보병 1천 명과 기병 500명을 선발하여 섬주陝州와 동관潼關을 지키게 했다.

반란군을 방어하기 위한 낙양의 수비에 중앙에서 파견한 군사 없이 모두 절도사를 동원한 것이다. 또 같은 해 12월에 왕선지가 신주申州·광주光州·여주廬州·수주壽州·서주舒州·통주通州 같은 강남 지역을 공격했을 때도 조정에서는 지원할 군사가 없어 이 지역의 책임자인 회남淮南절도사 유업劉鄴과 감화感化절도사 설능薛能에게 정예의 병사 수천을 선발하여 반란을 진압하라고 지시했다.

그리고 건부 5년(878년) 3월 황소의 공격에도 조정에서는 하양河

陽, 치소는 맹주, 선무宣武, 치소는 변주, 소의昭義, 치소는 노주절도사를 동원하여 낙양을 방어하고 궁궐을 수비하게 했다.

이러한 상황은 왕선지와 황소가 완전히 소탕될 때까지 계속 이어져 전국은 절도사들로 꽉 차게 되었다. 저마다 군사력의 강약은 다르지만 전국적으로 46명의 절도사들이 각 지방에서 할거割據하고 있었다. 이들은 독립적인 활동을 하고 있었기 때문에 중원은 46개의 국가로 쪼개진 것과 다름없는 상황이었다.

절도사들이 황제가 되는 시대

황소는 군사를 일으키고 장안을 점거한 다음에 스스로 황제자리에 올랐다. 이것은 당 왕조를 일으킨 이李씨가 아니더라도 누구나 군사력만 있으면 황제자리에 오를 수 있다는 사실을 깨닫게 한 사건이었다. 그래서 군사력을 기반으로 한 절도사들은 자신들도 기회가 된다면 스스로 황제가 될 수 있다고 생각하게 되었다. 모든 절도사들이 제왕의 후보군이 된 것이다.

맨 처음 황제를 자칭한 절도사는 주전충朱全忠이었다. 주전충의 본명은 주온朱溫으로 황소의 휘하에 있던 장수였다. 황소가 장안을 점령하고 황제에 오른 지 3년이 되자 황소의 군사력은 날로 위축되었다. 이를 본 주온은 그들이 곧 망할 것을 짐작하고 있었다.

그때 마침 그의 친한 장수가 당 왕조에 귀부할 것을 권고했고, 주온은 9월에 동주同州, 섬서성 대협현를 가지고 하중절도사인 왕중영王重榮에게 항복했다. 그러자 그해 10월 당 조정에서는 그에게

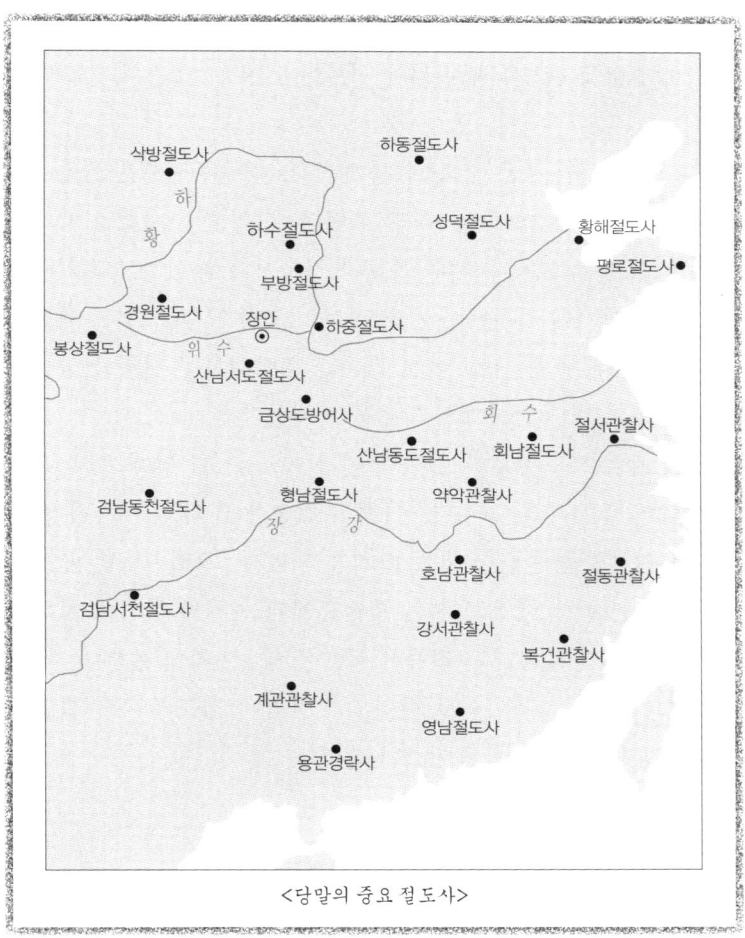

<당말의 중요 절도사>

주전충이라는 이름과 함께 높은 관직을 하사했다. 주전충은 황소의 휘하에 있을 때보다 당나라에 귀부한 뒤에 더 많은 대우를 받았다.

그리고 황소가 죽은 후 당 천복 2년(902년)에 주전충은 관동지역을 모두 통제하는 상태에까지 이르렀다. 그리고 다시 2년이 지난 천복 4년(904년)에는 네 개의 진鎭의 절도사가 되었다. 그의 세력은 당 현종시기에 안록산이 가진 것과 비슷한 상황이었다. 세력이 커진 주전충은 소종 대신 어린 군주를 옹립해서 손쉽게 선양받을 수 있게 하기 위해 궁중에서 소종을 살해한다.

그 후에 주전충은 열세 살짜리 태자 이조李祚를 황제로 세웠다. 이 사람이 소선제昭宣帝이다. 이제 주전충은 군사력을 가진 절도사로서 선양받을 준비를 모두 마치게 되었다. 그리고 3년이 지난 당 천우 4년(907년)에 소선제는 주전충에게 선양의 의식을 치루고 물러났다. 황제에 오른 주전충은 국호를 양梁이라 정했는데, 이를 역사에서는 후량後梁이라고 한다. 이 사람이 절도사로서 선양을 받아 황제가 된 첫 번째 케이스가 되었다.

독립정권을 수립하는 절도사들

주전충이 절도사로서 당나라로부터 선양을 받아 황제가 되어 후량을 건국했지만, 그것으로 천하가 모두 그의 세력 아래 들어간 것은 아니었다. 이전에 군사를 가지고 반란을 일으켰거나 반란을 진압한다는 명목으로 군사를 일으켰던 절도사들은 여전히 지역별

( )는 절도사의 군진 존립 기간

1	횡해절도사 (784~908)	2	용관절도사 (765~907)
3	금상절도사 (887~906)	4	봉주감의군 (886~892)
5	양주무정군 (887~907)	6	양주무정군 (898~908)
7	진주천웅군 (852~905)	8	동주절도사 (882~907)
9	형명절도사 (884~906)	10	하중절도사 (758~907)
11	섬괵절도사 (759~907)	12	진국군 (761~904)
13	경원절도사 (768~898)	14	복건절도사 (761~909)
15	부방절도사 (759~907)	16	빈저절도사 (758~907)
17	호남절도사 (764~907)	18	강서절도사 (756~909)
19	절동절도사 (758~907)	20	절서절도사 (758~907)
21	악악절도사 (757~905)	22	검중절도사 (751~902)
23	평로절도사 (756~912)	24	삭방절도사 (714~933)
25	계관절도사 (761~909)	26	영남동도절도사 (757~917)
27	영남서도절도사 (862~907)	28	검남동천절도사 (759~907)
29	검남서천절도사 (717~908)	30	산남서도절도사 (756~905)
31	형남절도사 (757~924)	32	산남동도절도사 (757~907)
33	회남절도사 (756~907)	34	노주소의군 (755~907)
35	서주무저군 (788~907)	36	허주충무군 (787~907)
37	활주의성군 (761~907)	38	하남절도사 (756~907)
39	봉상절도사 (760~923)	40	태저절도사 (819~907)
41	진무군 (779~908)	42	하양절도사 (781~907)
43	천평군 (759~907)	44	하동절도사 (712~923)
45	유주절도사 (712~913)	46	하수절도사 (787~900)

<당말의 절도사>

로 독자적인 세력을 형성하고 있었다. 그러한 점에서 주전충은 중앙에서만 권력을 독점하고 나라를 세운 것에 지나지 않았다.

당시 독립적인 세력을 키우던 지역은 다음과 같다.

우선 촉蜀 지역에서는 왕건王建이 이미 독립한 상태였다. 왕건은 당 대순 2년(891년)부터 당의 서천절도사가 되어 성도成都를 점거하고서 독자적인 통치를 하다가 당으로부터 촉왕으로 책봉받았다. 그런데 주전충이 당으로부터 선양을 받고 후량을 세우자 후량의 명령을 받지 않고 독자적인 정치를 시행했다. 이것을 보통 역사에서는 전촉前蜀이라고 하는데, 전촉이 점령하고 있는 지역은 촉 지역[오늘날의 사천, 호북, 섬서, 감숙]의 대부분과 귀주貴州, 운남雲南의 일부까지였다. 왕건은 비록 왕호王號를 사용하고 있지만 당 말기의 절도사들처럼 자기 관할지역을 확실하고 공고하게 다지고 있었다. 전촉은 925년에 맹지상孟知祥이 뒤를 이어 후촉後蜀을 세울 때까지 유지되었다.

두 번째, 독립한 지역은 강남의 오吳 지역이다. 오나라를 세운 사람은 양행밀楊行密인데, 그는 당 말기의 정치가로 천복 2년(902년)에는 오왕에 책봉되었다. 그가 죽자 그의 아들 양악楊渥, 양륭연楊隆演, 양부楊溥로 이어지면서 독자적인 세력을 갖추었다. 그리하여 주전충의 남하를 막고, 937년에 이변李昪의 남당南唐이 건국되는 토대를 만들었다.

세 번째, 오월왕吳越王 전류錢鏐인데, 그는 남부지역에서 황소의 난을 막기 위한 동창董昌의 모병군에 참여했다. 동창은 그 후 건녕 2년(895년)에 대월나평국大越羅平國황제를 자칭했는데 전류는 동창을 죽이고 진해鎭海와 진동鎭東 두 진鎭의 절도사가 되어 절서

浙西 지역을 장악했다. 그 후로 천복 2년(902년)에 당 조정으로부터 월왕越王에 책봉되었고, 다시 천우 원년(904년)에 오왕吳王이 되었다가 개평 원년(907년)에 후량으로부터 오월국왕에 책봉되었다. 그 후 오월왕국은 이 지역에서 송宋이 건국된 후로 18년이 지난 978년까지 독자적인 정권을 유지했다.

네 번째, 왕심지王審知는 당나라 말기의 혼란 속에서 왕서王緒가 군사를 일으키자 여기에 참여했다가 다시 그 동생 왕조王潮를 좇았다. 그 후에 민閩 지역에 들어간 다음에 왕조의 뒤를 이어서 위무威武절도사가 되었다. 그 후에 후량 개평 3년(909년)에 민왕閩王에 책봉되었고, 그의 후손들이 민국왕을 이어받으면서 독자적인 세력을 유지했다.

다섯 번째, 마은馬殷은 당나라 말기에 유건봉劉建鋒을 좇다가 그가 피살되자 이 세력을 이끌고 호남湖南 지역을 통일하고 무안군武安軍절도사가 되었다. 그 후 주전충으로부터 초왕楚王으로 책봉된 다음에 그 후손이 계속하여 초왕으로서 독자적인 세력을 형성했다.

여섯 번째, 당나라 말기의 혼란 속에서 광동과 광서 지역에서 가장 큰 할거세력을 형성한 유은劉隱이 있다. 그는 소종 건녕 3년(896년)에 정해靜海와 청해淸海 절도사가 되었고, 그 후에 후량의 주전충으로부터 남해왕으로 책봉되었다. 그의 후손들은 남한南漢을 세워 송이 세워진 이후까지 그 세력을 유지했다.

일곱 번째, 고계흥高季興이 있다. 그는 주전충을 좇으며 공로를 세웠고, 주전충이 후량을 건국한 뒤에 형남荊南절도사가 되었다. 그 후에 후량의 말제末帝로부터 발해왕渤海王에 책봉되었다. 그리고 그 후손들이 송을 건국한 후까지 형남국荊南國으로 독자적인 세력을 가지고 있었다.

여덟 번째, 좀 늦게 시작하기는 했지만 유민劉旻이 있다. 그는 자신의 형 유지원劉知遠이 오대의 하나인 후한後漢을 세우자 형으로부터 하동河東절도사로 임명되었는데, 형이 세운 후한이 후주後周에게 망하자 독립하여 북한北漢을 세웠고, 그 후손들이 이어받으면서 독자적인 세력을 유지했다.

이들을 모아 10국十國이라고 부르는데 이들은 대부분 절도사로서 한 지역을 장악하는 것을 계기로 독립적인 지위를 확보했고, 그것을 이용하여 왕작을 받으면서 독자적인 국가를 세워서 유지했다. 당나라 말기의 수많은 절도사들이 경쟁을 벌이면서 한 지역을 차지하고 그 지역을 후손들에게 세습해 주었던 것이다.

자주 바뀌는 왕조

지방 정권과는 달리 중앙 왕조는 자주 바뀌었다. 주전충이 907년에 당나라 소선제로부터 선양을 받아 후량을 세웠지만 후량 왕조는 불과 2대에 걸쳐 15년 동안만 그 명맥을 유지했다. 그리고 그 후 송이 건국될 때까지 4번이나 왕조가 바뀌어서 후량까지 합하여 오대라고 부른다. 이들 다섯 왕조가 지배한 기간이 907년부터 960년 송을 건국할 때까지 53년간밖에 안 되었으니, 평균 10년이 조금 넘는 단명한 왕조였다. 이렇게 단명한 왕조가 연출된 것은 절도사들이 무력으로 전 왕조를 전복시켰기 때문이었다.

후량을 무너트리고 후당後唐을 세운 사람은 이극용李克用으로 그는 사타족沙陀族 출신이다. 이극용의 본래 성姓은 주야朱邪인데 당 함통 10년(869년)에 당나라 왕조가 '방훈龐勛의 변'을 만났을 때에 그의 아버지 주야적심朱邪赤心이 당 왕조를 도와주었다. 이때 당 의종은 주야적심의 공로를 가상하게 생각하여 대동군大同軍을 운주雲州. 산서성 대동시에 두고 그를 절도사로 삼았다. 그리고 다시 좌금오左金吾상장군으로 삼고 이국창李國昌이라는 이름을 하사했다. 이때부터 주야씨는 이씨 성을 쓰면서 당나라 안에서 활동하게 되었다.

이극용은 이국창의 셋째 아들로 중화 3년(883년)에 황소를 장안에서 쫓아내는 데 공로를 세워, 이로 인해 하동절도사가 되었다. 이듬해 주전충이 황소를 격퇴하는 데 힘겹게 되자 이극용에게 원조를 청했고, 결국 중화 4년(884년)에 황소가 낭호곡에서 자살하게 하는 공로를 세웠다.

하지만 그 후 주전충이 이극용을 죽이려고 했고, 그 일로 인해 이극용과 주전충은 원수가 되었다. 이극용은 장안을 점령했고 희종은 피난해야 했다. 그 후에 이무정李茂貞, 왕행유王行瑜와 한건韓建이 당 소종을 납치한 사건이 있었는데, 이때 이극용이 다시 소종을 구해와서 그 공로로 진왕晉王에 책봉되었다.

천우 4년(907년)에 주전충이 선양을 받아 후량을 세웠지만 이극용은 주전충 휘하에 들어가지 않고 여전히 당의 연호를 계속 사용하면서 당의 부흥을 명분으로 후량에 대항했다. 그 후 이극용은 죽고, 그 아들 이존욱李存勗이 뒤를 이었지만 이 세력은 여전히 후량을 공격했다.

이존욱은 923년 4월에 드디어 황제자리에 올랐고 당 왕조를 회복시킨다는 뜻으로 국호를 당唐이라 했는데 보통 후당後唐으로 불린다. 그리고 내분으로 휩싸인 후량을 공격했고 이로 인해 후량의 세 번째 황제 주우정朱友貞이 자살하게 되어 드디어 중앙의 왕조는 후당으로 바뀌었다.

그때부터 13년이 지난 936년에 이극용의 의자義子인 이사원李嗣源 밑에 있었던 석경당石敬瑭이 거란 황제의 도움으로 대진大晉 황제가 되었고, 그해 4월에 낙양을 함락시켰다. 후당의 마지막 황제인 이종가李從珂는 분신자살하게 되었고, 후당은 멸망했다.

석경당의 후진은 그 10년 뒤에 다시 유지원劉知遠의 후한後漢으로 이어진다. 유지원은 석경당이 천평절도사였을 때에 석경당에게 군사를 일으키라고 권고했던 사람이다. 그런 그가 석경당이 후진을 세우자 충무절도사가 되었고, 석경당이 죽고 그의 아들 석중귀石重貴가 황제가 되었을 때에는 북평왕이 되었다. 그러다가 거란이 후진을 멸망시키면서 후한을 세워 황제가 된 것이다.

이 후한은 3년 뒤에 곽위郭威에게 멸망한다. 곽위는 유지원이 후한을 세웠을 당시 업도鄴都, 하북 대명의 유수였다. 그리고 유지원이 칭제하고 1년 만에 죽고 그 아들 유승우劉承祐가 황제가 되었을 때에 추밀부사였다. 곽위는 이때 이수정李守貞과 조사관趙思綰, 왕경숭王景崇 등이 반란을 일으키자 이를 모두 평정했다. 그런데 반란이 평정되자 유승우가 대신들을 시기하여 곽위 등을 죽이려 하자 곽위는 하는 수 없이 유승우를 죽이고 새로운 왕조 후주後周를 세웠다.

이러한 오대의 상황에 대해 청대의 조익趙翼은 "오대는 난세여서 어떠한 형벌에 관한 법전도 없었고, 사람의 목숨을 초개와 같이 생각하여 건듯하면 집안을 몰살시키는 것이 일이었다."라고 평론했다. 이러한 상황은 당 중기 안사의 난 이후 200년 간 계속되어 온 시대적인 풍조였다.

후주시대의 조광윤

곽위는 후주를 건국하고 난 후 널리 인재를 부르고 치세를 만들기 위해 많은 노력을 기울였지만 3년 만에 죽고 말았다. 이때 그의 아들은 이미 유승우에게 전부 죽었기 때문에 그 뒤를 이은 것은 처조카였던 곽시영郭柴榮이었다. 곽시영도 황제가 되고나서 곽위처럼 정치에 힘썼다. 그래서 후주의 건국에 반발하여 북한北漢을 일으킨 유숭劉崇이 황제의 교체를 계기로 군사를 이끌고 남하했으나, 이를 대파하여 정치적 안정을 찾았다.

또 그는 이른바 구현납간求賢納諫, 즉 똑똑한 인재를 구하고 간언을 받아들이는 태도로 경제적인 안정도 찾아 갔다. 제도를 정비하고 통일 방략을 실현하는 일을 진행시켰다. 그리하여 군사를 파견하여 강북과 강남 다음으로 파巴·촉蜀과 영남嶺南 등을 빼앗고 마지막으로 유주幽州와 병주幷州를 정벌하려고 했다. 이러한 계획에 따라서 봉상鳳翔절도사 왕경王景이 산관散關을 나가서 진주를 공격했으나 공로를 세우지 못하자 조광윤에게 명령하여 전방을 시찰하게 하고 진주와 봉상을 빼앗게 했다.

조광윤은 본래 군인 집안 출신이었다. 그의 아버지는 후당, 후진, 후한시대에 군관을 지냈고, 조광윤 자신도 곽위의 부대에 들어가서 무예로 이름을 날렸다. 그 후에 곽위가 후주 황제가 되자 금군禁軍을 관리하는 책임을 맡았고, 곽시영이 황제가 되었을 때에는 전공戰功을 세워서 전전殿前을 관리하는 부대의 최고 지휘관[殿前點檢]이 되었다. 이후 후주의 병권을 장악했고, 송주귀덕宋州歸德절도사가 되어서 변경汴京을 방어하는 책임을 지게 되었다.

이러한 사실로 볼 때에 조광윤은 과거 200년 동안 존재했던 권력을 잡았던 여느 절도사와 비슷한 경력과 지위를 가진 사람이었다. 오대의 상황만 가지고 보아도 후량을 세운 주전충이나 후당을 세운 이극용, 후진을 세운 석경당, 후한을 세운 유지원, 후주를 세운 곽위와 비교해도 별 다를 것 없는 전형적인 무인 절도사 출신이라고 할 것이다.

진교의 변과 생존방법

그런데 후주에서 정치를 잘 하던 곽시영이 서른아홉 살의 나이로 죽었다. 그에 관한 역사의 평론은 대단히 우호적이었다. 곽시영은 번저藩邸에 있을 때에 자기의 능력을 대부분 숨기기에[韜晦] 힘썼고 즉위하게 되자 고평高平의 침구侵寇를 격파했는데, 사람들이 비로소 그의 뛰어난 군사 활동에 복종했다고 한다.

그가 군대를 통어할 때에는 호령이 엄격하고 분명하여 다른 사람이 감히 범접하지 못했고, 성을 공격하고 적을 마주할 때면 화살과 돌이 그의 주위에 떨어져서 사람들이 모두 안색이 변했으나 곽시영은 대체적으로 얼굴을 움직이는 모습을 보이지 않았다. 또 어떤 기회를 만나게 되면 이에 대응하여 정책을 결정했는데, 다른 사람이 생각하는 것과 다른 의외의 결정을 했다.

또 정치를 하는 데 부지런하여 모든 관사의 장부帳簿와 전적典籍은 눈으로 슬쩍 스치고 지나가기만 해도 잊지 않았고, 간사한 사람을 찾아내어 굴복시키는 것은 총명하기가 귀신과 같았다. 한가로우면 유자儒者들을 불러서 이전 시대의 역사를 읽고 그 대의를 토론했다. 반면에 현악기·관악기나 장난감 같은 물건을 좋아하지 않았다. 여러 신하들에게 허물이 있으면 얼굴을 마주하고 그를 질책했고, 복종하면 그를 사면했고 공로를 세우면 그에게 두터운 상을 주었다는 것이 일반적인 평이었다.

그러한 그가 죽고 일곱 살짜리 곽종훈郭宗訓이 등극했을 때에 조광윤은 후주의 최고 권력자였다. 군사권을 모두 가지고 있었기 때문이다. 그런데 후주 공제恭帝 곽종훈이 등극하고 나서 해가 바뀐 960년 정월 초하룻날에 진주鎭州와 정주定州에서 거란병과 북한北漢의 군사가 남하한다는 상주문이 도착했다. 이 일을 논의한 끝에 출병을 결정하고 그 책임자를 조광윤으로 삼았다.

그리하여 조광윤은 군사를 이끌고 후주의 도읍 개봉開封에서 출발했는데, 개봉에서 10킬로미터 북쪽으로 올라간 지점인 진교陳橋에서 첫날밤을 머물렀다. 그런데 진교에서 하룻밤을 묵는 동안 부하 장수들이 황제의 옷인 황룡포黃龍袍를 준비했고, 아침에 조광윤이 일어나자 다짜고짜 그것을 입히고, 군사를 되돌리자고 하는 바람에 군사를 돌려서 개봉으로 들어왔다고 기록되어 있다. 조광윤은 후주의 절도사로서 여러 절도사가 그러했던 것처럼 어린 황제를 쫓아내고 새로운 왕조를 건국한 것이다.

그러나 이 같은 진교의 변은 곽위가 전주에서 군변을 일으키고 황제가 된 것과 크게 다를 것이 없었다. 다만 곽위의 경우와는 달리 조광윤의 부하들이 황룡포를 준비한 것에서만 차이가 있을 뿐이었다. 이는 뒤에 군변을 일으킨 사람이 전에 허술했던 계획을 보완한다는 것에 지나지 않는다.

사실 조광윤은 거란의 침구를 구실로 군사를 이끌고 진교로 갔었다. 그런데 조광윤이 회군하여 황제에 오르자 거란군이 스스로 물러났다는 보고가 들어왔다. 이는 거란군이 실제 침입했던 것이 아니라 거짓이었던 것을 말한다.

하여간 여기까지는 이전의 군사력을 가진 절도사가 세력을 장악한 과정과 별 차이가 없다. 이 시기에 선양을 받았는지 아닌지는 그렇게 중요한 것이 아니었다. 다만 군사권을 쥐고 있느냐 하는 것만이 가장 중요한 것이었다.

만약에 이러한 태도를 그대로 유지한다면 조광윤이 새로 건국한 송 왕조라고 해도 이전에 있었던 오대의 다섯 왕조의 운명과 다를 바가 없을 것이 분명했다. 만약에 이들 왕조와 달리 성공적인 왕조가 되어 오래 가기를 원한다면 같은 방법을 쓰지 말아야 한다. 지금까지 다른 왕조의 황제들이 하지 않은, 송 왕조만의 생존 방법을 찾아내야 했다.

악순환의 고리를 끊어야 할 시점

조광윤의 군사 세력은 그리 단단하지 않았다. 그가 황제 오른 지 3개월 만인 그해 4월에 이균李筠이 군사를 일으켜서 조광윤에 대항하는 사건이 일어났다. 이균은 후주시대의 소의군昭義軍절도사로서 전공을 세워서 시중侍中의 직위까지 올라 있었다.

조광윤은 송나라를 건국하고 그를 회유했으나 이균은 이를 거절하고 군사를 일으킨 것이다. 물론 이균은 조광윤에게 패하여 스스로 목숨을 끊었다. 그리고 후주의 태조 곽위의 생질인 회남절도사 이중진李重進 역시 군사를 일으켰으나, 조광윤은 이를 격파했다.

이렇듯 당시는 여전히 군사를 가지고 있는 사람들이 많았다. 지방의 절도사들은 하룻밤 사이에도 바뀌어 버리는 왕조에 대해 어떤 태도를 취할 것인지는 항상 고민이었다. 뿐만 아니라 조정에는 무관 출신의 고관들이 많았고 이들은 금군까지 쥐고 있었는데, 조광윤이 황제자리에 오르면서 황제를 호위하는 금군의 군직을 내놓을 수밖에 없었기 때문이었다.

물론 조광윤은 자신이 가장 믿는 사람에게 군권을 맡기기는 했지만 그 믿음을 담보할 수 없었다. 그 시대가 그러했다. 조광윤 스스로도 후주의 공신이고 후주의 태조 곽위나 세종 곽시영으로부터 절대적인 신임을 받았던 사람으로서 어린 공제가 등극하자마자 바로 계획적으로 왕조를 빼앗기 때문이었다. 그러니 오직 무력만을 믿는 시대에는 사람을 믿는다는 것은 희망사항일 뿐이었다.

술잔에 병권을 녹인 연회

송 태조 조광윤이 등극한 다음 해인 건륭 2년(961년) 7월 9일에 조광윤은 석수신石守信과 고회덕高懷德에게 남아서 같이 술 한 잔 하자고 했다.

석수신은 후주시기에 조광윤이 가졌던 전전도지휘사殿前都指揮使였으며, 의성군義成軍절도사로 조광윤과는 형제의 의를 맺은 사람이다. 그리고 송나라 건국 이후 반란이 일어났을 때에도 노주와 양주의 전투에서 승리하여 이를 평정하기도 했다. 이때 그는 황제 조광윤을 시위하는 금군의 최고 지휘관인 시위친군마보도지휘사侍衛親軍馬步都指揮使의 자리에 있었다. 조광윤이 황제가 되어 가장 믿을 수 있는 사람이었기에 그 막중한 군권을 맡긴 것이다. 또 고회덕은 조광윤의 매부妹夫로 그를 황제로 추대하는 데 큰 공로를 세운 사람이다. 그리고 이균과 이중진이 반란을 일으켰을 때에 참전하여 그들을 평정했다.

이러한 조광윤의 최측근인 이들에게 술 한 잔 같이 하자는 말은 아주 자연스러운 것이었다. 조광윤은 자기의 가장 가까운 두 사람과 술잔을 기울이다가 주흥酒興이 오른 즈음해서 시종들을 물리고서 한탄 섞인 한숨을 한번 쉬더니 자기의 고충을 털어 놓았다. "나는 그대들의 힘이 없었더라면 아마도 지금 이 자리에 오를 수 없었을 것이요. 이 때문에 마음속으로 그대들의 공덕을 늘 깊이 새기고 있소."

그러나 그 다음에 이어지는 말은 전혀 다른 내용이었다. "다만 말이요. 황제 노릇하기가 참으로 어렵소. 역시 절도사 노릇을 하면서 얻는 즐거움만 못하오. 나는 밤이 되면 항상 편하게 누워 있을 수가 없구려." 조광윤이 밤에 편히 잠 잘 수 없다는 말은 이들에게 놀라운 말이었다. 황제라면 당연히 편히 잘 수 있어야 하는데, 그렇지 않다는 것은 상식을 넘는 이야기였다. 그렇다고 국가적으로 큰 문제가 새로 발생한 것도 아니었기 때문에 더욱 그러했다.

이 말을 들은 석수신과 고회덕이 놀라서 급히 그 연고를 물었다. 이에 조광윤은 계속하여 "그것은 알기 어렵지 않소. 내가 지금 가지고 있는 황제자리는 누구라도 갖기를 원하지 않겠소?"라며 측근들조차 믿을 수 없다는 말을 에둘러 했다. 이 말을 앞의 말과 연관시켜 본다면 당신들도 언제든지 쿠데타를 일으켜서 자기를 쫓아내고 황제자리를 넘볼 수 있기 때문에 잠을 편히 잘 수 없다는 말인 셈이다.

석수신은 조광윤의 뜻을 알아듣고 연신 머리를 조아리며 "폐하께서는 어찌 이런 말을 하십니까? 지금 천명天命이 이미 정해졌는데, 누가 감히 다른 마음을 품겠습니까?"라고 서둘러 진화하려고 했다. 그러나 그의 말에 조광윤이 대답했다. "그렇지 않소. 그대들은 비록 다른 마음을 품지 않았다고 하더라도 그대들의 부하들은 부귀해 지기를 생각하고 있으니, 어느 날 아침에 누런 곤룡포를 그대의 몸에 입힌다면 그대들이 설사 황제노릇을 하고 싶지 않다고 해도 그때에 이르면 자기 몸도 마음대로 할 수 있는 것이 아니오."

조광윤이 겉으로는 부드럽게 말했지만 사실은 석수신과 고회덕을 이미 의심하고 있다는 것을 밝힌 것이다. 이는 바로 자기들에게도 화가 닥칠 수 있다는 것을 말하는 것이기도 했다. 갑자기 공포와 두려움을 느낀 이들은 눈물을 흘리면서 '살아남을 수 있는 길'이 무엇인지를 가르쳐 달라고 했다.

조광윤이 천천히 입을 열었다. "사람이 한 세상 사는 것은 마치 백마白馬가 문틈을 지나가는 것처럼 짧디 짧소. 그러므로 부귀를 얻으려는 사람은 다만 많은 돈을 가지고 많이 즐기는 것을 바라고, 자손들이 후대에 가난하고 궁핍해 지는 것을 면하게 되는 것을 바랄 뿐이요. 그대들이 병권兵權을 내놓고 지방으로 내려가서 좋은 전지田地와 좋은 집을 마련해 놓고, 또 자손들을 위해 영원히 움직이지 않는 산업을 세우는 것만 같지 못하오. 동시에 많은 가수와 무용수를 데려다 놓고 밤낮으로 술 마시며 즐기면서 천수를 마치는 것이요. 그리고 짐과 다시 혼인관계를 맺는다면 군신 사이에 있는 의심이 모두 없어질 것이고, 위아래가 편안해 질 것이요. 이렇게 하면 정말 좋지 않겠소?"

석수신 등은 조광윤이 하고자 하는 뜻을 분명히 알았다. 당시 조광윤은 중앙금군을 직접 장악하고 있었다. 석수신이 금군을 책임진 사람이라고 하더라도 조광윤의 명령에 따라서 움직이는 것뿐이었다. 그러나 조광윤은 그것조차 이들에게 남겨두려고 하지 않은 것이다.

결국 다음날 석수신과 고회덕 등은 각기 몸이 불편하다는 말로써 병권을 풀어달라고 했고, 조광윤은 기쁜 마음으로 동의했다. 그래서 이들은 중앙금군에 대한 지휘권을 내려놓고, 지방으로 내려가서 절도사의 임무를 맡았다. 물론 전전도지휘사와 시위친군보마도지휘사의 업무에서도 물러났다. 그리고 조광윤은 이들과 약속한 대로 이들과 결혼관계를 맺어 부귀를 약속해 주었다. 조광윤은 이미 과부가 된 누이동생을 고회덕에게 시집보냈고, 딸은 석수신과 왕심기의 아들과 혼인하게 했다. 그리고 장령탁의 딸은 조광윤의 셋째 아들 조광미의 처로 받아들였다.

이러한 일화는 '주배석병권酒杯釋兵權'이라는 말로 역사에 전해지고 있다. 이 사건은 간단해 보이지만 200년간 지속되어온 시대정신이었던 무력숭배에서 무력을 가진 자가 스스로 무력을 내려놓게 한 첫 번째 사례이며, 새로운 시대가 왔음을 알리는 방향전환의 신호탄이었다.

이어서 조광윤은 당시 병권을 장악했던 의형제들의 금군에 관한 직책을 전부 해제시켰다. 그 후에 이 직책은 다시 다른 사람에게 주지 않았다. 또한 무장들을 변방으로 보내서 경사에 무장들이 많이 남아 있지 못하게 했다. 안사의 난 이후에 무신들이 정치군인화되었던 것을 바꾸려는 조치였다. 그들에게 정치에 간여하지 못하게 하는 대신 재정적인 뒷받침을 충분하게 했다.

조광윤은 이들 변방에 가 있는 무신들에게 관각筦權의 이권을 다 주었고, 그들이 무역을 하게 되면 징세를 하지 않았다. 그래서 변방에 있는 신하는 모두 부유했으며, 그 부유함으로 목숨을 걸고 싸울 군사를 기르게 하고 전방에서 첩자를 모집하여 적군의 상황을 알게 하고, 산천도로는 보지 않고도 알 수 있게 했다. 200년 동안 내려오던 풍습을 일거에 바꾼 것이다.

문신에게로 눈을 돌린 조광윤

무신들은 국방에만 힘쓰도록 조치하고 난 후 중앙에서의 정치는 문신에게 맡기기 시작했다. 사실 안사의 난 이후에 무인 중심의 시대가 됨에 따라서 문인들은 정치적으로 자기 역할을 할 길이 없었다. 당나라 초기만 해도 문신들이 정치의 중심이 되었으며, 이들은 문벌을 이루며 새로운 귀족으로 등장했었다. 그러나 안사의 난 이후에는 반란이 자주 일어났고, 이러한 시대에 살아남을 수 있는 방법은 무력을 가지는 것이었다. 그래서 모두 스스로 무인이 되었으니, 문인들이 두각을 나타낼 상황이 아니었다. 혹 문인 가운데 무장세력을 이끌고 있는 경우도 있었으니 이러한 경우는 오히려 문인의 무인화武人化라고 할 수 있다.

그리하여 오대에 이르자 당 초기에 형성된 귀족은 그 흔적을 찾을 수 없게 되었고, 이제 문인이란 겨우 절도사 밑에서 서기의 업무를 담당하는 장서기掌書記 정도였다. 그래서 문인들에 대해 절도사들은 대체로 얕잡아 보고 있었다. 예컨대 절도사 장언택張彦澤과 그의 장서기 장식張式의 이야기에서 이 시대에 절도사가 얼마나 문인을 함부로 대했는가를 말해준다.

장언택이 후진後晉의 창의彰義절도사로 있을 때에 장식은 장언택에게 가혹하고 포악한 정치를 하지 말라고 간언했다. 이 말을 들은 장언택은 화가 나서 활을 꺼내서 장식을 쏘았으나, 장식은 화살을 피해 도망쳤다. 이에 더욱 화가 난 장언택은 20명의 기병에게 "장식을 쫓아라. 그의 머리를 가지고 오지 못한다면 다시는 나에게로 돌아오지 말라."라고 했다. 이때 장식은 후진의 황제에게 의탁하여 상주商州에 도망하여 있었다. 이 사실을 알게 된 장언택이 장식을 잡아야 한다고 강력히 주장하니, 후진 황제는 하는 수 없이 장식을 그에게 내주었다. 그리하여 장언택은 장식의 심장을 가르고 손발을 잘랐으며, 목을 베어 죽였다. 물론 문인에게 예禮로 잘 대우한 사광한史匡翰 같은 절도사가 있기도 했지만 이 시대에 살았던 문인들은 전반적으로 손발이 묶인 상태로 마음대로 움직일 수 없는 형편이었다.

조광윤은 이와 같은 무인 중심의 사회에서 무인들의 세력을 누르지 못한다면 자신도 다른 오대의 제왕과 다를 바 없이 언제 어떻게 왕조를 내주어야 할지 모른다고 생각한 것이다. 이 세력을 누를 수 있게 도와준 사람이 바로 문신 조보趙普로 그는 조광윤의 밑에서 추관推官과 장서기를 지냈다. 조보는 문인으로서 진교의 변에서 조광윤이 황제자리에 오를 수 있도록 계획했고, 연회 자리를 마련하여 술잔으로 석수신 등의 병권을 빼앗게 하도록 계책을 세운 사람이다.

하여간 건륭 4년(963년)부터 조광윤은 문인에게 눈을 돌리기 시작했다. 이때 조광윤이 천웅天雄절도사 부언경符彦卿에게 군사를 관리하는 직책을 맡기려고 하면서 조보에게 부언경에 대한 불평을 말했다. "짐이 부언경에게 지극히 후하게 대우하고 있는데, 부언경은 어찌하여 짐에게 잘못하고 있는가?" 부언경은 장군집안 출신으로 그의 할아버지는 오왕吳王 부초符楚였고, 아버지는 진왕秦王 부존헌符存憲이었다. 부존헌은 이극용의 양자가 되어 성을 이李씨로 바꾸었는데, 이존헌은 선무宣武절도사를 지냈고, 그의 큰형인 부언초符彦超는 안원군安遠軍절도사였으며, 둘째 형 부언요符

彦饒는 충정군忠正軍절도사를 지내는 등 그의 형제 아홉 명이 하나같이 한 진鎭을 책임지는 자리에 있었다.

조광윤의 불평에 조보는 "폐하께서는 어찌하여 후주의 세종에게 잘못을 저지르셨습니까?"라고 바로 대답했다. 의외의 당돌한 말이었다. 후주 2대 황제인 세종 곽시영에게 후한 대우를 받았던 조광윤이 결국 세종이 죽자 그의 아들을 밀쳐내고 송을 건국한 것을 말한다. 물론 이 말은 조보가 감히 조광윤을 잘못했다고 나무라려는 것은 아니었다. 다만 사람이란 믿을 수 없는 것이고 상황에 따라서 달라질 수 있다는 것을 일깨워주려는 것뿐이다. 정치에서 은혜를 은혜로 갚는 일이란 결코 없다는 것을 지적한 것이다.

이 한마디에 조광윤은 비로소 정치의 속성을 깨달았다. 그리고 부언경에게 군사를 관장하는 일을 맡기지 않았다. 그 이후로 조광윤은 이성異姓으로 공로를 세워서 왕작을 준 사람이나 재상의 인수를 찬 사람들이라고 할지라도 당사자가 죽는다든가 혹은 다른 곳으로 옮긴다든가 혹은 벼슬을 그만두는 경우가 있게 되면 무인이 아닌 문신으로 그 자리를 대신하게 했다.

문치주의에 의한 통치

조광윤이 무인 절도사로서 후주를 멸망시키고 송 왕조를 건설할 무렵 이미 그전부터 많은 사람들이 스스로 황제가 되어 왕조를 세우고 있었다. 그러나 그들의 왕조는 오래 가지 못했다. 스스로 왕조를 세운 사람들 모두가 자기의 왕조를 단명을 바라지는 않았다.

당시 당 말기에서부터 근 200년간 내려온 무인 주도의 정치라는 전통 때문에 그들은 인순고식因循姑息하느라 방향을 전환하지 못했다. 그 누구도 무력에 의해 권력이 바뀌고 왕조가 바뀌는 악순환을 끊어내지 못했다. 문제가 있다는 것을 알았지만 이 정치의 방향을 바꾸지 못했던 것이다. 그것이 왕조가 계속 단명한 이유였다.

조광윤은 조보의 한 마디 충고를 듣고 곧 실천에 옮겼다. 그래서 무인 중심의 정치라는 전통의 고리를 끊고 문인 중심의 새로운 시대를 열어 나간 것이다. 문인들은 무력이 없기에 힘으로 황제자리를 빼앗지 못한다. 역사적으로 그런 일은 없었다. 물론 전한 말에 무인이 아닌 왕망이 신新 왕조를 세우는 데 성공한 일은 예외라고 해야 할 것이다. 무인이 무력으로 정권을 장악하게 된 것은 당나라 말기에 반란을 진압해야 한다는 눈앞의 문제를 해결하기 위해 고육지책으로 무인에 대한 대우를 높여 준 것에서 비롯되었다. 그리고 한번 무인의 손에 들어간 권력은 다시 힘없는 문인에게 오지 않았다.

조광윤은 이러한 무인들의 전성시대를 평정하고 문치주의를 시작했다. 그리하여 송대에 문치로 이룩한 찬란한 문화를 펼치게 된다. 그 후 천 년간 동아시아를 지배해 온 성리학이 이 시대에 탄생했고, 당송唐宋8대가의 대부분이 이 시대에 나타났다. 그리고 무인 세력으로 인해 10년 주기로 바뀌던 왕조가 문치주의에 의하여 다시금 몇백 년 넘게 유지되는 기반을 마련했다.

사람은 크던 작던 간에 과거에서부터 내려온 관습을 자기도 모르는 사이에 따라가게 마련이다. 그래서 실패한 길이라고 해도 반복하여 가게 된다. 이때 실패하지 않고 살아남을 방법이란 과거와는 다른 방향으로 살 길을 찾는 것이다. 지금까지 살아온 길 외에도 다른 길은 반드시 있기 때문이다. 이것이 조광윤이 시대의 흐름을 바꾸고, 새로운 방향을 이끌어 간 그 이유이다.

■ 나오면서

먼저 시간의 흐름을 파악하라

1300년간 살아온 인간의 몸부림

우리는 이 책을 통해 전국시대부터 오대 말까지의 역사를 전국시대, 전한, 후한, 삼국, 위진남북조, 당, 오대라는 일곱 시기로 나누어 인간의 다양한 생존방법에 대해 알아보았다.

　이 일곱 시기를 《자치통감》과 비교해 보면 전국시대는 주기周紀와 진기秦紀로 이어지는데 이 책에서는 주기를 다루었다. 대신 전한시대를 다루면서 진대의 사건을 다루고 언급했다. 또 《자치통감》에는 전후한을 함께 한기漢紀로 쓰고 있지만 두 왕조의 성격이 현격하게 달라 전한과 후한으로 나누었다. 그리고 삼국시대를 거쳐서 위진남북조시대를 언급했다. 《자치통감》에서는 위진남북조시대를 진晉, 송宋, 제齊, 양梁, 진陳으로 각각 구별하여 기록했는데, 이 가운데 하나를 선택하여 기술하였다. 다음으로 수기隋紀가 이어지지만, 이는 당대唐代의 사건을 설명하면서 같이 다루었다. 그리고 당말 오대는 송을 건국한 조광윤에서 살펴보았다.

《자치통감》에서 서술한 1,362년간의 역사를 일곱 편으로 살펴본다는 것이 보기에 따라서는 주마간산走馬看山 격일 수는 있지만, 이 책을 통해 동아시아의 천여 년간 역사의 흐름을 어느 정도 이해하길 바라는 마음에서 각 시대별 특성을 독자들에게 제시하려고 노력했다.

시기를 보는 지혜와 역사책

이 책에서 다룬 일곱 개의 주제는 ① 새로운 문물을 받아 들여라, ② 자기가 잘하는 것을 발전시켜라, ③ 다른 사람과 다른 방향으로 행동하라, ④ 자기 처지를 정확히 파악하여 행동하라, ⑤ 일단의 성공으로 자만하지 말라, ⑥ 결단의 시기를 선택하라 ⑦ 과거의 인습을 끊고 새로운 방향을 잡으라 이다.

이 일곱 가지의 생존방법은 어디서 한번쯤은 들어본 적이 있는 것들일지 모른다. 다만 그 방법을 구체적으로 언제, 누가, 어떻게 구사했는지를 《자치통감》에서 살펴본 것뿐이다. 오늘날에도 인간은 살아남으려는 본성을 갖고 있기 때문에 의식적이든 무의식적이든 이러한 방법을 구사하고 있다. 하지만 언제 어디서나 모두 적용할 수 있는 것은 아니다.

바로 이런 방법을 사용할 타이밍을 잘 잡아야 한다. 어긋난 타이밍은 성공을 확신하는 완벽한 방법의 실천에도 실패를 안겨줄 수도 있다. 그러한 점에서 맹자孟子는 완벽한 타이밍으로 한 시대를 살아간 사람으로 시성時聖으로 불리는 공자孔子를 들고 있다.

맹자는 성인聖人을 책임을 지는 데서의 성인[이윤伊尹]과 청렴한 점에서의 성인[백이伯夷], 그리고 화해和諧하는 데 있어서의 성인[유하혜柳下惠]로 나누어 구분했다. 그리고 성인 가운데 가장 훌륭한 성인으로 시세時勢를 제일 잘 파악하고 순응한 성인[성지시자聖之時者]을 꼽았다. 시세란 세월과 형세를 말한다. 세월이란 끊임없이 변화하는 시대를, 형세란 형편과 세력이라는 말일 것이다. 세월이 흘러감에 따라 조건과 형편이 달라진다. 같은 실력이라도 그것의 가치와 효용은 시간이 달라지는 것에 따라서 변한다. 그래서 세월이 어떻게 흐르는지 그 시대時代 조류潮流를 잘 파악하고 그에 가장 적절한 조치를 취하는 것이 중요하다.

공자는 갈 때는 가고 머물 때는 머물며, 울 때는 울고, 웃을 때는 웃었다고 한다. 그래서 맹자는 자신의 스승인 공자를 일컬어 '성지시자'라고 했다. 바로 시간의 흐름과 그때에 자신이 가지고 있는 것을 전부 고려해서 행동했다는 것이다.

따라서 어떻게 보면 이러한 살아남는 방법을 아는 것보다 먼저 파악해야 할 일은 시기時機와 시세時勢를 파악하는 일이다. 시기와 시세는 모두 시간의 흐름 속에서 파악하는 기회와 형세를 말하고, 여기서 기회와 형세에는 적절한 시점時點을 찾는 것이 필요하다. 기회가 왔는지 아닌지, 나의 형세로 조치를 취하는 것이 유리할지 불리할지를 파악하는 것이다.

가장 중요한 조치를 취할 때에는 그때를 제대로 파악해야 한다. 그러한 점에서 시간에 대한 공부가 무엇보다도 중요하다. 시간은 혼자 흘러가지 않는다. 시간은 모든 것과 함께 흘러간다. 그래서 어떤 시점에서 시간의 의미를 잘 파악했다고 해서 반드시 또 다른 시점에서도 잘 파악할 수 있는 것은 아니다. 끊임없이 시간의 흐름과 그에 따른 변화를 보아야 한다.

필자는 오래전부터 '시간의 흐름과 더불어 인간은 어떻게 변화하며, 문화와 문명은 어떻게 달라지는지'에 대한 시간의 공부를 강조해 왔다. 얼핏 보기에 변화는 단절된 듯 보이지만, 실상은 끊기는 바 없이 연결되어 있다. 일정한 시간을 사이에 두고 보면 많이 변한 것을 알 수 있다. 그러나 평소의 하루하루는 아무런 변화가 없는 것 같지만, 매 순간순간 아주 조금씩 변하던 매일이 모여 일정한 시간이 흐르면 어느 순간에 갑자기 확 변한 듯이 느껴지는 것 뿐이다.

과거부터 현재까지 많은 시간의 흐름 속에서 인간이 변하고, 인간관계가 변하고, 문명과 문화가 변하는 모습을 파악하여 그 변화의 방향을 종합적으로 알 수만 있다면 때에 따라 기회를 잡고 내가 가지고 있는 형세를 적절히 운영할 수 있다.

이는 오늘날 우리만의 고민이 아니다. 백 년 전의 사람도 천 년 전의 사람도 똑같이 고민해 왔다. 그래서 인간은 스스로의 살아온 모습을 기록해 두었고, 우리는 이를 역사라고 부른다. 시간에 따라서 변하는 인간과 사회, 그리고 생각을 파악하기 위해 열심히 기록해 놓은 것이다.

읽히는 역사책과 참고용 역사책

그런데 역사를 기록하는 방법은 너무나도 다양하다. 역사가라고 불리는 많은 사람들은 자신의 주관에 따라 자기만의 방식대로 과거의 일을 기록했다. 역사를 하나하나 놓고 따져보면 현재의 나에게 참고가 되지 않는 중요하지 않은 것이 없다. 그러나 문제는 너무나도 많은 기록으로 이것들을 모두 읽을 방법이 없다는 것이었다.

그래서 읽는 데 편리하도록 재구성해 놓는 역사 편찬 작업이 시행되었고, 그 첫 번째가 인물 중심으로 기록하는 것이었다. 바로 기전체紀傳體라고 불리는 형식이다. 제왕의 전기傳記는 '기紀'라고 이름 붙여서 제기帝紀라고 했고, 황제가 아닌 사람들의 전기는 '전傳'이라고 했다. 이러한 기전체를 처음 창안한 사람은 사마천司馬遷으로 그의 대표작 《사기史記》가 처음으로 기전체 형식으로 쓰였다. 그 후 많은 사람들이 이 체례體例로 역사를 쓰는 것이 잘 정리된 것이라고 생각하여, 매 시대마다 기전체로 역사를 기록했다. 중국에는 이러한 기전체 역사책이 25종류가 있는데, 통칭 《25사》라고 부른다. 중국의 하, 은, 주 삼대부터 시작하여 명나라 말기까지 기전체로 역사가 기록되어 있으니 많은 사람들의 사랑을 받았다.

송나라 황제 인종仁宗은 과거의 인간이 살아왔던 모습을 찾고 그것을 통치하는데 원용援用하고 싶었다. 그것을 역사책에서 찾고 싶었지만 당시 기전체 정사는 16종류로 1,600여 권에 달했다. 이것을 다 읽고서는 정치에 임할 시간적 여유가 없었다. 역사의 기록을 읽을 수 없다면 그것은 없는 것과 다름없다. 백보를 양보한다고 해도 참고용에 지나지 않을 터였다. 사실 역사를 전문적으로 연구한다고 하는 사람들도 이를 전부 통독하기 힘들다. 상황이 이러하니 역사를 읽고 그 속에서 감계鑑戒를 찾아보려 하지만 이를 통독하기는 불가능했다.

인종은 시간과 분량의 문제를 진지하게 고민하기 시작했다. 이러한 문제에 봉착한 인종은 사마광에게 '읽을 수 있는 역사책'을 쓰라고 명령하였고, 목적 그대로 읽힐 수 있는 역사책《자치통감》이 세상에 나왔다. 《자치통감》의 분량은 294권으로 기존 1,600권의 기전체 정사와 비교한다면 5분의 1로 축약되었다. 사실 기전체는 같은 사실을 중복하여 기록한 부분이 많지만,《자치통감》은 시간의 흐름에 따라서 기록했기 때문에 중복기록이 거의 없다. 분량이 많이 줄었지만 내용이 준 것은 아니었다.

이렇게 탄생한 제왕학의 교과서《자치통감》은 후대에도 많은 사람들에게 끊임없이 읽히는 명저가 되었다. 몽골족으로 중원을 지배하여 원元나라를 세운 쿠빌라이가 읽었고, 조선시대 세종은 손수 주석을 달아《자치통감훈의資治通鑑訓義》를 편찬하여 모든 관리들에게 읽게 하기도 했다. 오랜 혼란을 겪은 중국을 통일한 마오쩌둥은 피난시절에도《자치통감》을 가지고 다니면서 무려 17번이나 읽었다고 한다. 이들은 많은 역사책을 이것저것 읽는 것보다《자치통감》하나를 읽는 것이 간편하면서도 얻을 수 있는 지혜를 다 얻을 수 있다고 생각했다. 그리고 결과적으로도 대단한 인생의 성취를 이룩했다.

실용학문으로서의 역사학

근래에 이른바 실용적이 아닌 것은 사람들의 관심에서 멀어졌다. 그래서 인문학에 속하는 문학, 역사, 철학은 이른바 '비실용 학문'이라고 하여 사람들의 주목을 받지 못하고 있다. 대신 당장 돈을 버는 데 필요한 학문, 취직하는 도움이 되는 학문을 실용적이라고 하면서 모두가 집중하고 있다.

단기적인 성과를 올리기 위한 교육이 시행된 지 60여 년이 흐른 지금 우리 사회는 세계인의 상상했던 것을 뛰어넘는 경제적인 풍요를 누리고 있다. 단기적인 성과는 이루어진 것이다. 그러나 그에 못지않은 부작용이 곳곳에서 나타나고 있다. 가정은 무너졌고, 사회는 무질서로 빠져 들어가고 있다. 나만을 생각하고, 눈앞에 있는 이익 챙기기가 가져 온 결과이다.

그러나 혼자만 잘 살면 그만인 줄 알았지만, 끝내 세상은 저 혼자 살아갈 수 없다는 것을 알게 되었다. 그리하여 더불어 살아가는 사회로 되돌리기 위한 비용은 그동안 우리가 번 돈을 다 쏟아부어도 모자랄 지경이 되었다. 나만 생각했지 우리를 생각하지 못하게 된 것은 실용학문만을 고집해 온 결과이다. 우리는 잊지 말아야한다. 궁극적으로 문명을 발달시켜온 학문은 지금 우리가 거들떠보지 않는 이른바 비실용적인 학문인 것이다. 역사책 속에서 많은 인간사를 보고 거기에서 지혜를 얻어 수많은 시행착오를 예방할 수 있다면, 과연 이러한 역사 공부가 진정으로 비실용적인가? 아마도 가장 실용적인 학문이라고 해도 좋을 듯하다.

우리는 역사 공부를 비실용적 학문이라고 치부했던 단견短見을 반성해야 한다. 일제 강점기와 6.25전쟁을 겪으면서 우리는 당장의 끼니가 문제였던 시절을 경험했다. 당시는 당연히 역사책보다는 당장 한 끼의 식사가 중요했다. 그런데 그 시절이 지났는데도 여전히 한 끼의 식사가 역사 공부보다 중요하다는 생각을 버리지 못한 데서 온 결과이다.

　다행이도 인문학이 중요하다는 인식이 점차 높아져 가고 있다. 그래서 나에게도 이러한 강의를 해 달라고 부탁이 온다. 그러나 그동안 너무도 인문학에 대해 관심을 가지지 않았기 때문에 인문학 도서를 읽는 훈련이 된 사람이 많지 않다. 상식인데 이를 지식으로 공부해야하는 사람이 많은 것이다.

　이 책은 누구나 쉽게 접근할 수 있도록 써 나아갔다. 이를 매개로 보다 더 깊은 인문학 서적과 접할 수 있게 되기를 바래서였다. 나아가 역사책이 비실용학문이 아니라 실용학문으로 인식하는 계기가 되었으면 하는 마음으로 이 글을 마친다.

자치통감

그리고

자치통감 행간읽기 시리즈

천년을 읽혀온 제왕학의 교과서

자치통감 資治通鑑

편년체로 쓴 동아시아 세계사

북송시대의 역사가 사마광(司馬光)이 쓴 《자치통감》은 주(周) 위열왕 23년(기원전 403년)부터 송(宋)이 건국되기 바로 전인 오대십국 후주(後周) 현덕 6년(959년)까지 편년체로 쓴 1,362년간의 통사(通史)이다. 《자치통감》은 중국사라고 알려져 있지만 실제로 전국시대부터 송이 건국되기 직전까지의 동아시아의 모든 나라의 역사를 다 포괄하여 서술하고 있다. 어느 역사책보다 객관적으로 역사를 기술하였으며, 동아시아에서 모든 역사 책 가운데 가장 모범적인 책으로 손꼽힌다.

《권중달 역주 자치통감》과 해설서 《자치통감전》의 구성

● 자치통감 1 전국·진시대
주시대: 권1~권5 기원전 403년~기원전 256년(148년간)
주나라의 권위가 무너지고 제후국들이 통일을 위해 각축전을 벌인 전국시대
진시대: 권6~권8 기원전 255년~기원전 207년(49년간)
전국시대에 진나라가 통일을 준비하고, 통일을 완성하였다가 망하는 과정

● 자치통감 2~7 한(漢)시대
권9~권68 기원전 206년~서기 219년(425년간)
진의 해체와 유방의 한 왕조가 중국을 재통일한 과정
황제체제의 성립과 왕망의 찬탈과정
왕망의 몰락하는 전한시대와 왕망의 멸망과 유수의 후한이 재통일한 과정
호족들의 등장과 후한의 몰락과정

● 자치통감 8 삼국시대
권69~권78 220년~264년(45년간)
후한의 멸망과 위, 오, 촉한의 삼국시대와 위의 촉한 정벌과정

● 자치통감 9~12 진(晉)시대
권79~권118 265년~419년(155년간)
위의 몰락과 진의 등장과 삼국 통일과정
북방 오호의 남하 북방의 분열과 진의 남천과 남북 대결과정

● 자치통감 13~14 남북조 송시대
권119~권134 420년~478년(59년간)
남조의 송 왕조와 북방민족이 중국유입하여 이룩한 남북조시대

● 자치통감 15 남북조 제시대
권135~권144 479년~501년(23년간)
남조 송의 멸망과 제의 건국, 북조와의 대결과정

● 자치통감 16~17 남북조 양시대
권145~권166 502년~556년(55년간)
남조 제의 멸망과 양의 건국, 북조와의 대결과정

● 자치통감 18 남북조 진(陣)시대
권167~권176 557년~588년(32년간)
남조 양의 멸망과 진의 건국, 북조와의 대결과정

- **자치통감 19 수시대**
권177~권184 589년~617년(29년간)
수 왕조의 중국 재통일과 멸망과정

- **자치통감 20~27 당시대**
권185~권265 618년~907년(290년간)
당 왕조의 성립과 중국 고대문화의 완성 과정
당말 절도사의 발호와 당의 멸망과정

- **자치통감 28 오대 후량시대**
권266~권271 908년~922년(15년간)
당의 멸망과 후량의 건설 및 오대십국의 진행과정

- **자치통감 29 오대 후당시대**
권272~권279 923년~935년(13년간)
후량의 멸망과 후당의 건설 및 오대십국의 진행과정

- **자치통감 30 오대 후진·후한시대**
후진시대: 권280~권285 936년~946년(11년간)
후당의 멸망과 후진의 건설 및 오대십국의 진행과정
후한시대: 권286~권289 947년~950년(4년간)
후진의 멸망과 후한의 건설 및 오대십국의 진행과정

- **자치통감 31 오대 후주시대**
권290~권294 951년~959년(9년간)
후한의 멸망과 송 태조 조광윤의 등장 및 오대십국의 진행과정.

- **해설로 만나는 통감필법 《자치통감전》**
이 책은 《자치통감》의 편찬과정과 담고 있는 내용이 무엇인지 자세하게 설명한 《자치통감》에 관한 종합해설서이다. 이 책은 특히 《자치통감》 편찬자인 사마광이 살던 시대의 시대정신과 정치, 경제, 사회, 문화 등 모든 분야의 상황을 아우르는 한편, 이 책에 후대에는 어떤 영향을 미쳤는지 추적한다. 특히 조선시대에는 이 책을 어떻게 대우했고, 또 이용하였는지를 살펴본다.

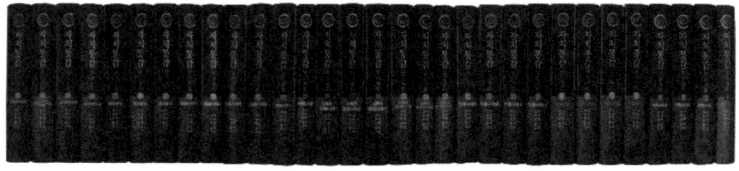

도서출판 삼화의 스테디셀러

자치통감 산책
권중달 지음 | 신국판(무선) | 432페이지

번득이는 삶의 혜안과 만나다
《자치통감 산책》은 역사지식의 대중화를 기치로 내걸며 《자치통감》을 완역한 권중달 교수가 평소에 역사에 관심을 가지지 않은 사람에서부터 역사 마니아에 이르는 사람들까지 모두 한데 어울러서 산책하듯 가볍게 다가갈 수 있게 만든 이야기 역사책이다.

권중달 교수의 자치통감사론 강의
권중달 지음 | 신국판 양장 | 상_656쪽 하_688페이지

사건과 평론을 한눈에!
전294권으로 구성되어 있는 《자치통감》에는 207개 사건에 대해 35명의 역사가가 쓴 218개의 사론이 실려 있다. 《자치통감사론 강의》는 각 사론과 함께 관련 기사를 모두 수록하고 21세기 역사가의 시각으로 풀어낸 책이다. 독자들은 이 책에서 권중달 교수의 친절한 해설과 객관적 진단 아래 과거 역사가들의 관점을 비판적으로 사고할 수 있다.

위진남북조시대를 위한 변명
[자치통감행간읽기] 그 첫 번째 이야기!
권중달 지음 | 신국판(무선) | 480페이지

역사가의 중립적 시각으로 시대를 이해하다!
혼돈과 퇴폐, 난폭과 음란, 운둔과 기행으로 점철된 동아시아 역사상 가장 위험하고 부정시 되었던 위진남북조! 이 시대의 진면목을 밝히기 위해 기행을 동경할 수밖에 없었던 역사적 배경과 이유를 설명해주며 저자 특유의 통찰력을 바탕으로 위진남북조시대를 관철하고 있다.

황제뽑기
[자치통감행간읽기] 그 두 번째 이야기!
권중달 지음 | 신국판(무선) | 496페이지

시대의 권력자, 꼭두각시 황제를 뽑다!
동아시아의 2000년 역사 속에서 황제가 없었던 시대는 단 한 차례도 없었다. 그리고 공식적으로 황제의 무소불위의 권력이 축소된 일도 없었다. 그러나 황제 뒤에서 실제로 정치를 움직인 세력은 끊임없이 변하고 있었다. 절대 권력은 황제에서 황제로 전달된 것이 아니다. 황제를 조종하는 실세들 사이에서 이동되었다. 이 역사를 통해 오늘날 정치를 이끄는 세력들의 생각과 목표를 짐작할 수 있다.

이 도서의 국립중앙도서관 출판시도서목록(CIP)은 e-CIP홈페이지(http://www.nl.go.kr/ecip)와 국가자료공동목록시스템(http://www.nl.go.kr/kolisnet)에서 이용하실 수 있습니다.(CIP제어번호: CIP2013003245)

생존

2013년 4월 26일 초판 1쇄 찍음
2013년 5월 1일 초판 1쇄 펴냄

지 은 이   권중달
발 행 인   정철재
책임편집   권희선
편집진행   문미라 이승한
디 자 인   선영은

펴 낸 곳   도서출판 삼화 | 등록 제320-2006-50호
주　　소   서울 관악구 남현길 108-5
전　　화   02)874-8830 | 팩스 02)888-8899
홈페이지   www.tonggam.com | www.samhwabook.com

ⓒ도서출판 삼화, 2013, Printed in Seoul Korea
ISBN 978-89-92490-54-2 (03910)

| 이 책의 판권은 지은이와 도서출판 삼화에 있습니다.
| 이 책 내용의 전부 또는 일부를 재사용하려면 반드시 양측의 서면 동의를 받아야 합니다.